Multi dimensional ecological exploration
of happiness education

幸福教育的多维度生态探索

刘朝阳 / 主编

文匯出版社

图书在版编目(CIP)数据

幸福教育的多维度生态探索 / 刘朝阳主编. -- 上海：
文汇出版社，2025.4. -- ISBN 978 - 7 - 5496 - 4476 - 6

Ⅰ.G632.0 - 53

中国国家版本馆 CIP 数据核字第 20255AV898 号

幸福教育的多维度生态探索

主　　编 / 刘朝阳
副 主 编 / 张蓓仪
编　　委 / 徐　萍　陆丽红　朱彩云　王泓冰

责任编辑 / 鲍广丽
封面装帧 / 王　翔

出 版 人 / 周伯军

出版发行 / 文汇出版社
　　　　　　上海市威海路 755 号
　　　　　　(邮政编码 200041)
经　　销 / 全国新华书店
排　　版 / 南京展望文化发展有限公司
印刷装订 / 上海颛辉印刷厂有限公司
版　　次 / 2025 年 4 月第 1 版
印　　次 / 2025 年 4 月第 1 次印刷
开　　本 / 787×1092　1/16
字　　数 / 300 千字
印　　张 / 18.75

ISBN 978 - 7 - 5496 - 4476 - 6
定　　价 / 78.00 元

前　言

　　教育家精神是盏明灯，指引着教师前进的方向。

　　专业成长是教师获得职业幸福的关键，因此我们致力于提高教师的专业素养。

　　每位教师都应有理想的职业规划，同时思考培养什么人、怎样培养人、为谁培养人"这三个教育根本问题，将个人职业发展与国家、民族复兴伟业同频共振。

　　学而不思则罔。教师除了准确把握教育规律，还要了解学生身心，不断钻研教材，创新教法，协同家校……最终让自己成为深受家长、学生敬爱的师长，如果用一个词概括上述努力后教师的形象，我选用"有趣"！即最终实现人有趣，学科有趣，课堂有趣。

刘朝阳

2024 年 10 月 28 日

目　录

序：蕴藏在《道德经》里的教育智慧

刘朝阳

老子《道德经》作为哲学巨著,其深厚哲思中透出的至理依然穿透历史,句句闪耀着光芒。所谓要言不烦,大道至简,取一瓢饮之,如甘露,如淳沣,醍醐灌顶。道家思想的核心是无为而治,放任自然,教育的本质是育人,要求规范,这是两个截然相反的方向。我们能否从道家思想中汲取教育智慧古为今用? 今尝试谈谈阅读时点滴浅薄的感悟。

——道可道,非常道;名可名,非常名。

教育的内在规律,我们从来不敢说一切尽在掌握。对一位新教师来说,需要迅速将习得的教育理论与实践结合起来,在具体工作中融会贯通地灵活运用,从而将理论转化为主动的教育行为。

作为年轻教师,始终保持一份虚心和学习的态度极其重要,学生及其家庭的个体差异性决定了具体的教育情景和方法是复杂而多变的,因此学无止境。不是拥有教师资格证的人都可以成为优秀的教育者,教育之"道"隐在技能之后,可言传但往往不能简单复制。教育的至高境界是因人而异、因势利导地潜移默化。

然后我想到了课堂教学。许多新入职的教师,往往一言堂,唯恐漏了哪个知识点,这种满堂灌的教学意图是把自己知道的向学生全部道尽。然而,学习这件事终究要让学生自我实现,教师的讲授如果未能让学生产生思维激荡、行为变化,那所谓的授课只是独角戏、耳边风。对老子这句话的一种理解是教师应该带领学生去探索学科中的奥秘,而不是在那里穷尽解释,因为你永远说不透,所以最好由学生自己去探索,要舍得留出时间给学生自主学习,这样才能培养出有创新意识和实践能力的学生,才是真正指向核心素养。另一种理解是无论向微观还是宏观方向看,知识是无穷尽的,教师的作用就是激发兴趣、引导方向,而不是在那里喋喋不休。

——有无相生,难易相成,长短相形,高下相倾,音声相和,前后相随,恒也。

人的能力有长短、高下之分,这是关于人的差异的公理。

我们确信:每一个孩子都可以成才。基于此,学校五育并举的同时要为学生提供个性化发展的机会。由于课堂提供的是工厂流水线式的教育,于是提出了三个模块的课程:基础型、拓展型、探究型,另一种分类是国家、地方与校本课程,现在又分出活动型、实践型等。无论怎样分类,目的是既为学生提供公共基础,又尽可能照顾到学生的个性发展。

义务教育的理想,是希望每个学生都可以完成从一年级到初三的学习任务,且能够达到合格以上。但事实上,确有少数学生因各种原因无法达标,对他们而言,学科学习是一种身心煎熬,其学生时代的快乐与自信几乎被折磨殆尽。

如果我们可以为该类学生提供更多样的课程选择,让他们在体育、艺术、劳动等爱好、特长方向上有充分的展示机会,允许他们不合格,至少不要求学校合格率为100%,那是否会让他们拥有更多自信和健康的身心?个人认为学校可以评特长生,但尽量避免因为评"三好生"而贬低另一部分学生。让学生在学习、活动中发现自己的优点,快乐而自信地展示优点,对学生而言,该是多么幸福的校园生活啊!

允许学生存在一定的"短",宽容以待,或许这"短",可以成就另一种"长"。田忌赛马终究还是胜在压倒性优势上。

——是以圣人处无为之事,行不言之教。

这段话有两层意思。

其一:身教重于言教。语言是苍白的,即使最有力量的真理,也一定要在现实中证明它的力量。作为教师,更应该成为行为世范的榜样。

其二:优秀生不是教出来,而是影响出来的。一个班级中,学生人数众多,差异太大,教师为了完成义务教育的合格要求,把更多时间和精力放在了抓学困生上,因此有一种感觉:学生是教出来的。

"双减"在一定程度上减轻了学生的压力,但中考选拔,以及许多家长对孩子未来就业的焦虑,迫使其谋之深、责之切,这种要求传导至学校,教师出于现实责任,在远期育人和短期成绩之间寻找平衡,便选择穷尽办法来提高成绩,这无可厚非,是尽心尽职的表现,然而耐人寻味的是,几乎所有回忆老师的文章里,娓娓道来感人至深的,都是叙述老师当年的言行对自己做人做事的深远影响,而不是教会了自己什么知识。教师所展现的有趣的课堂、有趣的灵魂,才应该是学生一辈子津津乐道的。

所以,在全员导师制里,教师真正要做的,不在于一次家访、两次谈话,而是全时空的身教,大音希声、大象无形,教师行为、学校环境、教风、学风等,这些不言之教是学校最好的教育资源。

学校会用优美的环境、文化布置进行无声的教育,班主任或者课任教师,也要关注这种不言之教,教师的行为举止、衣着打扮都是学生模仿的对象,年轻教师充满活力与朝气,更易得到学生的喜欢,要充分利用这份优势,在无为中有为。

——天地不仁,以万物为刍狗;圣人不仁,以百姓为刍狗。

仁爱不分亲疏。用孔子的话是:有教无类。教师对学生应该一视同仁,没有偏私,不因学生成绩、品性、性格的差异而产生好恶。尊重每一位学生,尊重其人格,再放开视野去看,就是把学生视为平等的独立个体,顺应人的发展规律去培养,去引导,这就是对学生最大的尊重。

现在有个流行词"逆商",也称耐挫力,但许多家长对此存疑,认为祖国的花朵不容风吹雨打,凡孩子在学校受伤,就要找上门来,这种讨个说法的法律意识没问题,问题在于不问是非先闹一下的做法不符合法治精神。孩子确实需要用爱呵护,但过分的保护和关心都是偏离"道"的行为。

教师要学会在创新中守正,遵循教育规律,不被纷扰迷失方向。在家校沟通中,年轻教师会发现有很多家长认为自己的孩子与众不同,不适用一般的教育规律,尤其是祖辈。想要家长尊重并倾听你的指导,需要教师的教育智慧及对孩子付出真爱,这是赢得家长信任的关键,如此家校协同才可以形成正向合力,使教育更有效。《中华人民共和国家庭教育促进法》赋予了学校、教师这份权利和义务。

在自然与社会中锤炼是万物生长的必由之路。老话说:该吃的苦还得吃。"不经历风雨怎么见彩虹""劳其筋骨,饿其体肤"这样的励志标语在学校里越来越少,一方面我们希望孩子坚强、勇敢,另一方面我们又担心孩子受伤、受苦,于是学校运动会项目改了又改,体育课 1000 米跑,教师都不敢提要求。

　　曾经我们有给孩子起贱名的风俗,来表达做一个普通人的愿望。诚然时代在变化,但父母对孩子的爱是亘古不变的,学校当然会负起应尽责任。就个体而言都会避免意外发生,但意外何尝不是生活常态。教师也好,家长也好,不要用爱的名义去施压,以平常心对待孩子学习、成长中的问题,才能行稳致远。

——是以圣人后其身而身先,外其身而身存。

　　我对教育培训机构及民办学校关于其非营利,哪怕微利的说辞向来抱着怀疑态度,希望这只是我个人偏见,也希望他们有真诚的教育情怀。我始终认为,教育是拒绝功利的行业,选择教育就选择了奉献;教师是托举的双手,是隐形的翅膀。如果教育是个大舞台,那学生就是演员,教师就是幕后的编剧、导演、场务。如果学生是参天大树,那教师就是那阳光、雨露和沃土。教师以学生的成长进步为使命,教师的所谓成就一定是成就了学生的成就。

　　为了更好地成就学生,教师最好要有班主任经历。太多教师因为不曾担任过班主任,因此很难拥有班主任站位,眼光局限在一亩三分地的课堂,上课时对班级环境、课堂纪律、学习秩序、课前准备等要求松懈,甚至视而不见。完成教学任务,提高成绩固然重要,但规范学生言行,协同班主任构建班级文化才是具有育人大局观的行为,看似把授课停了下来,实际上提高了课堂效率。教师要重视课堂外的功夫,如果你能够将眼光从课内扩展到课外,从学科扩展到学校的一切活动,从学习知识扩展到引导学生做人,将学校的一切视为教育的平台,你就具有了成长为教育家的视野。

　　在学校整体课程方案内,教师的课程目标、教案、活动设计完成并启动后,就应该考虑退居幕后,将学生推向舞台中央,使其成为课堂、学习、活动的主角。

——孰能浊以静之徐清? 孰能安以动之徐生?

　　在这句话中,我看到教师的职责是:让浊水慢慢安静澄清,让知识、能力在活动中徐徐生发。"徐"字很重要,这符合教育规律、自然之道,而如今我们太急功近利,社会、家长似乎都等不及孩子慢慢成长,总在不断拔苗,报培训班,他们口口相传中判定一所学校办学质量的标准就是市重点录取了几个,区重点以上录取率多少,学区房就是这么被炒起来的。

　　滋养品德的方法是"清静"。培育知识、能力的方法是"活动"。教育从来都不是空洞的,不是靠嘴巴靠口号的,教育需要耐心、恒心,这就需要以爱来浇灌。

——上善若水。水善利万物而不争,处众人之所恶,故几于道。

纯净,沉静,纳百川而不争,柔软又至刚,绵绵而不绝。一位学生如果有这么优秀的品性,那就接近于完美。

但盈则亏,圆则缺,即使上善若水,也有藏污纳垢的一面,这是真相。

当教师对某个孩子的学习、习惯或行为问题束手无策时,不妨想想"水"的特质。我们追求但不奢求孩子十全十美,孩子行为出现偏差的根源其一在于天性,其二在于缺少引导。

人无完人,人可以苛求自己,但不要太苛责别人,宽容地面对学生成长中的错误,不妨从"自然之道"去理解。作为教师,我们又何尝完美?柔弱胜刚强,自然从未放弃任何一物,同样,任何人总有他的优点,就如无用之用。

新教师聆听了前辈的育人故事,会感叹有那么多智慧的教育艺术或技巧可供学习借鉴,然后发现所有技巧都难以模仿。这很正常,因为这只是表面的技巧罢了,如果能够发现所有技巧背后的核心力量,那绝大部分问题就能迎刃而解,绝大部分孩子都可以转化,这个核心力量就是——爱孩子!

——太上,不知有之;其次,亲而誉之;其次,畏之;其下,侮之。

教师总希望学生能"亲而誉之",但在老子眼里,这属于次等,我觉得他要求好高啊,教师能做到这样已经非常了不起了。老子认为最高境界是"不知有之",我理解下来应该是指教师对学生潜移默化的影响,这种受益,学生没发现,但不知不觉中实实在在地被影响了,看似无为其实无所不为,老子将其列为第一等。细细想来,我很是服气,但估计孔子不一定同意。

虽说让学生畏惧的教师属于第三等,但我认为如果这个"畏"字是敬畏的意思,那无论如何,这类教师还是值得学生尊敬。但如果只剩畏惧,那他一定丢失了作为教师的灵魂——仁爱。

末等为"侮之",是那种让学生背后乃至当面不敬的教师,在现实中还真有。因为他的品行差,比如歧视、羞辱学生;专业素养差,比如错误百出、知识狭窄;教学能力差,比如课堂混乱、寡淡无趣;工作态度差,比如教案不写、上课玩手机等,让学生看低了他。也许当面不说,但背后被轻视,以为学生不懂,但总有明白的一天,这类教师成了学生的笑话还不自知。

——天下神器,不可为也,不可执也。为者败之,执者失之。

教师都有一套自己的教育方法,也有些教师会有自己的终极手段,比如大吼大叫,叫家长来,让违规学生在全班面前做检讨,把学生拉到校领导面前,等等。

老子告诉我们,撒手锏之类的东西轻易不要使用,谁用谁失败。

最后的手段,是用来威慑而不是使用的,当它高悬的时候,就是在发挥它最大的作用,这就是"无用之用"。刑罚不是目的而是手段,核武器作为战略威慑,一旦使用就会两败俱伤,所谓杀一儆百,是为了警示。

对违反校纪、班规的学生,教师做适当的批评教育乃至按条例进行惩戒都可以,但需要尽最大努力避免使用终极手段,这种时候,是锻炼也是考验教师教育智慧的最佳时机。

——善者,吾善之;不善者,吾亦善之,德善。信者,吾信之;不信者,吾亦信之,德信。

作为教师,无论是"善""信"还是"不善""不信"的学生,都要"善之""信之",这是教师的职责,也是教育的使命。

"不善""不信",在传统话语里是品行问题,义务教育阶段学校里有没有"坏"学生?我不敢说没有,但应该极其稀少,从未成年人年龄划分以及刑法适用可以知道这是社会共识。也就是说,社会普遍认为:未成年人没有绝对的"坏","不善""不信"是因为缺少指导。事实也确实如此,学校里担心的、出现的很多问题,在做了充分教育、引导后,是可以达到规范要求的。如果学校想做得更好,就需要在家庭教育指导上下功夫,努力形成家校社一体的教育,不放弃、不抛弃每一个孩子,要时时记得,每个孩子背后都是整个家庭热诚的目光。

中学阶段正是世界观、人生观形成时期,出现的很多问题在于学生难以知行合一,行为摇摆。对学生"不善""不信"的言行,教师要用仁爱、宽容、耐心引导、匡正,让迷途的羔羊回归正道。如此,教师本人也就真正得到了"善"与"信"。

——静胜躁,寒胜热。清静为天下正。
——五音令人耳聋,五味令人口爽。

非淡泊无以明志,非宁静无以致远。无论是教师还是学生,用浮躁的心态去工作,去学习,都无法到达事业的远端。

在科技与物质文明空前繁荣的今天,"从前慢"成了追忆,快节奏的社会充满浮躁、不安、焦虑,如果早晨出门忘带手机,很少有年轻人能坚持不回家取。

相对而言,教师是一个比较单纯的职业,拒绝功利化。个人以为,太社会化的人不适合做教师,因为这样的人有泛化的价值观,工作时会考虑得失,会把付出与利益挂钩,不时还会发布与教育格格不入的价值观影响团队情绪,影响校风。

许多新教师在工作一段时间后,会感受到一线工作之繁忙,家长要分数,学校要育人,上好课还要填报表,工作要留痕迹,假期要培训……几乎抽不出时间静下来反思、教研,百年树人的慢教育现在确实有点着急,这是只争朝夕的时代对人才快餐化需求的必然,是教育的难题,也是对教师成长规律的挑战。

但抱怨解决不了任何问题,年轻教师能做的是尽快适应工作,自我调节,重新思考职业生涯并做好规划。正确的理想认知可以催生动力,教育的初心和情怀能让年轻教师抵御外界诱惑而安心于教育,也更能帮助他们在工作中分清主次,抓住重点。好的心态可以缓解焦虑,在沉静中乐教、善教。

教师做教育、做学问需要耐得住寂寞,学生学习同样也需要静下心来。

比如倾听,课堂上,常有学生不等发言者说完就插话打断,既不尊重发言者,断章取义也影响学习,教师要意识到倾听就是一种需要培养的核心素养。

以上择取阅读老子《道德经》时的点滴感悟,愿你我一起在学习中进步。

板块一
幸福教育生态的对话与共创

聚焦于教研互动,强调在幸福教育生态中,教师、学生、研究者与管理者之间的对话与合作,共同创造幸福教育的环境。

五育融合，美美与共

——水仙项目化实践与全员导师制工作的融合运用

陆丽红

摘要： 2023 年 8 月上海市教委制定《上海市中小学生全员导师制工作方案》。导师关键职责包括成为良师益友和做好家校沟通。学生家访、谈心谈话和书面反馈是三项重点工作。围绕上级文件及区域工作精神，学校常规化组织开展全员导师制工作。同时，学校将导师制工作与教育教学日常相结合，与本校校园文化特色相结合。依托劳技学科水仙鳞茎雕刻开展项目化实践，过程中，巧妙融合导师与学生的学习和实践，生动实现群育、玩伴和寄语等环节的育人作用，进而落实五育融合三全育人。

关键词： 全员导师制；项目化实践；五育融合；水仙

为进一步落实学校全面推行全员导师制工作，加强学生发展指导，发挥教师队伍的基础作用，提高全体教师的德育能力和家庭教育指导能力，推动教师人人成为学生健康成长指导者，维护中小学生的身心健康，我校在市、区教育部门的领导下，积极倡导"学生人人有导师""教师人人是导师""人人都是德育工作者"的育人理念，建立完备的工作机制，有条不紊地落实开展各项活动。全体教师自觉参与到育人活动中，与学生面对面进行交谈，及时了解学生的学习及心理情况，适时给予帮助，做学生思想上的指引者、学习上的辅导者、生活上的指导者、心理上的疏导者。

在前期摸索实践的基础上，学校以水仙项目实践活动为契机，融合各学科资源优势，凝聚全校师生的智慧与力量，开启相遇美好盛宴，由此开辟全员育人工作的新天地。

"群"英荟萃,诗意"育"人

水仙鳞茎雕刻是初中七年级劳动技术课程中"花卉盆景技术——水仙盆景的设计与制作"单元学习内容。

为了提升全校师生的审美素养,温润心灵,陶冶高尚情操,激发创新潜能,学校举办了首届水仙花节——以预备年级水仙花雕刻课程为原点,携手多部门资源力量,组织开展水仙花"养、赏、画、斗、颂"等系列活动。

劳技教研组领衔,讲座"水仙雕刻入门与欣赏",引领师生了解水仙的特点及栽种历史,初步掌握雕刻技能;语文学科组的教师向学生征集主题诗文,组织学生从观察、培育水仙的过程中汲取灵感,酝酿动人的篇章,开展学生原创诗文诵读展示;艺术组教师发动学生用画笔撷取水仙之韵,用书法展现其气质。

此次跨学科项目实践通过学科与学科的融合,使德、智、体、美、劳在雅韵芬芳中相遇流转,让学生尽情感受自然之美、传统之美、心灵之美和艺术之美,在"五育"融合大背景下实现多元发展。首届水仙节主题"向美而生,雅韵随行"的提出,也充分寄予了学校对于学生成长的期待,同时也恰是学校育人目标"正""诚""谦""慧"的诗意表达。凌波踏歌、人花并秀、水仙蜕变的历程,见证了傅雷学子的成长蜕变。

"玩"转文化,同"伴"成长

1. 旷远的智慧结晶

水仙花,俗称凌波仙子,与兰、菊、菖蒲并为花中"四雅"。中国水仙的原种为唐代从意大利引进,是法国多花水仙的变种,经过上千年的选育而成为世界水仙花中独树一帜的佳品,成为中国十大传统名花之一。我国1000多年水仙栽种的历史充分凝聚了一辈辈劳动人民的勤劳和智慧。此次学习实践引领学生围绕水仙这一传统文化寻根溯源,追溯水仙的种植历史,感悟传统智慧。

2. 经典的文化表达

黄庭坚称赞水仙"含香体素欲倾城,山矾是弟梅是兄"。诸如此类,在水仙的引种培植过程中,文人墨客对其不吝赞美之词。学校通过设计"养、赏、画、斗、颂"等系列活动,组织学生开展书画比赛、诗歌征集和朗诵比赛,并进行邮票设计。以生动灵活的方式,尽显传统艺术的魅力,展现学生的才华,陶冶高尚情操。

3. 浓缩的家书文化

水仙花是纯洁、吉祥的象征,寓意着敬意、吉祥、团圆,还可以象征孤独、友谊和幸福。在东西方文化中,水仙花的花语意义众多,它是表达真挚感情的最佳花种之一。学校将学生的优秀书画作品制作成明信片,然后广泛开展明信片寄语活动,用文字寄托对他人的祝愿。学生一笔一画书写祝福的过程,就是对传统家书文化的传承。

以水仙花节为引领,学生在不同的社群活动中相遇美好,邂逅传统文化,于无形中实现了自育和他育。

"寄"雁传书,"语"重情长

《上海市中小学生全员导师制工作方案》要求"导师应挖掘学生的'闪光点',提供成长建议,每学年结束时向学生及家长进行书面反馈,增强成长动力"。学校深入落实方案精神,借助校本化优势,对导师寄语工作进行全新筹划。

在水仙项目化实践活动中,全校师生开展跨学科项目实践,征集到许多书法、绘画、诗歌、摄影作品。学校将优秀作品集结在一起,制作发行了两套20幅明信片。这些作品充分展现了学生的才艺和匠心,也凝结了学校教育教学实践的智慧。

学校将明信片作品与导师寄语工作相融合,孵化产生了新的校本化工作成果。在学生发展处的组织下,全校导师亲手动笔为学生书写明信片,或鼓励肯定,或殷切建议,或诚挚祝愿。2265张明信片经傅雷少年邮局和周浦邮局先后完成盖戳后,分发到每位学生手中。

今天收到导师单老师亲笔书写的明信片,那一刻的心情难以言喻,仿佛一股暖流缓缓涌入心田。字里行间,不仅凝聚着导师对我学业进展的细致观察与深刻理解,更饱含着对我个性特质的欣赏与未来潜力的无限期待。这份珍贵的手写寄语,如同穿越了繁忙与喧嚣,成为一枚温暖的印记,静静地躺在掌心,却激荡起心中的层层涟漪。

单老师的话语,既是对我过去努力的肯定,也是对我未来的指引。它让我感受到一种被重视与被看见的幸福,仿佛自己在偌大的学术海洋中并不孤单,总有一盏灯塔,默默照耀着我前行的道路。同时,寄语中蕴含的鞭策与建议,如同良师益友的耳畔低语,提醒我在成就与荣耀之外,仍须保持谦逊与自省,不断探索未知,勇于挑战自我。

这份特殊的礼物,我会细心收藏,它不仅是我学习生涯中的一个温馨纪念,更是激励我不断前行的动力源泉。在未来的日子里,每当遇到挑战与瓶颈时,这张明信片将成为我的精神支柱,提醒我初心所在,鼓励我以更加坚定的步伐,继续探索知识的奥秘,追求卓越,不负单老师的厚望与期许。

——朱 * 一

"天涯海角有尽处,只有师恩无穷期。"

今日得到了带着导师祝福的明信片,湿润了目光的同时,脑海里便想到了这么一句话。导师给每个人写下的话语都是不同的,他们熟知每一个学生,就如同了解自己的孩子一般,字里行间有关心,有祝福,有教导,其中所包含的希望和爱是只可意会、不可言传的。老师,师恩深重。思及过往,老师便是我们的引路人、我们的朋友,引领我们走向正确的道路。我们承蒙老师的教导,学习长大,学会长大。

这小小的明信片,满载了师生之间的温情,给予了我们向未来前行的动力和底气。我们是如此幸运,青春有导师参与,做我们独一无二的风景。

严 * 雯

很荣幸,我的书法作品被学校收录并制作成了明信片。今天,它被我的导师慕老师送来,只见封面是我的书法作品,背面则是导师送我的十六个字:学习之路,难在坚持,贵在坚持,成在坚持。这使我受益匪浅。初中以来,全员导师制在我校深入实施,我时时刻刻都能收到导师的殷切关爱与期望。我有困难找导师,导师与我共解答。每一次看见这张珍贵的明信片,我都感到肩上的责任更重了一分。它不仅记录了我个人艺术成长的足迹,更成了连接我与导师的心灵纽带,教会我对生活的热爱,是心与心之间的桥梁。

汤 * 岑

"努力发光照亮自己,温暖前方。"这是导师——龚老师对我说的话,是期许,亦是祝福。没什么花言巧语,有的只是师生间最为真挚的祝愿。这份温暖刹那间直击我的心灵,是那样弥足珍贵!翻到另一面,映入眼帘的是我校首届水仙花节的学生作品,几株水仙花,没有华丽的花盆,也没有其他装饰,仅仅是长在最普通不过的泥土里,却深深吸引了我。抓住我心灵的,不仅是"凌波仙子"的雅致,更是那蓬勃向上的生命力。对于收到这样一张明信片,我是那样惊喜,看着上面的邮局印章、精美的水仙邮票与老师真挚的祝愿,它在我心中已远远不只是一张普通的明信片,更是傅雷中学老师与学生间独有的浪漫。

李＊瑶

本次寄语活动,是水仙花节活动的美丽延伸,寄寓了教师对学生成长的美好祝愿,是家书文化传承的又一次完美实践。学生们认真诵读,仔细聆听,沿着教师指引的方向一路前行。小小的明信片,跨越了师生之间的"鸿沟",发挥了导师"良师益友"的作用。带着导师寄语的水仙明信片是本学年导师制工作校本化实践的一抹亮色。

首届水仙花节已落下帷幕,但其芬芳沁人心脾。水仙项目化实践打通了五育融合的"任督二脉",巧妙地撬动了"三全育人"的教育杠杆。与美同行,美美与共,这是全员导师制工作层面一次非常有意义的校本化实践。

参考文献

[1] 白皓,李伟民.论家书文化的育人功能及其传承[J].绥化学院学报,2018,38(09):45-47.

[2] 全员育人　百花齐放——上海市推行中小学全员导师制实践探索[J].创新人才教育,2023,(01):2.

[3] 刘佳怡,余祯.全员导师制背景下基于"好朋友老师"的育人实践[J].创新人才教育,2023,(01):25-28.

[4] 刘钦腾.指向中小学全员导师行动实践的教育家精神培育[J].现代教学,2024,(22):19-22.

[5] 周艺佳.依托全员导师制开展中华优秀传统文化教育的路径探索——以上海市青浦区思源中学为例[J].现代教学,2024,(20):26-29.

数字博物馆在初中历史跨学科主题学习支架搭建中的应用
——以"历史上的中外文化交流"为例

张蓓仪

摘要：借助数字博物馆开展以"历史上的中外文化交流"为例的初中历史跨学科主题学习，打破了物理空间上的教学场所限制，整合多学科资源，从学习能力的"点—线—面"出发，构建跨学科学习支架，以提升学生的学科核心素养，增强学习趣味性。

关键词：数字博物馆；初中历史；跨学科主题学习；支架搭建

《义务教育课程方案(2022 年版)》和《义务教育历史课程标准(2022 年版)》明确提出"开展跨学科主题教学，强化课程协同育人功能""注重利用互联网开发多种多样的课程资源"等要求。课标里的跨学科主题学习是主题学习的延伸，即以主题为统领，在多个学科间进行主题知识、方法跨学科整合的综合性学习。其目的在于打破学科边界，加强各门课程之间的横向关联和融合，促进单门学科内部知识的结构化和系统化，在凸显课程融合的同时保持主体学科的特色。

一、数字博物馆与历史教学资源的整合

(一)数字博物馆的教学资源价值

在"探索新型教学资源，丰富学生学习体验"的场馆资源建设研讨中，我发现数字博物馆可以利用互联网和数字化技术，将传统博物馆资源做数字化呈现。那些高清图片和 3D 扫描让历史、艺术、地理、科技的资源焕发新生，犹如穿梭

机,带领我遨游于世界各地,体验不同文化的精髓。每一次点击,都是一次新的发现;每一幅展品,都讲述着一个跨时代的故事。在一个关于古埃及文明的展览中,通过数字博物馆,我得以在虚拟空间中亲身"游览"古埃及文明成果。这些经历都让我深切感受到了数字博物馆作为在线教育平台和远程教学工具的独特价值:第一,跨学科资源整合,可以提供丰富多样的学习材料,促进学生在不同学科之间建立联系。第二,互动式学习体验,通过高科技的展示和交互功能,学生能够在虚拟空间中亲身体验历史场景,理解艺术作品,甚至进行科学实验,这些活动能帮助学生深入掌握跨学科知识。第三,在线协作平台:提供一个方便的平台,让来自不同学科背景的学生和教师能够共同讨论、合作,形成跨学科的学习小组。

(二) 跨学科教学资源的数字化整合与激活

由此想到,若能有效地整合这些资源,构建和实施跨学科学习支架,就能使数字博物馆成为跨学科主题学习的有力工具。以历史新课标提供的跨学科主题"历史上的中外文化交流"为例。课标要求"引导学生对中外文化交流进行梳理和研究。结合语文、地理、艺术、科学等知识,进行主题学习活动,通过可信的史料,了解中外文化交流……理解中华优秀传统文化的世界意义和借鉴外国优秀文化的重要性,感受中华优秀传统文化的伟力,增强文化自信"。而数字博物馆里丰富的资源就非常契合新课标的设计思路说明。下表是我根据"历史上的中外文化交流"这一学习主题所整理的数字资源。

表1 "历史上的中外文化交流"跨学科主题学习资源

资源类型	朝代	资源名称	内容简介	所属博物馆	涉及学科
线上展览	汉朝	西汉丝绸之路文物展	展示西汉时期丝绸之路相关的文物,如丝绸和陶瓷	中国国家博物馆	历史、艺术、地理
文献资源		汉代经济贸易文献	研究汉代的经济贸易文献,特别是与丝绸之路相关的	国家图书馆	历史、道法、语文
互动体验	唐朝	唐朝贸易模拟游戏	模拟唐朝丝绸之路的贸易和文化交流场景	敦煌研究院	历史、金融
文献资源		唐代外交使节档案	收集和研究唐朝时期的外交使节文献和记录	国家图书馆	历史、道法、语文

资源类型	朝代	资源名称	内容简介	所属博物馆	涉及学科
线上展览	宋元	宋元科技发明展	展示宋元时期的科技发明,如火药和印刷术	国家科技博物馆	历史、科学
文献资源		元代航海文献	研究元代的航海文献,包括海图和航海日志	上海图书馆	历史、地理
线上藏品	明朝	明代海航技术藏品	展示明代海航技术和郑和下西洋相关的历史文物	南京博物院	历史、科学、地理
互动体验		虚拟郑和下西洋体验	通过虚拟现实技术体验郑和的航海路线和相关的历史事件	南京博物院	历史、地理、科学
线上展览		明代外交交流展览	展示明代的外交交流,包括外交文书和礼物	北京故宫博物院	历史、英语、道法

这个表格涵盖了从西汉到明朝的不同历史时期,并展示了各个时期的文化、科技、经济和外交等方面的交流与合作。通过这些资源,学生可以在多个学科领域进行深入学习,从而更全面地理解历史上的中外文化交流。

二、跨学科主题学习支架的构建与实施策略

(一)跨学科主题学习支架的设计目标与构建方法

数字博物馆不仅提供了跨学科的丰富资源,还启发了我对于跨学科教学支架的深入思考。我开始探索如何在这种跨界学习之间搭建一个结合历史、地理、艺术和科学等多个学科领域的教学支架,让教学支架通过提供临时性的指导和支持,帮助学生在学习过程中逐步发展学科核心素养。这种支持随着学生能力的提高而逐渐减少和撤除。我所采用的教学支架主要是**资源型支架、方法型支架和程序型支架**。我以**"历史上的中外文化交流"**这一主题,通过结合历史、地理、艺术和科学等多个学科领域的资源进行了跨学科主题学习活动的支架设计(见图1)。

1. 明确学习目标、任务和方法。

2. 以"点—线—面"方法推动各学科小组学生的学习活动。

3. 展示学习成果和评价反馈。

4. 方案优化和讨论。

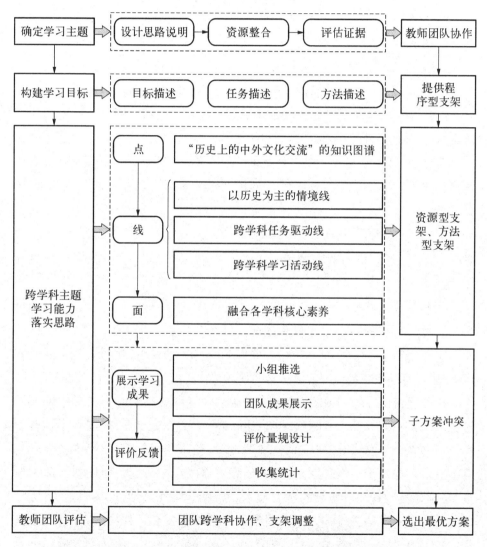

图1 以"历史上的中外文化交流"为例的跨学科主题学习支架设计

这个学习路径旨在培养学生的核心素养和解决问题的能力,以问题、目标和任务为主线贯穿整个学习过程。同时,它注重学生在跨学科学习中的主动性,保持教师的引导作用,并强调了博物馆线上资源在跨学科学习中的重要作用。重点在于促进各学科教师与学生之间的协同互助,建立强有力的学习支架,增强他们的跨学科思维和团队合作能力。

(二)促进跨学科协同学习的策略

1. 明确学习目标、任务和方法

于是,在实践之初,我设定了"施工"目标:

第一,明确学习目标:通过了解技术进步、制度完善、经济保障等方面在中外文化交流中的作用,进一步发展学生的共通性素养,如勇于探究、合作交流、沟通表达、实践创新、国际视野和辩证思维。

第二,在任务层面上,鼓励学生通过集成历史、地理、文科和科学等不同学科的学习,全面探索中外文化交流的历史和现状,以及其对人类文明的影响。

第三,方法上,采用了多样化的教学手段,如结合对数字博物馆资源的研讨会和师生、生生之间的交流,以促进学生的自主学习、合作学习和探究学习。

2. 跨学科能力培养的层次化设计

层次一:跨学科能力点:知识图谱

这个"点"代表每个学科内的核心知识和概念。通过明确每个学科的关键知识点,学生可以更清楚地理解各学科的基础和核心内容。

我参照新课标的知识图谱设计,展现不同学科在整个学习过程中的不同资源。知识图谱涵盖了从两汉时期到明朝的重要历史事件,并展示了这些事件如何与各个学科领域——历史、地理、道德与法治、语文、科学、英语——相互关联。例如对于两汉时期,关联了丝绸之路的历史背景、地理特征、政治制度、文学作品(古诗)及使用的畜力技术。唐朝和宋元时期,连接了遣唐使、气象知识、唐诗、车船技术等方面。明朝部分则围绕郑和下西洋、海洋和气象知识、政治管理、古诗和数学运算等内容展开。这样的知识图谱为跨学科学习提供了结构化和综合性的视角,促进学生从多个学科角度理解和探索历史事件(见表2)。

表 2 "历史上的中外文化交流"知识图谱

领域	跨学科课程内容					
	历 史	地 理	道德与法治	语 文	科 学	英 语
两汉时期	丝绸之路	自然环境交通路线	政治制度国家管理	古诗	畜力	
唐朝时期	遣唐使玄奘西行鉴真东渡	自然环境气象知识文化传播	综合国力外交政策	唐诗	车船技术	
宋元时期	中国创造发明外传	海洋知识气象知识地图绘制	综合国力政治制度国家管理	边塞诗	风力罗盘磁场爆炸	
明朝时期	郑和下西洋	海洋知识气象知识地球知识更新	综合国力国家管理	古诗	风力罗盘数学运算	郑和下西洋文本阅读

层次二：跨学科能力线：构建与强化

"线"代表将各学科的知识点串联起来的路径,包括以历史为主轴的情境线;各学科任务线,指明学生在每个学科中需要完成的具体任务;学习活动线,指导学生如何通过一系列的活动达成学习目标。

我将班级学生以小组为单位分为历史组、地理组、道德与法治组、语文组、科学组、英语组,各小组分别认领学科任务,选择以项目化学习方式开展任务驱动,在驱动任务中开展以某个学科为主、某个学科为辅的学习活动,做到以历史情境为主线设计,跨而有根、跨而有度,最终实现跨而有融。

第一,以历史为主的情境线。

① 两汉时期：丝绸之路——为什么是张骞？

情境任务：学生扮演张骞,进行一场模拟探险。任务是研究张骞为何被选为使者,他的路线和所遇见的文化。

学习重点：张骞的外交使命、丝绸之路的开辟和沿线文化。

② 唐朝时期：假如你是鉴真,你会选择几月出行?

情境任务：学生分析鉴真东渡日本的最佳时间,考虑历史时期的气候、海洋状况和航行技术。

学习重点：鉴真的东渡历程、唐代的航海技术和气候条件。

③ 宋元时期：中国如何改变世界?

情境任务：学生研究宋元时期的重大发明(如火药、印刷术、指南针)及其对世界的影响。

学习重点：宋元时期的科技创新、中国对全球的影响。

④ 明清时期：郑和之后,为何再无郑和?

情境任务：学生探究明清时期中国海禁政策的背景,分析郑和航海结束后中国的海外政策变化。

学习重点：郑和下西洋的意义、明清海禁政策和中国对外关系的转变。

第二,各学科任务驱动线。

不同的学科小组领到了不同学科的任务驱动线,并为之提供学习材料。

① 历史小组

任务：研究张骞、鉴真、宋元发明和郑和下西洋的历史背景和影响。

材料：历史文献、地图、历史教科书、相关历史文章。

② 地理学科

任务：分析丝绸之路、唐朝海路和郑和航线的地理特征。

材料：地理地图、气候数据、航海图。

③ 科学学科

任务：研究宋元时期的科学发明对当时和现代世界的影响。

材料：科学教科书、发明专利、科技历史文章。

④ 语文学科

任务：阅读和分析与丝绸之路相关的文学作品,如古诗词、传说故事。

材料：古诗词选集、传说故事集、文学分析指南。

⑤ 英语学科

任务：用英语研究和展示中外文化交流的历史事件。

材料：英语历史文章、文化交流案例、英语展示技巧指南。

⑥ 道德与法治学科

任务：探究张骞、鉴真、宋元创新和郑和下西洋期间的法治环境和道德考量，以及它们对文化交流的影响。

材料：法律历史文献、道德与法治教科书、相关时期的政治制度分析。

通过这样的设计，每个学科的学习都紧密联系历史情境，学生可以通过不同学科的视角全面理解和分析历史事件，同时培养跨学科的思维能力。

图2　各学科任务驱动线设计示例

第三，跨学科学习活动线。

学习活动线则要求小组之间的互助合作，以不同学科的核心素养为引领，以不同的学习支架为桥梁，将数字博物馆资源引入并融合在一起。

历史：通过西汉丝绸之路文物展,学生探索唯物史观和时空观念,学习历史文献,同时与艺术和地理学科交叉学习。

地理：利用明代航海技术藏品来了解人地协调观和综合思维,与历史和科学学科建立跨学科联系。

道德与法治：通过研究唐代外交使节档案,增强政治认同和道德修养,同时与历史和语文学科建立联系。

科学：通过宋元科技发明展览,学习科学观念和科学思维,探索科技如何推动历史和文化交流。

英语：通过研究明代外交交流展览,提升语言能力和文化意识,同时了解历史内容。

语文：分析汉代经济贸易文献,培养文化自信和语言运用能力,同时与历史和道法学科交叉学习。

每个学科都通过相应的数字博物馆资源,以及与其他学科的连接,为学生提供了丰富的学习机会,促进了跨学科理解和知识的综合应用。这种方法不仅加深了学生对各个学科的理解,还培养了跨学科综合思维能力(见表3)。

表3 "历史上的中外文化交流"学习活动线

学科	核心素养	学习支架	数字博物馆资源	活动内容	学科链接
历史	唯物史观、时空观念等	资源型支架：历史文献	西汉丝绸之路文物展	查找西汉时期丝绸之路相关文物	历史、艺术、地理
地理	人地协调观、综合思维等	资源型支架：地理信息	明代航海技术藏品	展示明代航海技术和郑和下西洋相关历史文物	历史、科学、地理
道德与法治	政治认同、道德修养等	方法型支架：分析制度文档	唐代外交使节档案	收集研究唐朝外交使节文献和记录	历史、道法、语文
科学	科学观念、科学思维等	资源型支架：技术进步资料	宋元科技发明展	展示宋元时期科技发明,如火药和印刷术	历史、科学

学科	核心素养	学习支架	数字博物馆资源	活动内容	学科链接
英语	语言能力、文化意识等	方法型支架：英语交流	明代外交展览	查找明代外交交流，包括外交文书和礼物	历史、英语、道法
语文	文化自信、语言运用等	方法型支架：文本分析	后世评论文献	研究后世史学家研究中外历史文化交流的文献	历史、道法、语文

层次三：跨学科能力面：多维学习的交汇点

"面"代表整个跨学科学习活动的广阔领域。在这个层面上，不同学科的知识和技能被整合，共同促进学生核心素养的发展。在我们的学习项目中，小王的故事是一个例证，小王本来对历史不太感兴趣，更倾向于科学实验。但在了解了宋代科技发明的项目后，他的历史学习兴趣被激发。他开始深入研究古代的科技发明，并尝试从历史的角度理解这些发明的背景和影响。小王积极参与团队讨论，不仅学习了历史知识，还提升了自己的学科素养。最终，小王在课程最后的展示中，成功地介绍了他的研究成果，获得了师生的一致好评。这个经历不仅改变了小王对历史学习的看法，还促进了他在多个学科间的思维融合。

道德与法治的政治认同和法治观念与科学的探究实践相结合，使学生能从多角度理解和解决文化交流的相关问题。地理与经济发展关系的探究拓宽了学生的视野与培养了学生综合思维的能力。历史学科的唯物史观和时空观念与语文的文化自信和审美创造紧密相连，英语学科中的语言能力和文化意识也与其他学科相互融合。这种跨学科的知识整合不仅构建了一个全面的学科体系，而且加深了学生对文化交流多层次影响的理解，提高了学生从人类文明史的角度思考中国文明发展道路，进而理解改革开放通融世界的意义。

3. 学习效果的评估与反馈

在实践活动中展现了跨学科核心素养的融合之后，我设计一份兼顾过程性和终结性评价的评价量规，用于评估学生在本次跨学科主题学习中的表现，重点关注学生的参与度、资料搜集能力、思维导图的完成情况、对主题的理解程度、小组合作、活动全程的积极性、图册制作和个人心得分享等方面。在这个表格中，自评、互评和师评的分数范围都是 1～5 分，其中 1 分表示表现或能力较弱,5分表示表现或能力极强。这种评价方式有助于从不同角度全面评估学生的学习表现,同时鼓励学生参与到评价过程中,增加他们的自我意识和批判性思维能力。教师的评价将提供专业和客观的反馈,而同伴的评价则有助于促进学生之间的互动和理解。

以一位参与该跨学科主题学习活动的同学的评价量规和部分成果为例:

该项图册制作得3分

图3 "历史上的中外文化交流"跨学科主题学习活动评价量规和部分成果示例

三、应用成效和反思:始于跨界,终至协同

(一)团队成长:跨界中的求同存异

在本项目中,跨学科协同的最大成果体现在教师的有效合作上。面对方案上的分歧,我们通过深入的教研研讨、课堂观察,以及团队间的互动,最终达成了一致。在这个过程中,每位教师都有机会表达自己的观点,同时也学会了倾听和接纳他人的想法。这不仅仅是一次简单的协同教学实践,更是一段专业成长和个人价值观融合的旅程。我目睹了一位历史教师和一位道法教师如何在对待一个历史事件的教学方法上从最初的有分歧走向了共识,他们相互学习,相互启发,最终创造出一个多维度、互动性强的教学方案,这让我深刻体会到跨界合作的力量和美妙。

（二）互动教学：情境中的师生融合

在我们设计的以数字博物馆为资源背景的历史跨学科主题学习活动中，各学科小组在同一主题的历史情境下实现了真正的融合。学生们在这个过程中不仅学到了历史知识，还学会了如何与来自不同学科背景的同学进行交流与合作。例如在讨论中外文化交流的历史事件时，地理组的学生提供了关于地理位置和自然资源的信息，而艺术组的学生则通过艺术作品展示了文化交流的影响。这种跨学科的互动让学生探索到了学习的多维度和深度，同时也培养了他们的综合思维能力。我清楚地记得一位学生兴奋地分享了他如何从一个地理图谱中发现了历史故事的线索，这样的时刻让我深刻感受到小组合作学习的真正魅力。

（三）支架功能：创造力与融合力

数字博物馆作为一个创新的学习平台，为我们提供了丰富的资源型、方法型和程序型支架。这些支架不仅丰富了学习内容，也优化了学习过程。例如通过虚拟展览，学生能够更直观地理解历史事件和文化现象，而互动讨论板则提供了让学生自由交流想法的空间。这些支架的运用不仅增强了学生的学习体验，还促进了他们之间的互助和协作。我们可以以此见证学生如何在这个平台上相互激励，相互帮助，形成了真正的学习共同体。

（四）跨界与协同：未来探索的无限可能与挑战

我和教研组在本校八年级都实施了此跨学科主题学习活动，在随后的检验成效的调查问卷(有效问卷)中，77.06％的学生都肯定了此次活动的方式，渴望老师再度实施。但还是有20.04％的学生觉得自己更适合常规教学方式。

你是否有兴趣将历史学习和语文、道法、地理等科目融合，实现跨学科主题学习？ [单选题]

选项 ⬧	小计 ⬧	比例	
A.有兴趣，渴望老师实现	346		77.06%
B.没兴趣，觉得自己适合常规课堂	90		20.04%
C.对所有学习都没兴趣	13		2.9%
本题有效填写人次	449		

图4　跨学科主题学习兴趣调查

这让我对所选方案再度进行了反思，**原因**可能有以下几点：

1. 适应性问题：学生的学习风格和能力存在差异。对于一些学生而言，从常规的教学方式转变到跨学科和协同学习可能需要时间来适应。这种新的学习方式可能对他们的学习习惯和思维方式提出挑战。

2. 指导和支持不足：在跨学科主题学习中，要产生 $1+1>2$ 的协同作用。学生可能需要更多的指导和支持帮助他们理解和链接不同学科的知识。如果这种支持不够充分，一些学生可能会觉得困惑和不知所措。

3. 课程设计和实施问题：课程设计和实施的质量直接影响学生的学习体验。如果课程内容、教学活动或评估方式没有充分考虑学生的需求和兴趣，可能导致部分学生对新的学习方式不满意。

4. 学习动机和态度：学生对学习的态度和动机也会影响他们对新教学方式的接受度。一些学生可能因为缺乏学习动力或对新方式持保守态度，而偏好传统的教学方法。

针对这些原因，我会进行相应的调整和优化，鼓励学生积极参与并提高其对新学习方式的接受度。通过这样的努力，可以逐渐提高所有学生对跨学科主题学习和协同学习方式的满意度。同时也要注意支架的运用还存在一定的不足。首先，过度依赖技术支架可能会忽略学生的个人化学习需求。每位学生的学习方式和节奏各不相同，过度标准化的支架可能会限制学生的创造力和探究能力。其次，如果支架的设计和实施不够周到，可能会导致学生感到困惑或失去兴趣。因此，在设计和应用支架时，教育者需要精心考虑每个学生的独特需求和反馈，通过课堂观察和学生反馈调整支架设计，还可以通过定量和定性数据分析确保跨学科主题学习的支架能够真正促进学生的主动学习和深入思考，并真正服务于以历史为主线的各学科核心素养的提升。

参考文献

［1］中华人民共和国教育部制定.义务教育课程方案(2022 年版)[S].北京：北京师范大学出版社,2022.

［2］中华人民共和国教育部.义务教育历史课程标准(2022 年版)[S].北京：北京师范大学出版社,2022.

［3］孙亚桂.跨学科主题实践活动课程的探索[M].北京：新华出版社,2021.

［4］黄牧航,郑海琳.初中历史跨学科主题设计课程实施体系研究[J].广东第二师范学院学报,2023,43(05)：84-98.

［5］欧阳映.运用学习支架开展跨学科项目化学习的实践及思考[J].教学与管理,2023,

　　(22)：45－48.

［6］杜香云.基于博物馆线上资源的初中历史跨学科主题学习研究[D].重庆：西南大学，
　　2023.DOI：10.27684/d.cnki.gxndx.2023.000119.

［7］费小建,刘芳芳.初中历史跨学科主题学习的思考与探索[J].历史教学(上半月刊),
　　2023,(08)：43－47.

［8］Bae H, Xia F, Chen Y, et al. Developing Historical Thinking in PBL Class Supported
　　with Synergistic Scaffolding[C]// ICLS.2018.

基于智能课堂观察的课例研究
——以牛津英语 8A M3 U8 Growing healthy growing strong 为例

朱彩云

摘要：本文以牛津英语 8A M3 U8 Growing healthy growing strong 为例，探讨了基于智能课堂观察的课例研究。通过使用 ClassIn 高品质课堂智能诊断平台，结合大数据分析技术，对课堂中的师生互动、学生表现、教师教学行为等进行了深入分析。研究发现，课堂中教师讲授时间占比较高，学生独立学习时间较少，建议适当减少教师讲授时间，增加学生自主学习和小组合作的时间。同时，学生在基础知识的掌握和高级思维能力方面表现均衡，但自主学习能力有待提升。文章还提出了通过改进教学设计和提供更多自主学习资源来提升课堂效率和学生学习效果的建议。为教师提供了基于数据分析的教学改进思路，助力基础教育课程改革的推进。

关键词：智能课堂观察；课例研究；数据分析；教学改进

《基础教育课程改革纲要(试行)》中提道：基础教育改革的目标不仅在于改变课程实施中过于强调接受学习、死记硬背、机械训练的现状，更在于积极倡导学生主动参与、乐于探究、勤于动手的学习模式，以培养他们收集和处理信息的能力、获取新知识的能力、分析和解决问题的能力及交流与合作的能力。为了实现这一目标，课堂观察作为一种重要的教学研究方法，被赋予了新的使命和价值。通过课堂观察，我们可以更加全面、客观地了解学生的学习状态和需求，从而为他们提供更加全面的精准的教学指导。

在这样的背景下，作为一名一线教师，我正在积极探索如何将这些先进技术应用于教学实践，我通过 ClassIn 高品质课堂智能诊断平台，以牛津英语 8A M3 U8

Growing healthy growing strong 为案例,借助大数据分析技术,对课堂观察数据进行深入挖掘和分析,发现教学过程中的问题和规律,为教学改革和决策提供了有力支持。高品质课堂智能诊断平台共由四大板块组成,分别是基本情况、学生观察、教师观察和课堂分析标准。

一、课堂互动,智能分析

Part 1 基本情况中,在使用 ClassIn 高品质课堂智能诊断平台进行课堂观察时,首先需要对基本情况板块进行详细记录。这包括对课程时长、教师讲授时长、师生互动时长、课堂话轮等基本信息的收集,能确保后续分析的准确性和完整性。如下图(图1)所示:

课堂时段数据

40:21 课程时长	**22:08** 教师讲授	**1:19** 个人任务
5:03 小组活动	**11:45** 师生互动	**155** 课堂话轮

图 1　课堂时段数据

在本节课堂活动中,教师讲授占比为 55.00%,师生互动占比为 29.00%,活动或沉寂占比为 16.00%。课堂活动具体时间分布如下图图 2 所示:

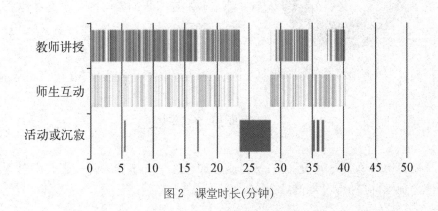

图 2　课堂时长(分钟)

通过详细记录教师和学生在课堂上的活动时间,教师可以更好地了解自己的教学节奏和学生的参与情况,并结合反馈出来的数据及时调整课堂互动的方式和频率,使教学设计更加合理和有效。观察以上数据可以发现,本节课学生充分参与到了课堂讨论和提问当中,但是个人任务时间非常短,在课程设计上安排给学生独立学习的活动并不多。因此,在教学改进时应当适当减少教师讲授时间,增加学生独立学习和小组合作的时间,以促进学生主动学习和合作能力的发展。

二、均衡高效,深入理解

在 Part 2 学生观察环节中,我们进一步分析了学生在课堂上的表现。通过平台记录的数据,我们可以看到学生在不同层级的回应中所占的比例。R1 层级的简单回应虽然只占了 0.5％,但表明学生至少在课堂上有所参与。R2 层级的知识和概念记忆占据了超过一半的比例,说明学生在掌握基础知识点方面做得很好,符合知道、理解和应用的学习目标。而 R3 层级的演绎和解释性回应则占据了接近一半的比例,表明学生在分析、综合和评估方面也表现得相当不错,能够将所学知识进行更深层次的应用。

综合这些数据,我们可以得出结论,本节课的教学效果是相当均衡的。学生不仅在基础知识的掌握上表现出色,而且在更高层次的思维能力上也有所展现。这样的课堂活动设计有助于激发学生主动学习的兴趣,促进他们对知识的深入理解和应用能力的提升。教师在未来的教学中可以继续维持这种平衡,同时根据学生的具体表现,适当调整教学策略,以进一步提高学生在各个层级上的表现。(如图 3 所示)

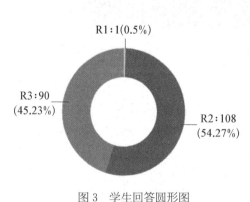

R1:1(0.5%)

R3:90
(45.23%)

R2:108
(54.27%)

图 3　学生回答圆形图

三、自我反思,教学改进

在 Part 3 教师观察板块中,平台通过加涅教学九事件的时间图表来对教师的课堂观察进行记录。如图 4 所示:

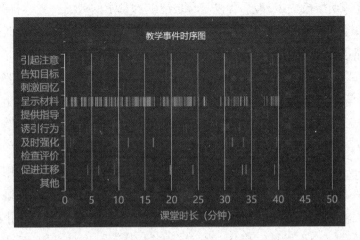

图 4　加涅教学九事件时间图表

在图中,我们可以清晰地看到加涅教学九事件的时间图表,它将教学过程分解为九个关键步骤。首先,教师需要引起学生的注意,这可以通过提问、展示有趣的事实或使用多媒体材料来实现。接着,教师要明确告知学生学习目标,确保他们明白课程的目的和预期成果。在学生对学习目标有了清晰认识之后,教师将呈现新的信息或概念,这通常通过讲解、演示或互动活动来完成。显然,本节课在呈示材料时做得很充分到位。而在告知目标这个维度上,还有可以改进的空间。本节课所记录到课堂第 32 分钟前后教师才明确地向学生阐述了本节课的学习目标,根据新课标的要求,学习目标应当在课堂活动的开始阶段告知学生,这样可以让学生对即将进行的学习活动有清晰的认识和预期。因此,不论是教学设计还是教师在课堂中的语言都需要向明确目标指向方向方面加以改进。

随后,教师需要提供指导性练习,帮助学生理解和掌握新知识。在这个阶段,教师应鼓励学生提问,并及时给予反馈。当学生对新知识有了一定的掌握后,教师将安排独立练习,让学生在没有直接指导的情况下应用所学知识。这个过程有助于巩固学生的理解和技能。在独立练习之后,教师会进行评估,以确定学生是否达到了学习目标。

最后,教师需要提供反馈,指出学生的优点和需要改进的地方。此外,教师还应鼓励学生进行自我评估,培养他们的自我反思能力。通过这样的过程,教师可以确保学生在课堂上获得有效的学习体验,并持续改进教学方法。

在教师观察板块中,教师可以记录自己在课堂上的教学行为,对课堂观察数据进行综合分析,找出教学过程中的优势和不足,以便于自我反思和改进。本课中,提供指导和检查评价这两块数据显示较弱,在以后的教学过程中,应加强这两方面的关注。例如为了提高指导质量,教师可以提前准备更详细的教案,针对不同学生的学习情况,设计个性化的指导方案。同时,通过定期与学生进行一对一的交流,了解他们在学习过程中遇到的困难,并给予有针对性的帮助。

在检查评价方面,教师可以采用多样化的评价方式,如自我评价、同伴评价及形成性评价等,以全面了解学生的学习进展。此外,教师还可以利用信息技术手段,如在线测试和学习管理系统,实时跟踪学生的学习情况,及时调整教学策略。通过这些措施,教师不仅能够提高自身的教学水平,还能激发学生的学习兴趣,促进他们的全面发展。最终,教师将能够构建一个更加高效、互动和富有成效的课堂环境。

四、效率提升,自主学习

Part 4 高质量课堂分析标准(CEED)由三个维度和九个方面组成,三个维度,即课堂效率、课堂公平和课堂民主。下图(图5)是基于课堂智能分析结果的综合判断:

图5 课堂分析标准

从图表上的蛛网结构来看,程序达到了最高等级 Level 3,说明课堂程序方面没有不公平或不公正的情况。而自主这一块有点欠缺,平台显示本课学生自主学习的水平为 Level 2,自己控制的学习时间有一定量,但学习任务与学习目标之间的匹配程度需要提高,课堂上的独立学习时间不够充分和有效。为此,在今后的课堂上教师可以增加学生自主学习的环节,让学生在教师的指导下,根据自己的学习进度和理解程度,选择合适的学习任务。其次,教师可以利用网络平台,为学生提供更多的自主学习资源,如在线课程、视频讲座、互动练习等,以丰富学生的学习内容和形式。通过调整,相信学生的自主学习水平将逐步提升,达到 Level 3 的水平,即学生独立学习时间与学习目标高度一致,学生可以在独立学习时间内进行独立探索和构建。

通过对以上四大板块数据的综合分析,教师可以更全面地了解课堂情况,发现教学中的问题和规律,从而制定出更加精准的教学策略。以本节课为例,通过分析学生在课堂上的表现,教师可以发现哪些教学方法更能够激发学生的学习兴趣,哪些环节需要加强互动和讨论,以及如何更好地利用课堂时间进行有效的语言实践。

综上所述,ClassIn 高品质课堂智能诊断平台为教师提供了一个全面、系统的课堂观察和分析工具,有助于教师在教学实践中不断优化教学方法,提高教学质量,最终实现基础教育课程改革的目标。因此,在基础教育课程改革的背景下,课堂观察与大数据分析的融合将成为未来教育发展的重要趋势之一。我们期待通过这一创新性的教学实践,进一步激发学生的学习兴趣和潜能,培养他们的综合素养和创新能力,为他们的未来发展奠定坚实的基础。

参考文献

[1] Gagné, R. M. (1985). The Conditions of Learning and Theory of Instruction (4th ed.). New York: Holt, Rinehart and Winston.

[2] ClassIn 高品质课堂智能诊断平台使用手册[Z].上海：ClassIn 教育科技公司,2022.

[3] 王红.李华.大数据分析在教育中的应用研究[J].教育研究,2021,42(3): 45 - 52.

英语 Vlog 展风采，不负劳动好"食"光

——让劳动教育与跨学科教学同行

闵向红

摘要：学校依据相关政策要求，组织"My creative pizza"活动，利用课后服务时间，由食堂师傅及预备英语组、美术组、信息科技组老师共同指导，学生通过设计、制作比萨并录制 Vlog，实现了劳动与英语、艺术及信息技术的融合学习。活动培养了学生的创新思维、探究能力及劳动意识，加强了各部门间的交流合作，取得了显著成效。

关键词：劳动教育；跨学科教学；创新思维；劳动意识

一、案例背景

依据中共中央国务院《关于加强新时代大中小学劳动教育的意见》、教育部《大中小学劳动教育指导纲要（试行）》《义务教育课程方案和课程标准（2022版）》等政策性文件要求，学校须加强和推进新时代劳动教育，积极探索劳动教育的实施策略，提高劳动教育的质量，促进学生全面发展。

与此同时，《义务教育课程方案和课程标准（2022版）》提出，各门课程原则上要用10%的课时设计跨学科主题学习活动，注重学科间知识与方法的"联结"，体现课程协同育人功能，通过加强课堂与现实世界的联系，重视学生综合素质的培养，带动课程综合化实施。

为了贯彻《义务教育课程方案和课程标准（2022版）》中提出的"落实劳动教育"的指导思想，并同时发挥教育信息化背景下现代信息技术对英语课程教与学的支持与服务功能，以跨学科主题学习活动为载体，加强英语课堂与艺术及信息技术的联系与融合，培养初中生创新思维、探究精神及劳动意识，我校联合各部

门,组织举行了"My creative pizza"活动。

二、活动目标

如何帮助学生品味劳动的快乐,培养学生自主劳动的意识? 如何在不额外增加学生负担的情况下,鼓励学生积极参与校园、家庭劳动? 如何将一次全新的劳动教育活动与学生已有的劳动经验结合,并鼓励学生在现有的能力技能上有所突破? 以上是本次活动的核心问题。

本次活动由食堂师傅及预备英语组、美术组、信息科技组的教师共同参与指导,依托学校后勤资源,以跨学科主题学习活动为载体,以 learning by doing(做中学)的形式贯彻学科知识,落实劳动教育,培养学生的创新思维、探究精神及劳动意识。

后勤保障处与学生、教师发展处同为学校重要部门,学校亦希望通过本次活动加强各部门之间的交流合作,让各学科、各岗位的教职员工动起来,全身心地为学生服务,为学生考虑,感受到与学生共同成长的幸福,从而为今后的大型学生活动积累更多的实践经验。

三、案例实施

(一) 确定活动主题

我校利用课后服务时间,在预备年级开设"点心制作"拓展课,由食堂师傅授课,教授学生中西式点心的制作,内容涵盖春卷、烧卖、馄饨、蛋挞、无水蛋糕等。经过一学期的学习后,学生掌握了揉面、洗菜等技能,也对烘焙产生了浓厚兴趣。为检验学生的学习成果,培养创新思维,学校教发处决定组织一次由学生自主完成的点心制作活动。

活动主题"My creative pizza"选自牛津上海版教材 6A U11 Let's make a pizza,从课程内容出发,鼓励学生发挥想象,利用家中材料,设计自己的创意比萨,并以英语 Vlog(视频日记)的形式记录比萨的原料及制作过程。

(二) 设计活动方案

劳动教育实践活动与跨学科教学活动是一次全新的尝试,无论是对于学校还是对于预备年级的学生而言,都是一次挑战。为了确保各部门按时、高效地完

成相应工作,保障学生活动的顺利进行,学校将这一活动分为不同板块,由不同教研组负责,与食堂合作。(如图1所示)

活动板块	负责部门	具　体　工　作
设计比萨 (学生)	食堂	在学生考虑食材搭配时为其提供指导,对各食材的营养价值、注意事项进行讲解
	预备美术组	指导学生对比萨进行设计,并绘制出理想中的比萨
做前指导 (教师)	食堂	由食堂师傅出镜,制作一个建议比萨,作为指导
	信息技术组	对食堂师傅的比萨制作进行拍摄和视频编辑工作
	预备英语组	对视频进行英语配音、英语视频编辑
制作比萨 (学生)	食堂	解答学生制作比萨过程中的疑问
	预备英语组	修正学生撰写 Vlog 文字稿时的细节错误
	信息技术组	解答学生制作视频时的疑问
奖项评选 (教师)	食堂	根据学生视频中所体现的点心制作技巧、食材搭配营养价值进行评分
	预备英语组	根据学生视频中所体现的英语写作能力、语言能力进行打分
	信息技术组	根据学生视频中所体现的视频编辑技术、创意进行打分
	教发处	归纳各项得分,为获奖学生颁发奖状
	综合管理处	发布公众号,对参与活动的精美作品进行展示,对获奖学生进行鼓励

图1　各部门工作分工

(三)活动过程

1. 设计比萨

依照课堂所学知识,学生从设计比萨入手,先对自己理想中的比萨形状进行了绘制。比萨设计图活灵活现,创意十足。有的学生还手绘了专属于自己的菜谱。(如图2所示)

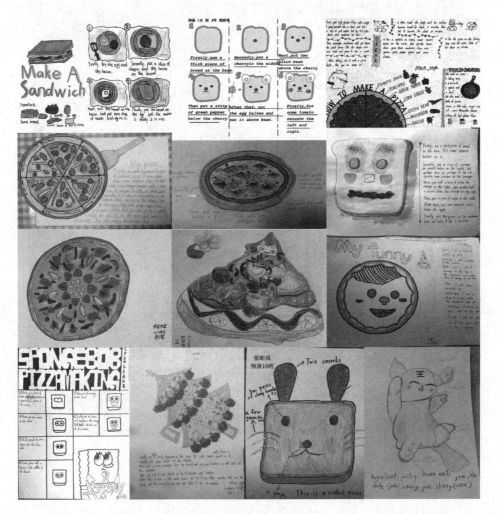

图 2　学生比萨设计图

2. 做前指导

对于预备年级的学生而言,Vlog 是一种新型的、陌生的作业形式。对此,学校通过钉钉平台发布了指导视频。

视频中,食堂师傅出镜,仿照课文图片进行了建议的比萨制作。教师在视频拍摄、剪辑等方面对学生进行了指导。针对学有余力的学生,教师也教授了配音解说、字幕编辑、添加背景音乐等具有较高难度的视频编辑技术。(如图 3 所示)

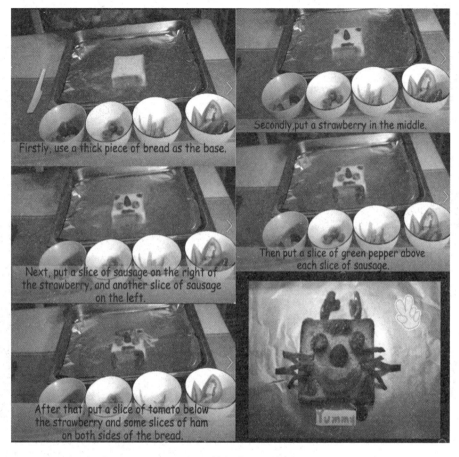

图 3　教师演示过程

3. 制作比萨

参照自己的手绘作品,在家人和老师的协助下,学生走进厨房,将一张张图片变成了一道道热气腾腾的美味佳肴,在体会劳动乐趣的同时,也为父母家人送上了自己特别的爱。在后期视频制作时,为了让自己的视频更吸睛,学生们加入了音乐、字幕、特效……充分运用并探索了视频编辑技能,提高了信息技术运用能力。

4. 奖项评选

预备年级的学生积极、踊跃地参与了"My creative pizza"活动,作品精彩纷呈,令人叹为观止。根据视频中所体现的点心制作技巧、食材搭配营养价值,食堂师傅们进行了评分。同时,教师也从设计创意、视频制作、英文解说、表现力等方面对学生作品进行了评选。

为了调动学生的积极性,本次活动不设等第奖,而是设置了最佳创意奖、最佳解说奖、最佳美食奖、最佳视频制作奖和最佳表现力奖。获奖学生名单和优秀作品均在学校公众号进行展示,以表彰学生们的精彩表现。该篇公众号推送到学生、家长群体中反响热烈,收获数千转发量。

5. 活动总结

在"点心制作"课堂上,学生的任务往往是倾听食堂师傅的指导,观摩食堂师傅的操作,并且加以效仿。然而,在本次的"My creative pizza"比萨制作活动中,学生按照自己的想法,通过自己的设计,和家人、朋友一起走进厨房,亲手制作了自己心中的美味点心,体验了自己动手的快乐与成就感。

本次活动中,预备年级学生的活动参与度极高,共收到作品 100 余份,已远远超出曾报名参加"点心制作"拓展课的学生人数。有的学生在英语作文中写道:"The food I cook by myself is the most delicious food because that is the fruit of my own labor."的确如此,辛勤劳动的果实是初中生最美味的佳肴。

也是通过本次活动,学生们意识到,英语课堂不止有听说读写,也可以有五彩缤纷和酸甜苦辣;信息技术课本上所书写的不是晦涩难懂的知识,而是可以灵活迁移应用到生活中的生动有趣的经验。

本次活动也让我校管理层意识到,学校的运营不仅依赖于后勤保障处的"硬实力",更应该充分利用后勤保障处的"软实力"。以"点心制作"课程为例,食堂不仅是师生员工用餐的场所,食堂师傅也同样是学生重要的老师。劳动教育不只是学生发展处的任务,更应该是学校每一个部门、每一位教职员工义不容辞的使命。融德育入教学,使劳动教育和跨学科教学活动相互渗透,如何发挥各部门的优势,联结各部门工作,让每一个教职员工都成为德育工作者,是值得深思的问题。或许,这个活动的成功举行,为我们指引了一个新的方向。

今后,我校亦将把该活动设立为每年的预备年级传统活动,加强后勤保障处与学发处、教发处的合作,通过建立学科间的相互关联,不断拓展学生的创新性和探究性思维,培养学生热爱劳动的意识。

参考文献

[1] 中华人民共和国教育部.义务教育英语课程标准(2022 年版)[S].北京:北京师范大学出版社,2022:47-48.

[2] 夏雪梅:跨学科学习:一种基于学科的设计、实施与评价,2024.

利用"幸福手册"，实现家校共育

郭伊婷

摘要：本文以教育部等部门发布的《关于健全学校家庭社会协同育人机制的意见》为背景，探讨"幸福手册"在家校共育中的应用。研究指出，传统单向沟通方式难以激发家校参与热情，而上海市傅雷中学的"幸福手册"项目以"让每个孩子在幸福中成长"为理念，通过挖掘校园"幸福"元素，引导学生、教师和家长共同记录和分享幸福瞬间，建立新型家校沟通机制。研究分为三部分：一是通过"光盘行动"等活动挖掘幸福话题，激发学生参与热情；二是明确幸福视角，建立常态化共育机制；三是借助"i幸福口袋"和"i幸福壁纸"等可视化手段，优化幸福瞬间的呈现与分享。最终，"幸福手册"促进了教师、学生和家长之间的情感联结与共同成长，为家校协同育人提供了新路径。

关键词：家校共育；幸福教育；可视化

2023年，教育部等十三个部门联合印发了《关于健全学校家庭社会协同育人机制的意见》，指出要营造良好氛围，深入宣传协同育人的政策举措、实际成效和典型案例，广泛传播科学教育理念和正确的家庭教育方法，大力营造全社会各方面关心支持协同育人的良好氛围。家校关系的融洽是教育发展的沃土，同时也是推动学生五育并举、实现全面进步的重要基石。倘若沟通机制不健全，将导致家校交流受阻，严重时还可能引发家校关系的不和谐。为此，基于我校"让每个孩子在幸福中成长"的办校理念，我力图通过"幸福手册"这一工具，将学生、教师及家长三方紧密联结，建立相互沟通的桥梁，开辟家校交流的新途径，以推动家校协同教育的构建与发展。

一、挖掘幸福话题,发起"幸福手册"

幸福教育理论的创始人内尔·诺丁斯教授说过:"好的教育就应该极大地促进个人或集体的幸福。"我常想,我的学生是否生活在幸福的教育中?我反思后发现:以往任务式的教育活动如张贴在教室里的公告等,学生未必有兴趣和向往;传统单向传递式的家校沟通手段,例如通过公众号发布的"活动简讯",往往难以激发家长的情感共鸣。若能够让学生在特定活动中亲身体验到"幸福"的实质,并由教师适时引导此类活动的推广,那么学生及其家长将更加主动地投身其中,共同实现幸福感的累积。鉴于此,我着手探寻校园日常中的"幸福"元素作为切入点。

在班级发起的"珍惜粮食,光盘行动"中,我观察到刚步入初中阶段的预备年级学生在教室里自主用餐并盛取汤品时,普遍能够遵循"按需取量"的原则。我随即用手机捕捉下学生实现"光盘"的幸福瞬间,并在餐后利用图文形式在钉钉群内分享,同时通过餐后交流环节,对"光盘"的学生给予了及时的肯定。活动中不难发现,被记录下幸福时刻的学生脸上洋溢着难以掩饰的喜悦之情,眼神中透露出满满的成就感。接着,我对当天未能完成"光盘"任务的学生进行了访谈,发现来自教师的关怀和同伴的正面鼓舞,坚定了他们未来践行"光盘行动"的意志。这次幸福分享活动,不仅鼓舞学生向身边的榜样学习,还促使教师的关注点由"关注剩饭情况"转变为"见证光盘时刻",最终全班共同营造了充满幸福感的"光盘"氛围。

此外,我们能够通过这一活动倡导学生敏锐捕捉同学的幸福瞬间,并将这份喜悦之情传递开来。师生共同探讨设立班级幸福展示区——幸福墙的方案,由学生负责创作幸福主题的内容,教师则辅助记录并撰写幸福寄语。教师还按照日期顺序累积"幸福群聊记录",汇编成"幸福手册",确保每位学生都能拥有一份,并将其展示在幸福墙上,供学生自由取阅与记录。

在目睹光盘行动带来的积极效果后,我们适时选取典型个案,将"精彩群聊记录"及其汇总资料分享至钉钉群。这一行动恰好为教师提供了一个理想的契机,邀请家长一同参与到"幸福手册"的记录中来。随着时间的推移,"幸福手册"逐渐发展成了由教师、学生及家长三方携手共创的幸福记忆宝库,不仅记录了生活中的点滴温馨,更成了三方情感交流与共同成长的见证。

二、明确幸福视角,建立常态化共育机制

(一) 引导家长用幸福视角看待孩子

为了促使家长以敏锐的观察力捕捉孩子身边的幸福瞬间,并启发他们以多样化的幸福视角审视孩子,教师采取了线下记录与线上预约分享相结合的方式,鼓励家长在钉钉群内灵活预约分享时段,依据记录内容详尽地分享孩子每周一次的幸福经历,例如小陶从畏惧写作到主动投身于作文竞赛的心路历程。随着这一实践的深入,越来越多家长开始从日常生活的细微之处发掘孩子的幸福瞬间,越发注意到孩子身上的众多闪光点。

教师对家长在"幸福手册"中的每一次记录都给予及时反馈,家长的积极性在收到教师的跟进回复后显著提升,记录更为频繁。同时,学生也因家长记录的话题增多而与家长展开了更多主动的交流。"幸福手册"作为一种亲子间平行的沟通媒介,促使学生更加乐意亲近家长,勇于表达自己内心的想法与感受。

(二) 建立常态化的"幸福手册"制度

为了将"幸福手册"打造成为家校间持续运作的交流平台,我与学生及家长围绕"记录时机""交流时段"及"家校传阅方式"三大议题展开了深入讨论。对于学生而言,记录与分享"幸福手册"的时间安排相对灵活,无论是早读前的片刻、课间休息、午餐后的午会,还是阳光体育活动期间,均可进行记录与交流。对于家长而言,周末时光无疑是他们与孩子一同翻阅"幸福手册"、细细品味与孩子相关联的幸福瞬间的最佳时段。这样的共度时光不仅让家长们有机会回顾孩子一周内所经历的"小确幸",还能促使他们及时与孩子围绕手册中的内容展开交流,对孩子的优良行为给予积极的认可与鼓励。而对于教师来说,"幸福手册"不仅是他们快速捕捉学生闪光点与成长足迹的重要工具,更是引导他们全面观察学生、依据学生的学习特性或生活习惯进行连贯性记录的宝贵资源。综合考量学生、家长及教师的记录习惯、交流模式及学生的在校日程安排,我们最终确立了每周五手册带回家中、每周一再将手册带回学校的固定交流流程,以确保家校之间能够持续、有效地进行信息的传递与共享。

三、借助"i幸福口袋",让"点滴幸福"都可视化

(一)手册呈现交流难题,部分学生被边缘化

随着时间的推移,"幸福手册"日益增厚,然而新的问题也逐渐显现:鉴于其内容之丰富,记录按照时间顺序排列,导致近期的故事被置于末尾,学生需要花费较长时间翻阅才能回顾近一周的幸福瞬间,这无疑增加了错过最佳分享时机的风险,降低了学生的期待感。此外,性格较为内向的学生的"幸福手册"内容相对匮乏,同伴在记录时往往更倾向于那些善于表达与展现自我的学生,从而在一定程度上忽视了那些不善言辞的学生,造成了他们被边缘化的现象。

(二)迁移环创经验,"i幸福壁纸"使幸福可视化

针对"幸福手册"在交流上遇到的挑战,我与学生共同探讨了其展示形式的改进方案。基于对班级空间配置的仔细观察与深入分析,我与科技委员携手合作,为教室电脑设计了名为"i幸福"的桌面壁纸。教室电脑桌面的广阔与灵活性,使得其能够直观展现学生最新的幸福瞬间,同时也便于大家迅速识别出哪些学生尚未拥有幸福记录,从而激励同伴更有目标地去发掘那些尚未被记录幸福的学生的故事,确保每位学生都能拥有属于自己的幸福记录并得到展示。

为了建立"幸福手册"与"i幸福壁纸"之间的有效联系,使学生间的分享更加直观,我与学生进一步探讨了"壁纸的使用方法"及"壁纸与手册的轮换机制"等问题。在实践探索中,学生们发现"i幸福壁纸"在分享与交流方面具有显著优势,其无须翻页的特点大大节省了查找时间,便于随时展开对话。然而,每期壁纸的制作与更换需要专人负责,长期累积下来会耗费较多精力。相比之下,"幸福手册"则更像一本记录学生成长点滴的相册,能够详尽地展现学生一个月、一学期乃至一学年的幸福变化。

鉴于此,我综合考量了"幸福手册"与"i幸福壁纸"的优缺点,对两者的关系进行了优化:规定每月最后一个周五的第七节自主管理课为学生在校记录的截止时间,学生需要回顾并整理本月在校的幸福瞬间,按时间顺序排列记录单后提交给班长;班长负责筛选,随后由科技委员以月为周期,在周末筛选出的全班幸福瞬间制作成"i幸福壁纸",并更新至教室电脑桌面;学期末,将一学期内的所有"i幸福壁纸"打印成册,分发给每位学生及家长。这一行动不仅成功实现了幸福

时刻的直观呈现与分享,还充分满足了学生对于"幸福手册"进行系统性整理与保存的期望。与此同时,它也极大地推动了家庭内部分享活动的顺利进行,为家庭成员间的情感交流与幸福回忆的共享搭建了一个有效的平台。通过这样的方式,幸福不再仅仅是个人或学校的私有珍藏,而是成了家庭成员间共同珍视与传承的宝贵财富。

四、传递幸福故事,畅通幸福家校共育

我们应当倡导教师、学生及家长共同发现并记录彼此间的幸福瞬间,进而传递这些温馨的故事。通过手册的持续传递,教师、学生及家长能够更加深切地体会到彼此间的关爱。从学生小代的记录"老师为我擦汗时,我感到无比幸福"中,我们不难发现,即便是教师眼中习以为常的小事,在学生心中也可能成为珍贵的幸福记忆。重新审视爱的教育理念,我们意识到,教育中的爱并非单向的灌输,而是需要双方相互沟通与理解。

在"幸福手册"活动中,学生不仅能够接收到来自同学、教师及家长的美好记录,同时也渴望向这些群体表达内心的情感。经过协商,我们可以对"幸福手册"中各参与者的角色进行更为细致的划分,并引入不同颜色的记录纸张,以此作为区分不同来源幸福记录的视觉标志。具体而言,橙色纸张将被指定为学生专用以记录个人幸福时光;绿色纸张则承担起记录学生间友谊与美好瞬间的重任;粉色纸张则温柔地承载着学生对教师深深的感激与敬仰之情;蓝色纸张则用以描绘学生对家长无微不至关怀的温馨记忆;红色纸张则成为家长记录孩子成长点滴与幸福瞬间的独特载体;紫色纸张则代表着教师对学生的认可、鼓励与深切关爱,是师生情感交流的桥梁。这样的设计不仅丰富了"幸福手册"的视觉表现力,更使得每一份记录都充满了独特的情感色彩与纪念价值。不同颜色的记录纸象征着不同的记录者与收获者,这样的设计让学生能够从更多元的视角感受"幸福手册"中蕴含的深厚爱意。

"幸福手册"能够伴随学生度过从初中到高中的重要成长阶段,这一时期对他们的人生至关重要。我们坚信,通过"幸福手册"的编制与实践,教师、学生及家长将能够捕捉幸福、联结幸福、提升幸福并共同创造幸福。在家校共同追求幸福的过程中,"幸福手册"成了开启新型家校关系大门的钥匙,有效促进了家校之间的顺畅沟通,为家校合作育人的新篇章奠定了坚实的基础。

参考文献

[1] 殷飞,缪建东.建构高质量的家庭教育实践体系——校家社协同育人的困境与突破[J].教育发展研究,2023,43(06):26-34.

[2] 林红丽,兰春红,曾黎源.幸福共育:积极心理学视角下家校社共育模式的构建[J].中小学心理健康教育,2024,(02):72-77.

研以促创，演以促学

——以编排《皇帝的新装》课本剧为例

王泓冰

摘要：本案例通过关注学生在学习过程中的情境和实践，以课本剧的活动形式让学生通过阅读、研讨体会课文情境，通过创造、表演来再现课文情境，在实践过程中完成对文本的解读和重构。在这一过程中，学生的学习兴趣、阅读能力、思考能力、表达能力都得到了提升，契合新课标对提升学生核心素养的要求。同时，在研与演的过程中，学生通过生动有趣的课堂活动感受幸福，收获成长。

关键词：情境；实践；课本剧；核心素养；幸福

一、案例背景

新课标的课程理念中的第四点是：增强课程实施的情境性和实践性，促进学习方式变革。其具体内容有：从学生语文生活实际出发，创设丰富多样的学习情境，设计富有挑战性的学习任务，激发学生的好奇心、想象力、求知欲，促进学生自主、合作、探究学习；引导学生注重积累，勤于思考，乐于实践，勇于探索，养成良好的学习习惯；关注个体差异和不同的学习需求，鼓励自主阅读、自由表达。新课标致力于在此种理念的支持下培养学生的核心素养，其中包括学生的语言运用能力、思维能力和审美创造能力。在第四学段(7~9年级)对阅读鉴赏的具体要求中，第二点是在通读课文的基础上，理清思路，理解、分析主要内容，体味和推敲重要词句在语言环境中的意义和作用。对课文的内容和表达有自己的心得，能提出自己的看法，并能与他人合作，共同探讨，分析、解决疑难问题。在新课标的指导下，我计划以课本剧的形式对《皇帝的新装》进行解读与重构，让学生通过阅读研讨、创作研讨、表演实践的方式进行学习,构建生动有趣的幸福课堂。

二、实 施 过 程

1. 阅读研讨——理解文章内容

阅读是对任何文学形式进行解读的基础,在这个过程中,读者需要通过阅读理解文章的大致内容。对《皇帝的新装》来说,通过阅读所要达成的学习目标即明确文章中的人物关系、概括文章的主要事件、分析文章人物形象、感受文章内在主旨、了解作者情感倾向等。

在这一过程中,教师要做的是引导学生逐步深入读懂文章,以问题链的形式激发学生的学习兴趣,引发学生对文章从整体到局部细节的思考。如:《皇帝的新装》中出现了哪些人物？ 谁是《皇帝的新装》中的主要人物？ 围绕这些人物文章讲述了一个什么样的故事？ 根据情节的发展文章可以分成哪几部分？ 每一部分出现的人物的特征是什么？ 作者通过哪些方式表现人物特征和刻画人物形象？ 这些人物的个性和共性分别是什么？ 作者通过《皇帝的新装》这一故事想给我们展现的是一个什么样的社会？ 故事中有没有与众不同的人？ 这个与共性不同的个性寄托的是作者什么样的愿望？

在不停地阅读和反复的研讨中,学生最终会对文章内容、人物形象、作者情感有比较明确的认知:在一个虚伪愚蠢的社会中,人人都在极力以一种虚伪愚蠢的方式掩饰自己的虚伪和愚蠢,唯有一个敢于说真话的孩子寄托了作者对于社会发展的期望。这种认知的形成加深了学生对于文章内容的思考,为后续的创作和表演建立了良好的基础。

2. 创作研讨——打造共同剧本

由于《皇帝的新装》对于七年级学生来说属于长文,编排以其内容为主体的课本剧剧本对于个体学生来说存在不小难度。

因此,在本次创作中,我设立了以三人为主体的编剧组、以三人为主体的导演组和以二人为主体的道具组,互相配合。先由编剧组内部进行沟通创作,在第一次沟通创作完拥有初步剧本后,将其交由导演组和道具组阅读并一起进行讨论,共同研讨其剧本的可行性,在汇总不同意见后进行修改。在这个创作过程中,学生的文字运用能力、思维探究能力、审美创造能力、共同协作能力等都得到了很大的提高。

在反复沟通修改、确认剧本整体框架后,编剧组将改编后的剧本面向全班开放阅读,由全班学生根据自己所饰角色及对文章内容的理解对剧本的细节提出意见。在这一过程中,每一个学生都能参与到对课本剧的编排中,在集思广益之后,进一步完善剧本,打造一份属于整个班级的剧本,充分体现新课标中的"对课文的内容和表达有自己的心得,能提出自己的看法,并能与他人合作,共同探讨,分析、解决疑难问题"这一理念。

在整个过程中,学生会不可避免地碰到各种各样的问题,引发各种各样的争论,有些问题和争论在学生的探讨后可以得出共同的认识和结论,但还有一部分则需要教师的点拨和帮助。在这个过程中,教师要肯定每一位学生合理恰当的想法,并选择最适合这一课本剧的想法。如学生为皇帝照镜子时应有的表现产生了争执,有的学生认为皇帝要尽可能夸张地表现他对于实际并不存在的新衣的满意,而有的学生则认为皇帝在以虚伪的行为表现其对新衣的满意的同时要适当表现内心的胆怯和惶恐,因此动作不宜太过夸张。两者都是对原文内容进行深入理解后产生的正确思考,都值得表扬。最终几番讨论下来,出于对原作的尊重,我们还是共同选择了前者。

在这一过程中,每个学生都参与了作品的创作,对于剧本都拥有甚至是提出了自己的见解,最后达成共识。可以说,每位学生都是这份课本剧作品的主人,在这一过程中获得的成就感和幸福感,是学生在语文能力提升外的重要体验。

三、表演实践——呈现最终作品

在确定剧本后,学生要做的就是排练课本剧了。导演组、编剧组、道具组互相配合,组织全班学生合作。在这个过程中,每一位参与的学生都要吃透文本中的人物形象,真正做到深入解读课文中每个人物的形象,并通过每一个神态、动作、语气使观看者感受到要表达的形象。

本次课本剧的宗旨为人人参与,除主要角色皇帝、两个骗子、诚实的老大臣、诚实的官员、发现问题的孩子以外,所有官员、内臣、骑士、百姓的形象刻画也要充分考虑,也需要有学生来生动地饰演,目的是通过每一个学生的参与,真实地再现课文、课本剧所要表现的整个社会的状况。可以说,在这样一部课本剧中,每一个角色都是重要的。通过这种人人参与的模式,可以更好地激发主要负责学生的组织协调能力和所有学生的团结协作能力。在这个过程中,教师也要做好提示、协调和指导工作,在学生碰到时间安排或者形象展现等困难时,要主动施以援手,提供方式方法和一些好的思路供学生选择,帮助学生能更高效、更有方法地完成整个课本剧的排练。

为了使课本剧的展演更加成功、学生的表现更加出色,经过商讨后决定本次课本剧采用两个班级比赛的形式,在元旦前的周五班会课上展演,双方作为彼此的观众共同观看精彩的演出,并邀请两位可亲的班主任共同作为评委。这一系列举措都极大增强了学生排练、表演积极性和幸福体验感。以两个班级最后呈现出的作品来看,他们都做到了对课文内容进行深入解读和思考,以及根据自己的生活经验和阅读感受做了创新和加工,展现了两幕精彩的节目。

四、案 例 总 结

以课本剧的形式呈现课文内容、加深对课文内容的理解在教材改革之前是一个专有单元。在初二年级的课文中,有包括《威尼斯商人》等本就以剧本形式存在的篇目。在新教改之前,我仅尝试过让学生按照书本所给的剧本编排课本剧,尽管在这个过程中也能培养学生的团结协作能力,但照本宣科的表演在学生的能力培养上总归有所欠缺,在对课文内容的理解上更容易出现一些疏忽和遗漏。而此次《皇帝的新装》课本剧的排演,从剧本创设到情境演绎,全过程都由学生自行合作完成,所有思考都来自学生本身,能更好地契合新课改想培养的学生的核心素养。

学生的能力也好,学生的幸福感也罢,不是靠教师在讲台上照本宣科就能获得的,而是需要让学生不停地实践,不停地感悟,不停地再实践。因此,这种课本剧的教学模式在我看来是成功的,是可以推广。回顾初中四年的课文,其中有很多,如《狼牙山五壮士》《穷人》《二十年后》等故事性强的文章都可以以课本剧的方式使学生获得更多的幸福收获和能力成长。

附剧本:

皇帝的新装
引　子

很多年以前,有一位皇帝,他非常喜欢好看的新衣服,为了穿得漂亮,他不惜把所有钱都花掉。他既不关心他的军队,也不喜欢去看戏,更不喜欢乘着马车去游公园——除非是为了炫耀一下他的新衣服。他几乎每个小时都要换一套衣服,人们提到他总是说:"皇上在更衣室里。"

第 一 幕

场景:皇宫。

有一天,大城市里来了两个骗子,他们得知皇帝非常喜欢穿漂亮的衣服,于是想了一个妙计。

守卫 (行礼)参见殿下,外面有两个织工找您。

皇帝 (摆摆手)让他们进来吧。

骗子 (合,走入,行礼)参见陛下。

皇帝 (皱着眉,斜睨了一眼两个织工,不耐烦)有什么事吗? 没事别打扰我换衣服。

骗子 (神情浮夸)陛下,我们可以织出人类所能想到的最美丽的布。

骗子1 这种布不论是颜色还是图案都非常好看。

骗子2 而且还有一种很神奇的特性! 您一定会喜欢。

皇帝 (舒展了眉眼,疑惑,饶有兴致,挑眉)哦? 哪里神奇了?

骗子2 回陛下,它的神奇在于:任何不称职的或者愚蠢的不可救药的人都看不见这衣服!

皇帝 (眼睛一亮,自言自语)这真是一件很理想的衣服! 那也就是说,我穿着这样的衣服,就可以看出在我的王国里哪些人是不称职的! 我就可以分辨出哪些人是聪明人,哪些人是傻子了! (鼓掌)好! 我要你们马上给我织布!

皇帝向后伸出右手,勾了勾手指,后面的守卫提出一个箱子递给皇帝,皇帝打开箱子。

皇帝 这些钱你们先拿着,做得好,我以后会赏你们的!

骗子1 (相视一笑,贼眉鼠眼,随后行礼)是! 陛下!

过了几天……

皇帝 我倒想知道他们的衣料织得怎么样了。

不过当他想起凡是愚蠢或不称职的人就看不见这块布的时候,他心里的确感到有些不大自然,他相信他自己是无须害怕的。虽然如此,他仍然觉得派一个别的人去看看工作的进展情形比较妥当。

全城人都听说这织品有一种多么神奇的力量,所以某些老百姓想借这个机会测验一下：他们的邻人有多么笨，或者多么傻。有的老百姓则希望能借助这块布去除朝廷里一些愚笨的大臣，让国家变得更加强大。

皇帝　（自言自语）我要派我诚实的老大臣去织工那里看。他最能看出这块布料是什么样子，因为他这个人很理智。同时就称职这一点来说，谁也不及他。

皇帝　我最忠实的大臣，朕有事找你。

老大臣　有什么吩咐？我最尊敬的陛下。

皇帝　（和蔼可亲的笑容）你是我最忠诚和诚实的大臣，朕派你去看一下那几个织工织得怎么样了。

老大臣　是，陛下。

第 二 幕

场景：骗子的房间。

这位善良的老大臣因此就到那两个骗子的屋里去了。他看到骗子正在空织布机上忙碌地工作。

老大臣　（把眼睛睁得特别大，自言自语）愿上帝可怜我吧！（说完话之后用手假装捧着这块布仔细地欣赏）我什么东西也没有看见！（很吃惊的语气）

骗子1　大人，请走近点看看。（用手指着两架空织布机）看，花纹是不是很美丽？色彩是不是很漂亮？

老大臣　（眼睛越睁越大，小声嘀咕）我的老天呀！我居然看不见。我难道是一个愚笨的人吗？我从来都没有怀疑过这件事情，这一点绝对不能让任何人知道。我难道是一个不称职的人吗？不行！我绝不能让人知道我看不见布料。

骗子2　（边忙碌着边说）哎呀，这位大人，您真的一点意见都没有吗？（恭敬的语气，因为是在对上级领导说话，要表示尊重）

老大臣　怎么可能？（一边从他的眼镜里仔细地看，假装镇定）哎呀！这花纹多么美丽！真是美妙极了！（伸手将那块虚无的布举起来，假装仔细欣赏）陛下看了之后一定会非常高兴的，是的，那我将呈报给陛下，这真是流光溢彩、绚丽多姿的神奇布料，我很满意！

骗子1　（笑着回答这个问题）我们听了非常高兴，感谢你的回答，快快去向陛下汇报吧。

于是他们就把这些色彩和稀有的花纹描述了一番，还加上了些名词。老大臣认真地听着,以便回到皇帝那儿时,可以照样背出来。事实上,他也是这样做的。

第 三 幕

场景:皇宫。

皇帝　(严肃的表情)朕问你,你觉得布料怎么样?

老大臣　太美妙了,陛下,如果您亲自去看的话,也一定会非常满意的。他和您那帝王的气质十分符合,同时它上面的花纹简直是精美绝伦,无与伦比,美不胜收,巧夺天工! 这衣服就是上帝的杰作。(用一种拍马屁的语气)

皇帝　(露出满意的笑容)哦,是吗? 那朕决定好好赏赐这两位织工。

这两个骗子又要了更多的钱、更多的丝和金子。他们说这是为了织布的需要。他们把这些东西全装进了腰包,连一根线也没有放到织布机上去。不过他们还是照常继续在空机架上工作。

过了不久,皇帝又派了另外一位诚实的官员去看工作进行的情况,看要多久布才可以织好。

官员　(一种敬畏的语气)我最亲爱的陛下,您找我有什么事情? 臣愿意为您效劳。

皇帝　已经过了这么久,不知道那两个织工有没有织好,朕决定派你过去查看一下他们的衣服进度如何。

官员　(行礼)好的,我最敬爱的陛下。

第 四 幕

场景:骗子的房间。

这位官员的运气并不比头一位钦差大臣好。他看了又看,但是那两架空织布机上什么也没有,他什么东西也看不出来。

骗子1　(笑着问)大人,您看这匹布美不美? (谦虚并且恭敬地指着,假装描述一些美丽的花纹)

官员　(自言自语)我并不愚蠢啊! 难道是因为我不配拥有现在这么好的官位吗? 这也真是够滑稽的,说出来指定让人笑得不行,我得把这件事情藏在心中。(感到很满意的样子,鼓掌)哎呀,这匹布是多么美丽,陛下看到之后一定会很满意的!

当布还在织布机上的时候,皇帝就很想亲自去看它一次。于是他选了一群特别圈定的随员——其中包括已经去看过的那两位诚实的大臣。然后他就到那两个狡猾的骗子所在的地方去了。这两个家伙正在聚精会神地织布,但是一根线的影子也看不见。

诚实的官员　您看这布匹是不是华丽？陛下请看,多么美的花纹！多么美的色彩！

他们指着那架空织布机,因为他们相信别人一定可以看见布料。

皇帝　(小声嘀咕)是怎么回事呢？朕什么也没有看见！这可真是骇人听闻！难道朕是一个愚蠢的人吗？难道朕还没有资格当一个皇帝？这可是我遇见的最可怕的事啊！(强装镇定的样子)

皇帝　哎呀,真是美极了！朕十二分满意这匹布！

他仔细看着织布机,因为他不愿意说出他什么也没有看到。跟着他来的全体随员也仔细地看了又看,可是他们也没有比别人看到更多的东西。

随员　哎呀,真是美极了！陛下,您快把这新的美丽的布料做成衣服吧！然后穿着这衣服去参加快要举行的游行大典吧！它是华丽的！精致的！无双的！老百姓看了之后一定会很羡慕您的。而且还能表现您的威武！

每人都随声附和着。每个人都有说不出的快乐。

皇帝　(非常高兴地对织工说)你们几个真是不辜负我的期待,朕要赏赐你们每人一个爵位！

骗子1　谢谢陛下的恩惠！(感激的表情)

第 五 幕

场景：皇宫。

第二天早上,游行大典就要举行了。头天晚上,两个骗子整夜点起十六支以上的蜡烛。人们可以看到他们是在赶夜工,他们装作从织布机上取下布料,用两把大剪子在空中裁了一阵子,同时用没有穿线的针缝了一通。

骗子(合)　(假装忙了一通后,齐声说)新衣服缝好了！

皇帝、大臣、典礼官、两个内臣、四个骑士上场。骑士站在舞台后面,一排四个,内臣站在皇帝身边。

骗子1　(好像举着什么东西似的,展示给陛下)陛下,您看,这是裤子。

骗子2　(好像举着什么东西似的,展示给陛下)这是袍子。

骗子1　(好像举着什么东西似的抖了两下)这是外衣。

骗子2　这些衣服轻柔得像蚕丝一样,陛下穿在身上,会觉得像什么也没穿似的。

骗子1　这也正是这些衣服的优点。（坏笑）

皇帝闭着眼，做满足状，不住地点头。

骗子（合）　现在请陛下更衣！

皇帝在镜子面前把他的衣服全部都脱了下来，两个骗子装作一件一件地把衣服给皇帝穿上。他们还特别在他的腰周围弄了阵子，好像是为他系上了后裙。皇帝在镜子面前转了转身子，扭了扭腰，像在欣赏那看不见的衣服。

皇帝走到舞台正中，骗子鬼鬼祟祟地趁机溜走了。

皇帝　（问众大臣和骑士）你们觉得我穿着这身衣服如何？

众大臣、骑士　（齐声回答）多么美的花纹，多么美的色彩！这衣服只有穿在您身上才能凸显出高贵的气质！

典礼官　陛下，大家都在外面等着，准备好了"华盖"，以便举在陛下头上去参加游行大典！

皇帝　对！我已经穿好了，嗯……这衣服合我身吗？（又站到镜子转了转，好让别人觉得他在欣赏新衣服）

第　六　幕

场景：城里的街道。

四个骑士先出场，排两排，一排两个，走正步，呈八字形站好，接着皇帝大摇大摆地跩着步缓缓走上台，展示他的新衣服，身旁站着打着"华盖"的大臣，皇帝的身后跟着两个内臣，努力地托着并不存在的衣裙。

这样，皇帝就在那个富丽的"华盖"下游行起来了。内臣举着"华盖"。大臣跟在皇帝身边。皇帝昂首挺胸，目不斜视，走在街道中央。百姓在街道两旁围观，新奇地看着皇帝。

百姓甲　（惊叹）乖乖！皇帝的新装真是漂亮啊！

百姓乙　（扶额）天啊！他上衣下面的后裙真是美妙绝伦！

百姓丙　（陶醉地）此衣只应天上有，人间能有几回观！

百姓丁　（称赞）皇帝一生无事，只为衣忙；贩卖了人间美丽，留住了美好的生活。

皇帝　（骄傲得头抬得更高，拿鼻孔看人）哈哈哈哈哈哈！

谁也不愿意让别人知道自己什么也看不见，因为这样就会显出自己不称职或太愚蠢。皇帝的所有衣服从来没有获得过这样的称赞。

皇帝　（疑惑地看了一眼自己的身体）可是……我怎么有点冷啊？（搓了搓

胳膊)

　　身边的大臣　(称赞)这是因为陛下您"美丽冻人"啊!

　　皇帝　(满意地点了点头)嗯!说得好!重赏!

　　大臣　(得意)谢陛下!

　　百姓的声音平息下来。

　　小孩　(大声)可是他什么衣服都没有穿啊!

　　小孩爸爸　(惊慌)哦,我的上帝啊!你听这天真的声音!

　　百姓甲和乙　(窃窃私语)对啊,对啊,的确是这样啊……

　　于是大家把这孩子讲的话私下里低声地传播开来。

　　百姓丙　他并没有穿什么衣服!(尖声大叫)有一个小孩子说他并没有穿什么衣服!(大声)

　　所有百姓　他实在没有穿什么衣服啊!

　　皇帝　(惊恐,愤怒)把那个小孩给我揪出来!

　　骑士们把小孩带到皇帝面前。

　　小孩　(行礼)尊敬的陛下,请允许我把墨水弄在您美丽无比的新衣上吧!我将为您证明您并没有穿衣服!

　　大臣愤怒了,上前想要拎走小孩。皇帝制止。

　　皇帝　(严肃)好,如果有假,我定要拿你是问!

　　皇帝也动摇了他的想法,他也想看看那两个织工是不是骗了他。

　　小孩在皇帝身上抹上墨水。

　　小孩　(行礼)陛下!现在请您把新衣脱下来吧!如果墨迹飘在了空中,那您便是穿了衣服;如果墨迹在您的皮肤上,那您便是没穿衣服!

　　皇帝狐疑地看着小孩,让大臣脱衣,停顿,惊讶地举起衣服。百姓们低声笑。显而易见,皇帝的墨迹仍然停留在他的皮肤上。

　　皇帝继续和他的手下完成了游行。

　　剧终。

参考文献

[1] 孔凡成.语境教学论[M].南京大学出版社:201912.268.

[2] 王娜.课本剧创编[M].南京大学出版社:202012.187.

［3］编演初中语文课本剧的思考与探索[J].潘丹婧.内蒙古师范大学学报(教育科学版)，
2024(01).

［4］"双减"背景下如何实现课堂教学的减负提质——关于促进学生思维的讨论[J].李晓蕾.
广西师范大学学报(哲学社会科学版),2022(03).

［5］核心素养背景下提升语文阅读教与学策略.贾锋.课外语文,2018(30).

初中数学教学中学生提问能力培养的研究

徐　萍

　　摘要：本研究探讨了初中数学教学中学生提问能力的重要性和当前的培养情况。提问能力是培养学生主动学习和深度理解数学知识的关键。然而，在现实教学中，这种能力往往被忽视或不被重视。本文提出了一系列培养学生提问能力的策略，并探讨了如何在日常教学中融入这些策略。

　　关键词：初中数学；提问能力；培养策略；主动学习；深度理解

一、引　　言

　　提问是教育的核心。一个好的问题可以激发学生的好奇心，引导他们深入思考，促进他们的学习。尤其在数学教学中，问题的提出与解答是推动学生主动学习和深入理解数学知识的重要手段。然而，尽管如此，学生的提问能力在很多教学环境中仍然被忽视。本文将对此进行深入探讨。

二、初中数学教学中学生提问能力培养情况

（一）当前状况概述

　　在当前的初中数学教学环境中，教师通常还是课堂的主导者，而学生则更多被视为信息的接受者，而非知识的共创者。在这样的教育模式下，学生往往表现出相对被动的学习态度。因为课堂活动主要是由教师设计和引导的，学生在这一过程中的参与度相对较低。这不仅限制了他们提出疑问的次数，而且影响了提问质量。

　　更具体地说，由于课堂侧重于教师的传授和解释，学生通常只有少量时间提

问或参与讨论。这导致学生更倾向于记录教师的讲解,而非积极地思考和提出问题。结果是,即使学生有疑问或不解,他们也可能会选择沉默,以免"打断"教师的讲解或"浪费"课堂时间。

(二) 存在的问题

1. 学生不敢提问:在许多初中数学课堂上,学生常常因担心被视为"愚蠢"或"不懂"而不敢提问。这种心理障碍大大降低了学生提问的积极性。他们害怕提出的问题会受到同学或老师的负面评价,因此选择沉默或者等到课后私下询问。这种情况不仅限制了学生即时解决疑惑的可能性,还可能影响他们对数学学习的兴趣和态度。

2. 教师对学生提问的回应不够积极:在一些教学情境中,教师对学生提问的态度并不总是鼓励和积极的。有时,教师可能会觉得学生的问题"打断"了他们的教学计划或节奏。这样的态度可以通过口语或非言语方式传达给学生,从而进一步抑制学生提问的意愿。

3. 课堂时间有限:在初中数学的课堂设置中,大部分时间都被用于教师的讲授和学生的练习。因此,留给学生提问和讨论的时间通常非常有限。即使有学生想提问,也可能因时间不够而选择放弃。这不仅影响了学生解决问题的及时性,也限制了他们通过提问和讨论进行深度学习的机会。

三、初中数学教学中学生提问能力培养策略

(一) 创设安全的学习环境

在初中数学教学中,培养学生的提问能力是促进他们深入学习的关键一环。为了实现这一目标,首先需要创设安全、包容且鼓励提问的学习环境。在这个环境中,教师应当积极告诉学生没有所谓"愚蠢的问题",每一个问题都代表着探索知识的勇气和渴望。通过在课堂活动和小组讨论中提供充分的机会,教师能够激发学生的好奇心,鼓励他们勇敢地提出问题。同时,对于学生的提问,教师应该给予及时而积极的反馈,让学生感受到他们的问题是被认真对待的。当意识到自己的疑惑和问题能够得到支持和回应时,学生就会更愿意在学习过程中积极地提问。

(二) 转变教师角色

教师在培养学生的提问能力方面起着关键作用,需要从传统的知识传授者

转变为学习的指导者。这意味着在教学中,教师不仅要传授数学知识,还要培养学生的思维能力和提问技巧。为此,教师可以在课堂上设置专门的"提问时间",或者在解答问题之前,鼓励学生自己尝试提出相关问题。通过这种方式,学生会逐渐培养出积极思考和主动参与的习惯,从而更好地发展提问的能力。

(三)利用技术手段

现代技术的迅猛发展为学生提问能力的培养提供了更多途径和平台。教师可以充分利用各种在线问答平台,以便更便捷地收集学生的问题并进行有针对性的回答。这种实时互动的方式使学生在课堂上即使遇到疑惑也能迅速提出问题,营造了积极的课堂氛围。而课后,教师还可以设立专门的在线讨论组,为学生提供更长时间的思考和交流空间,从而鼓励他们深入思考问题的本质。

此外,利用技术手段还可以将教学拓展到线上,创造更多学习机会。教师可以录制教学视频或制作在线课件,让学生在课后或自主学习时能够随时提出问题。通过这些渠道,即使在课堂时间有限的情况下,学生仍然有更多机会进行思考和提问,从而进一步培养他们的提问能力。

(四)提升教师素养

在初中数学教学中,教师的角色不仅是知识的传授者,更应是学生学习能力的引导者。为了有效地培养学生的提问能力,培训教师成了至关重要的一环。教育部门和学校应当投入资源,提供专业的培训和支持,以帮助教师更好地引导学生积极参与提问,从而推动学习的深入。

培训内容应涵盖多个方面。教育心理学的知识可以使教师更深刻地理解学生的思维特点和学习需求,从而更有针对性地引导他们提出问题。课堂管理技巧能够帮助教师营造积极互动的学习氛围,鼓励学生自信地提出问题。问题解答技巧的培训则能使教师学会巧妙引导,以便回应不同层次和类型的问题,不仅解决疑惑,还能引发更多思考。

特别是,教师应学会如何创造鼓励提问的课堂氛围。这意味着要营造尊重、安全、开放的环境,让学生敢于表达自己的疑问和思考,而不担心被质疑或批评。此外,教师还须根据不同学生的需求,灵活调整问题的难度和角度,以培养学生的思维。通过这些培训,教师将更自信地引导学生提问,让他们在积极探索中成长。

(五)提供提问指导

在数学学习中,学会提问是一项关键技能。为了培养学生的提问能力,教师可以提供系统的指导。学生需要理解什么样的问题是有价值的,以及如何构建问题深入思考。教师可以通过多种方式实现这一目标。

1. 教师可以创设问题情境,让学生在熟悉的生活情景中,学会观察、搜集相关数学信息,根据情境中的数学信息提出有价值的数学问题。创新思维源于探究,探究源于问题,问题源于情境,情境是教学中生成数学问题的土壤。在新课程标准的指导下,教师在教学中应高度重视创设问题情境,可以是学生熟悉的一个场景,也可以是一个游戏,还可以是一个有价值的数学活动。学生在情境中的切身感受更有利于对问题的分析、理解,从而提出质疑,主动思考。

2. 教师可以借助观察、操作等方式,培养学生发现问题和提出问题的能力。学生在动手操作的过程中,会不断产生富有创造性的想法,在这些想法的驱动下,学生会进一步动手探索、摸索、发现,直至迸发出创造的灵感。例如在学习《等腰三角形的性质》一课时,可以让学生通过观察、操作寻找等腰三角形除了两条边相等,还有哪些相等的要素,从而根据这些相等的要素提出新的猜想。

3. 教师可以通过示范的方式,展示如何提出一个与已有认知相关联的、可供研究的问题,让学生了解数学研究的方向,模仿着提出新的问题。例如在学习矩形、菱形判定时,可以先回顾平行四边形的性质和判定之间的关系,从而引导学生从矩形、菱形的性质出发,从边、角、对角线的角度猜想具有怎样性质的四边形能判定它们是矩形或者菱形,模仿着提出问题并解决问题。在这一过程中,教师可以通过示范让学生知道相关问题提问的角度,通过类比提出一系列新问题,然后再通过推理论证得到新的结论,从而提高数学探究能力。

4. 教师可以通过变式的方式,展示如何由一个基本问题逐步拓展出更具深度和广度的问题。从简单的"是什么"开始,引导学生逐步提升到"为什么""如何"等更具探究性的问题。例如在三角形的中位线一课中,可以先提出较简单的问题:矩形的中点四边形是什么图形? 这个问题学生通过画一画就可以得到答案。随后让学生通过变式,提出问题:其他特殊四边形的中点四边形是什么图形? 再通过比较,逐步提升到为什么是该图形,它们的原图形有什么特征,进而探究中点四边形的形状和原四边形有何关系。教师可以通过变式的方式,引导学生发现其中的规律,提出问题。通过变式,学生能学会从特殊到一般的思想方法,领会问题提出的技巧和方法,从而提高新知识的探究能力。

5. 教师可以采用小组讨论的方式,培养学生的思辨能力和创新能力。通过模拟真实场景,学生可以在安全的环境中锻炼提问的能力,不断改进自己的问题提出方式。小组讨论则能够增强学生的互动,促使他们通过多元的思维碰撞,提出更有深度的问题。

　　学生的提问能力不仅仅是他们主动学习的表现,更是他们深入理解数学知识的关键。为了让学生在数学学习中取得更好的效果,教师必须重视并积极培养他们的提问能力。通过提供安全的学习环境,转变教师角色,利用技术手段,提升教师素养和提供提问指导,教师可以让学生更加主动地参与到数学学习中,从而培养他们的创新能力,提高他们的学习效果。

参考文献

[1] 季莹."提问"变"学问"——谈初中数学教学中学生提问能力的培养对策[J].理科爱好者(教育教学),2021(02):118-119.

[2] 王磊.初中数学教学中学生提问能力的培养措施探究[J].考试周刊,2021(64):58-60.

初中语文课程培育审美创造核心素养的研究

——以统编版语文九年级下册第三单元的教学为例

赵忠华

摘要： 要利用统编版初中语文教材的单元编排体例，在教学实践中挖掘单元选文所蕴含的审美价值。本文从单元选文的语言形式、情怀追求、意境营造、主旨立意等方面切入，探讨了如何在学生品味语言文字及其作品的基础上，对初中生的审美创造核心素养加以培育。

关键词： 初中语文；审美创造；单元教学

迈入德智体美劳"五育并举"的教育新时代，着力培育并健全初中生的审美心理，陶冶其美好情操，是新时代美育的主要功能与职责，也与以语言文字及其作品为主要审美对象的语文课程学习天然契合。而 2022 年新制定的《义务教育语文课程标准》，更是强调了审美创造的重要性，将其作为综合评价学生核心素养发展的重要指标之一。

审美创造是审美感受、审美理解、审美鉴赏、审美表现等诸多环节的综合表现。在语文学习中，学生通过视觉、听觉、感觉等感官接纳语言的直觉美感，通过丰富的想象、联想与回味转化为具象的画面美感，通过个体的审美价值观体悟语言文字所蕴含的意象美感，并最终通过个性化的语言体系将其外显为自己对美的独特体验。

由此，初中语文教学应以教材为依托，挖掘并提炼文本富有审美教学价值的内容，在感悟、品鉴语言文字的基础上，引导学生获得较为丰富的审美体验，进而培养学生运用语言文字表现美、创造美的能力，甚而提升其审美意识与品位。这应该成为每个语文教师在单元教学设计与实施中的自觉行为。

单元教学应该以核心素养培养为目的，尊重学生的认知规律，并努力突破一课一学零星知识学习的低效现状。这就要求教师要立足课程,打破单篇课文的局限和束缚,以文本间的内在联系与规律为依据整合教材内容,通过系统化的教学设计与实践,帮助学生建立更为完整的知识体系,提升学生的综合素养。

统编版语文九年级下册第三单元所选的古典散文或诗歌,激扬文字尽显风流,纵情快意山水中,游目骋怀天地间。既得自然之美与文化之魂,又包含作者的理想抱负与人生志趣,极富文学艺术的审美价值。教师在单元教学中,可以通过整体设计,依托文本解读,相对集中而高效地开展教学活动,从诗文的语言、情怀、意境、主题等方面深入挖掘,助推学生培育与发展审美创造核心素养。

一、品味文本美的语言

文学作品中的语言美感,是作者美好心灵的外化,潜藏着文化修养、性格品德、志向追求与人生处境迥异的个性之美,更彰显了风格化的语言艺术表现力之美。

通过诵读品味文本,感受古诗文个性化、形象化的语言,是初中生语文学习过程中获得审美愉悦的有效手段。统编版语文九年级下册第三单元所编选的中国古代散文或诗歌,都堪称传诵千古的经典美文,为学生的阅读品位、审美素养提升呈现了最直观的素材。

范仲淹的《岳阳楼记》主体部分是散文笔法,又不时以对仗工整的骈文整句穿插其间,让文章文采斐然,呈现了中国古典建筑似的协调之美;更在洒脱不羁的散文中融入韵文特质,读来音韵和谐,富有节奏美感。学生在朗读中能体会到"衔远山,吞长江"的节奏明快,富有张力;文章炼字也极为精确传神,"衔""吞"二字凝练地刻画出洞庭湖波澜壮阔的雄伟奇景。仔细品读,还能捕捉到在散文创作中难得的押韵、双声、叠韵现象,如文中"形、行、冥、明、惊、顷、青"等大量韵脚字的使用,极大提升了文本阅读的音乐美感,值得反复诵读。

《醉翁亭记》的开篇,石破天惊,言简意丰,描摹出滁州城外群山环抱的态势,更让人自然想见周遭山势的险峻。作者闲游琅琊山,只为聆听酿泉潺潺的清泠之声,乐而忘返,陶然醺酣于醉翁之亭。滁州城外其余方向的山,都与地处东南的琅琊山无关,只是作为背景不必细说,一个"环"字一言以蔽之足矣。再写琅琊山四季美景,只闻花开时节的幽香,佳木鼎盛的繁阴,凉风轻霜的高洁,水落冰寒的石出,高度凝练又特色鲜明,读来骈散结合,舒缓惬意,极致美感的熏陶尽在语言的咀嚼与回味中。

张岱在《湖心亭看雪》中运用的是白描笔法,用极简洁内敛的文字,描摹出一幅天地一色、湖雪纯白的山水画卷。堤只一痕、亭只一影、舟只一叶的疏淡,干净利落,留给读者心绪驰骋的广阔空间。寥廓与渺小,悠长与短促,方正与浑圆,过客与自然,不着痕迹地闲笔对立,在仿佛定格的时空中抽象点染出寂寥悠远的艺术世界。

本单元所选的诗文,其作者无论是借题发挥的范仲淹、山水自乐的欧阳修、客居痴心的张陶庵,还是吟行路难济沧海的李太白、暂凭杯酒长精神的刘禹锡、月夜遣怀犹旷达的苏东坡,都为学生的琅琅书声浸润了最美的华彩。

二、追慕作者美的情怀

文学作品中的情怀是作者心境的自然流露,更是对生命价值、家国使命的根本态度与终极追索。美丽的情怀,纵使悄然消逝的时光也无法使其褪色而苍白,反而会如陈酿的美酒因岁月的积淀而更透醇香。本单元所选的6篇古诗文,蕴含作者的崇高思想,彰显人格魅力,是其博大情怀的集中闪现。值得学生咀嚼文字背后的深情,深入体会作者美好的情感,激发共情,陶冶情操,应该借助咀嚼作者对人物、事件、环境的具象化描写,体悟其丰富波澜的内心世界。

《行路难》从朋友盛情款待处落笔,平日嗜酒如命常醉不愿醒的李白,虽洞悉友人为其才华不得赏识的惋惜劝慰,却依旧端起酒杯而无意畅饮,拿起筷子又放下,离席拔剑举目四顾而心绪茫然无处安放。一个胸怀壮志本意一展抱负的绝世才子,却沦落为只能在帝王身边吟弄风花雪月的闲臣,最终只留下赐金放还落魄离开的无尽遗憾。但豪气直冲云霄的李太白,从来不会甘于消沉而丧失追索的勇气。诗人在四顾茫然之际忽又念及姜尚、伊尹两位先贤,俱是早年仕途不顺却不堕青云之志终大有作为的人物,又给了诗人坚持的勇气与信心。歧路虽多,行路艰难,但倔强而豁达的太白,终究摆脱了彷徨与苦闷,用乘风破浪沧海横渡的自信,唱出了盛唐气象的最强音。与如此壮怀激烈的李太白,这般卓然自立的谪仙人,在课堂之上穿越千年的对话,不啻在初三学生的心头点燃一盏耀目千秋的明灯。

推杯换盏间颓然乎醉翁亭的欧阳修,不只在青山绿水的怀抱里安抚庙堂失意的神伤,更捧出了由不变情怀与梦想酿就的美酒。山水的灵气,是可以与文人的情义相通的。虽远离权力中心,犹有一方百姓的安居乐业牵挂于心,更有十里青山一泓清流的欢愉可以分而享之。放浪形骸不修边幅的皮相里,苍生社稷济世有为的风骨不曾衰老,浸透在文字背后的醉翁情怀亘古留香。

苏轼在《水调歌头》中所表达的兄弟手足间的牵挂固然让人动容,但他应对人生不如意的洒脱和对生命价值的终极关怀更令人神往。人心都不愿承受分别、思念之痛,但又无法回避,即便如东坡所畅想的远离人间直上广寒又如何?他自有洞彻高处不胜寒的清醒。人生旅程自会经历悲欢离聚,恰如明月的阴晴圆缺,无法两全!苏轼最底层的心痛,是经世济国的理想抱负无以施展,年华虚度,人生如梦。但秉性旷达、磊落洒脱的苏轼,依旧对未来满怀憧憬。最美的祝福,最美的词句,送于芸芸众生。命运的羁绊,未能消弭其对人生、人性的美好期待。这样的情怀,怎能不令我们懵懵懂懂开始探寻人生奥义的初三学子追慕?

三、揣摩诗文美的意境

意境是文学作品中刻画的独具审美价值的生活场景,是与作者的思想感情合二为一的艺术境界,是能与读者产生心灵对话的情感纽带。伟大的文学作品,都自有其独特意境。在本单元的学习中,学生的联想与想象,是连接诗文意境的桥梁。激励学生通过细致揣摩诗文激发情感共鸣,融入作者超越时空阻隔营造的唯美意境,是本单元学习的重要环节。

在张岱的小品散文中,《湖心亭看雪》是卓尔不群的存在。小篇幅,大格局,意境清冷,情绪幽远,具有极高的审美意趣。开篇只用了“湖中人鸟声俱绝”七个字概括西湖全景,大道至简的意境扑面而来。大雪过后空明静谧的景致,透着孤寂冰寒的意绪。舟中所见是全文描写的核心,简笔白描不及五十字,似乎不着心迹,实则境界开阔,用情至深。貌似“无我之境”,但比照其身世浮沉、亡国客居者的伤感落寞直刺心底。恰如写意的山水泼墨,留白余味的意境氛围,具有独特的美学价值,值得学生借鉴学习、融会贯通。

明月是《水调歌头》的情感寄托,是审美意境的聚焦。明月当空的情境,自然勾连兄弟相亲的别怀思绪。每逢佳节倍思亲,孤身在外渴望团聚的心境亘古不变。尽管家人天各一方,但天涯共此时同赏一轮明月,足可遥解相思。明月几时有的追问,道尽了物是人非的遗憾。人间的岁月流逝,亲人的生离死别,诸般苦痛俱由明月的圆缺见证。但愿人长久的悲悯,与千里共婵娟的意境同辉。

《岳阳楼记》中的悲景,画面昏暗素淡。阴雨绵绵,浊浪滚滚,天地悲戚,令无数南来北往的游子迁客触景生情,寒意彻骨,可谓至悲。转瞬春和景明,风平浪静,画面明丽动人。更有明月千里辉洒一湖,渔歌唱和,响遏行云,心旷神怡,欢乐至极,可谓至喜。悲景悲情,乐景乐情,在范仲淹的笔下似乎已是极致。出人意料的是,作者的意蕴并不拘泥于此,睹悲景而不黯然,目乐景而不流连,此等胸襟气象,更让读者神往。

一切景语皆情语,在写作实践中,通过古诗文意境美的熏陶,自觉地在环境描写、景物刻画、细节雕琢中融入内心情感与意蕴,营造属于自己的独特文本意境,是培养学生审美创造力的必由之径。

四、领悟作品美的主题

任何一部文学作品,都有其主旨内涵。它是作者借助描绘社会生活与个人体验所要表达的中心思想,包含其人生经验与艺术灵感。通过文本解读、结构梳理、细节揣摩、知人论世,准确解析诗文的核心主题,是语文学习的重要路径。所谓美的主题,应当是作者用美好的情感与唯美的技巧,提炼生活美好的结果,也是指引学生感受生活美好、激励奋发有为的明灯。

刘禹锡的《酬乐天扬州初逢席上见赠》,系酬答白居易赠诗而作,着重抒写了在友人聚首咀嚼人生况味时的跌宕情绪。白居易的赠诗既感叹刘禹锡的命运多舛,又赞赏其才华横溢,怜惜之意表达委婉。刘禹锡的回赠诗顺势而为,巴山楚水的凄凉,二十三年的蹉跎,朋友间的推心置腹自不必多言。但诗到颈联,奇峰突现。刘禹锡的惆怅固然略有几分,但更多的是达观释怀。沉舟又如何,犹可静观千帆竞发的奔腾;病树又何妨,无碍独赏万木绿染的春意。他劝慰白居易不必为自己的寂寞无为而忧伤,对世事变迁与仕宦升沉,表现出包容万象的豁达襟怀。一贬再贬的迁徙逆旅,并没有使他消沉颓唐。沉舟与病树所领悟的新事物必将取代旧事物的辩证哲理,更可以激励学生,不论身处何种困境,总须保持昂扬向上的乐观心态。沉郁而不失豪放的风骨,简洁而自有深刻的哲理,具有极强的艺术感染力。

《岳阳楼记》虽是范仲淹应朋友之邀而写的命题文章,却突破文体束缚的窠臼,隐含委婉地规劝滕子京守住造福百姓初心的良苦用心,并以自己忧乐天下的济世情怀与老友共勉。作者超越了寄情山水的狭隘境界,以旷世胸怀和伟大抱负,直指人生的最高境界,发出了有为者震烁千古的最强音,引发了无数后来者的共鸣。

而同为北宋名臣并仕途不畅的欧阳修,却在《醉翁亭记》中别有怀抱。全文贯穿一个"乐"字,为能寄情山水而欢愉,更为能与民同乐而快意,但"乐"字背后的隐痛却无处言说,只得一醉了之。琅琊山水的秀美风光,与民同乐的杯盏风雅,固然让人心驰神往。而委婉吐露的苦闷,是对仁宗时代所谓太平盛世的客观揭露,闪烁着别样的思想光芒,具有独特的审美价值。

2022年最新版《义务教育语文课程标准》,建构起以核心素养为导向的课程目标与内容,指引初中语文教师的课堂教学,必须立足于教材中的单元目标进行整体设计,不能只关注单一文章中的个别知识点。统编版语文九年级下册第三单元的选文,有散文,有诗词,作者风格、情怀迥异,时间跨度将近千年。在课堂教学实践中,教师可以统筹协调的一根线索,就是蕴含于每一篇诗文中的美学价值,这也是培养学生审美创造核心素养的有效抓手。

在初中语文教学中,教师要有意识地将审美教育渗透于学生语文学习的全过程,并助力学生树立正确的审美观念,培养健康的审美情趣。当然,作为语文教师,自身的审美意识与能力也需要同步提升,更新教育理念,丰富教学方法,智慧选择有效的教学策略。如此,方可指导学生提高审美品位,获得独特的审美体验与创造能力。

参考文献

[1]蔡高才,袁光华.初中语文课堂教学研究[M].长沙:湖南师范大学出版社,1999.

[2]郑国民,李宇明.义务教育语文课程标准(2022年版)解读[S].北京:高等教育出版社,2022.

[3]赵钊.语文教学重在提升学生审美能力[J].河南教育,2021(04).

"双新""双减"背景下的初中高年级英语阅读教学

胡　双

摘要：本文以教学实例，探讨"双新""双减"背景下初中高年级英语教学如何实现"减"与"增"的平衡，减刻板教条，增批判思考；减畏难情绪，增内在驱力，进而落实立德树人根本任务，把握初中英语课程的工具性和人文性，助力学生在语言能力、情感和价值观层面的全面发展，让教育回归本源初心，让学生感受幸福。

关键词：初中英语；阅读教学；学科育人

减负增效，一直以来是师生的共同诉求。"双新""双减"的指挥棒在上，如何让学生感受到学习的快乐，并在初中高年级英语阅读学习要求提高的基础上，帮助学生实现能力与个性的发展，是教师应当思考的问题。

基于此，笔者在"双减""双新"下努力摸索，力求让教育回归本源初心，同时把握减"负"到底减了什么、增"效"究竟增了何种效能之间的平衡。谨以本文分享"双新""双减"背景下初中高年级英语阅读教学的实践及思考。

一、英语阅读教学导向分析

作为基本语言能力之一，尤其是进入高年级，英语阅读教学应是培养学生综合语言运用能力的有力抓手。为提高英语阅读教学的效能，教师应当思考其导向究竟是什么。然而，对许多学生而言，在完成学习的"做到"，和为什么要学习的"知道"之间存在鸿沟。如果学生没有充分理解教师设计教学活动的目的，也就没有参与学习的绝对意愿，英语学习于他们而言也只是一项任务，根本谈不上高质量的学习效果和学习体验。

如图1所示,在以本校482名八、九年级学生为样本展开的调查中,学生的阅读意愿明显向英文报刊一类篇幅短、话题新、趣味强的读物倾斜,加之许多教师在阅读教学中重语法而轻文章的整体理解,且学生多为被动接受,让他们难以从阅读课文中体会到乐趣,乃至幸福,这又进一步导致学生无法养成受用终生的英语阅读习惯,鲜少再去研究文字艰深、意蕴却更为深远的英文原著。

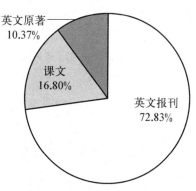

图1 初中高年级学生英语阅读倾向性调查

英语阅读教学不应局限于教会学生掌握语言知识技能。学生读有所思、思有所言的过程既是发挥语用功能,亦是阅读意义的体现,即启迪个性,修正价值观。学生浸润于不同文化中提升人文素养,便无限接近教育的本质,即育人,这也正是“双减”所倡导的,让教育回归本源初心,让学生感受幸福。笔者认为,“双减”视域下初中高年级英语阅读教学的内在逻辑便是如此。在明确了育人导向后,后文将重点阐明英语阅读教学的“减”与“增”。

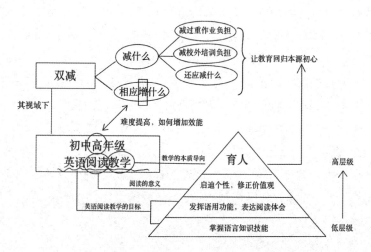

图2 “双减”视域下初中高年级英语阅读教学的逻辑架构

二、初中高年级英语阅读教学之“减”与“增”

万物平衡,有减即有增。“双减”要求校内减过重作业负担,校外减培训负担,"双新"又对英语课程目标做出了新的指示。下文就阅读教学这一环中究竟应该减什么,又相应增了什么,论述如何保持质与量的平衡,甚至增加效能,提升学习内驱力。

(一)减刻板教条,增批判思考

教育是有活力的。语言作为沟通工具,绝不是严守阅读文本中的教材范式。学习英语的目的之一是掌握另一门语言来表达自我,而表达自我的前提是拥有自我。

基于此,笔者在阅读模块同学生一起探索生词、句法以外的内容,如写作目的、用词理由、人物性格、表述的言外之意和结尾可能的走向等,并在每次阅读新授课结束后,以仿写、续写、换角度重新创作、辩论等不同形式的阅读后活动,为严守范式的学生提供多维选择,表达个性。

教材文字有穷尽,字里行间的意蕴却是无穷尽的。从千篇一律的阅读体会中跳脱出来,走进阅读文本的字里行间,在阅读教学中教师应引导学生充分挖掘教材内容,这是师生共同解码的过程;而阅读后活动更多反映了学生的自主学习成果,即对文章传达的信息进行重新编码。选择不同的角度表达阅读体会,就是学生对最有价值之物的抉择。以 8A Unit 6—7 Nobody wins(I)、(II)为例,笔者基于文本、延伸文本,让学生在阅读中体会思辨的幸福感。一千个读者有一千个哈姆雷特,也可以有一千个 Captain King 和 Gork。

该阅读课时的阅读后活动是为课文续写结尾,即 Gork 来到地球寻仇的后续发展。为科幻记叙文合理续写结尾,必须准确掌握人物性格,从而推测故事发展走向。因此,在阅读中活动时,笔者和学生一同钻研文本,逐句分析归纳了每个人物的性格特征。

学生全情投入课堂讨论,对人物心理的揣摩也足够透彻,对故事细节也了如指掌,并且有个人的偏好和思考重点,在阅读后的续写活动时有话可说,有文可写。以下述选段为例:

1. 关注文本设定品细节

学生 A: Gork shouted again, 'You're aliens and we kill all aliens.' Before Gork moved towards, the kangaroos whispered, 'Well...... Now we are aliens, Gork.' Gork felt quite embarrassed and froze. Captain King answered with a gentle smile. 'We won't kill aliens for no reasons. You are still welcome on this planet.'......

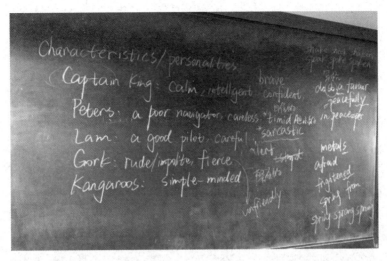

图3　To relate for output 通过体会人物情感分析性格，拓展教材文本

画线部分为课文原句，出自 Gork 与 Captain King 的初次对话。Captain King 因飞船燃料耗尽落到这座星球上，却受到了 Gork 不分青红皂白的致命威胁。试问身为异星球人，何罪之有？学生 A 便是以此为切入点，因 Gork 来到地球反倒成了外星人，他的信条被打破，双方从而达成了和解。这样的批判性思考还可参见课文前段对 Gork 的外貌描写，请学生分析其人物性格，学生纷纷表示绝非善类。笔者同样反问，到此为止 Gork 有做什么吗？因为以貌取人是片面的。评价一个人不是通过他的外貌，而是看他做了什么。这也正是在阅读教学中挖掘细节，尽可能多地提供思考角度，不断激发学生创造力的体现。

2. 关注人物本身求共情

学生 B：'Why do all of you aliens do this to me,' Gork roared with tears. 'I didn't do anything but just lived on my own planet. You aliens came, catching me like a rat in a trap, to take away rocks and everything you wanted, even my eye！'

学生 B 阐明了 Gork 对待外星人如此狂暴的原因，也合理地解释了 Gork 为何是独眼，并联系了课文开头对星球布满黑曜石的环境描写，以及 Gork 熟练使用抓捕装置的前因，将话题的维度拓宽到故事发生之前，使得全文逻辑完美闭环。笔者在教学时也不断暗示这些伏笔，因为学生或多或少也有如同 Gork 般遭受委屈的体会，共情的产生即有效的情感迁移能激发学生的思维，成为师生、生生之间互动交流的支点。然而,在暗示 Gork 性格的可能成因后,笔者也向学生强调,面对遭遇后的一次次选择,决定了我们能成为什么样的人。无论如何,都要坚持内心的善良。这在学生 B 文末所写的 Gork 终究心软未能下手,人类也不计前嫌并与之交好中,得到了体现。

3. 关注核心词汇巧运用

学生 C:Captain King ran into a forest. Unfortunately, Gork still caught him easily and laughed, 'Nobody, I don't come in peace, so you'll be in pieces!' Captain King answered calmly, ' <u>Nobody</u>? I'm not Nobody. You've caught the wrong one. I'm his brother, <u>Somebody</u>.'

该篇文章的关键词是 Unit 6—7 Nobody wins 的核心词语 nobody,延续了原文中主人公的机智个性,在交流时其幽默构思也获得了同学们的一致好评。和学生 C 一样,许多学生都在历次单元作文活动中不断磨砺独立个性和创造才能。由一个核心词汇展开,就有另一种解读。其实教育的可能性远比我们想象的多。

除此之外,师生围绕人文背景和文章主旨也展开了进一步的探讨。在这一过程中,学生发现,阅读后的反馈是表达自己的绝佳途径,而每一种合理的解释都有被理解的幸福。教师拔高了话题的广度和深度,学生的思考维度也就相应增加了,突破了刻板教条,英语阅读也就超脱于语言知识之外,是助力批判思考、有益身心成长的教育行为了。

(二)减畏难情绪,增内在驱力

有人说"双减"就是减少作业量,这是有失偏颇的。一些学生对学习存在抵触情绪,即使是简单的问答也会偷工减料;而那些热爱学习的学生,即使活动难度再大,他们也能保质保量地完成。真正要减的不只是实质的作业量的负担,更要减少心理上对学习怀有抵触的负担情绪。如果学生体会到阅读是作者价值观的阐明和读者个性的自我发现,而读是输入、说与写只是输出的表达方式时,对英语阅读的抗拒心理就大大降低了,也就真正跨越了从完成英语阅读的"做到",到为什么要进行英语阅读的"知道"这一鸿沟了。充分理解后才有绝对意愿的产生,也就是学习的内驱力。

师生研读阅读文本的过程,就是克服畏难情绪的良方。想证明自己真的读懂了课文,证明自己也可以说好、写好来表达个人观点的这份决心,就是他们愿意投入英语学习的内在驱动力。不仅如此,认识自我的理性和表达自我的勇气,也在学生生长发育的关键阶段内化成了他们品格的一部分。

三、结　语

　　育人永远是教育的首位,作为教育活动的英语阅读教学同样如此,最终目的是帮助学生塑造正确的价值观,启迪个性,表达自我,感知幸福。"双新""双减"还需要坚持推进,与此同时,带着对教与学的爱,笔者也将继续与学生一同成长为具备完整人格和坚持思考的人。

参考文献

[１] 教育部.义务教育课程方案[M].北京：北京师范大学出版社,2022.

[２] 赵珺,刘爱倩,赵文娟.基于学习活动观的英语学科德育实践研究[J].中小学英语教学与研究,2022,(12)：31－35.

[３] 王蔷,陈则航.中小学生英语分级阅读标准的研制与内容概览[J].中小学外语教学(中学篇),2016,39(09)：1－9.

[４] 张义花.英语阅读中有关词汇推断能力的培养[J].考试周刊,2008(03)：111－113.

[５] 李明远,彭华清.初中英语阅读课教学与学科核心素养培养[J].教育科学论坛,2016(20)：58－62.

[６] 王蔷.促进英语教学方式转变的三个关键词："情境""问题"与"活动"[J].基础教育课程,2016(05)：45－50.

国风雅韵融五育　制扇至美映芳华

——"双新"背景下学校劳动特色课程的实践与研究

龚　华

摘要：国风雅韵让学生触摸到了传统文化的脉搏,感受了手工艺的温度。学生在艺术创作的旅途中,不仅收获了技能,更在心灵深处播下了传统文化的种子,展现了劳动教育独特的育人价值。在课程的探索与实践中,我们不仅见证了学生在艺术创作中的成长,也深刻体会到了非遗传承与现代教育融合的深远意义。这些正是"五育"教育理念的生动体现,也是对传统文化传承与发展的重要贡献。传承非遗,单靠上课是不能达到目的的,需要全社会的共同努力。

关键词：劳动课程;非遗;衍纸;团扇

非遗文化是一个国家和民族历史文化成就的重要标志。我国民间和手工艺者手中,有着十分丰富且绚丽灿烂的非遗资源。我们在初中劳动教学中,结合科教版初中六年级劳动技术课程中的"纸艺——装饰花"内容,引导学生运用纸张这一媒介,创作出栩栩如生的花卉作品。整合现有教学内容,把纸艺教学与我国的传统非遗文化"团扇文化""衍纸技艺"结合起来。学生通过折、皱、弯曲等技巧,将不同纹理和质地的纸张转化为精美的花朵,如向日葵、康乃馨和风信子,每一朵都是独一无二的艺术品。然后引导学生深入探究团扇文化,通过传承非遗,帮助学生了解和继承民族优秀文化传统,增强民族自豪感和文化认同感;引导学生深入了解团扇的历史背景和文化内涵,以及衍纸技艺的发展历程,使他们理解这两种传统艺术的独特魅力。

下面是我们在劳动课程中的一些举措和思考：

一、划定项目归属的任务群

根据教育部新的劳动课的课程标准和上海市教师教育学院的相关要求,我们把实践项目做了具体的划分,将它定为"传统工艺制作/纸艺制作"任务群。内容包括原课本中的纸艺制作、校本课程"衍纸"与"团扇制作"。通过教学,让学生在创作过程中,不仅学会了纸艺制作技巧,还深入了解了中国传统文化,培养了审美情趣和创造力,提高了动手实践能力和创新素养,为传统文化的传承和创新教育提供了新的思路。

二、确立项目的主题定位

在开展此项项目化活动之前,我们给这项目确定了活动的主题。经过讨论研究,我们觉得需要寻找一个适合落实"五育融合"学习活动的项目化主题,以传统工艺制作类劳动为核心,既要符合劳动教育与劳动实践的内在要求,提升学生的劳动素养;又能够连接丰富多样的学科活动,提升学习活动的趣味性,充分激发学生的学习兴趣。

"纸卷轻舞动春光,巧手翻飞饰团扇。"衍纸艺术是一种古老的手工艺,通过卷曲、折叠和粘贴纸张创作各种精美的图案。因此,选取衍纸制扇为项目化学习主题契合传统工艺制作类劳动特点与育人要求,坚持"素养说"的内在逻辑,建立知识与知识间、知识与生活间、知识与自我间的联结。本次衍纸制扇劳动实践项目活动涉及历史、美术、语文、体育等不同学科,力求达到"以劳增智""以劳树德""以劳健体""以劳育美"的目的,促进学生德智体美劳全面发展,不仅传承中国团扇文化艺术,体现团扇文化对现代社会发展和人类文化生活的重要价值,更能展现学生的青春风采,丰富学生的课余生活,活跃校园文化氛围。

三、挖掘项目的育人内涵

本项目实施的最大的一个载体是衍纸点缀团扇,制作这个作品,要涉及美术、植物、非遗文化、劳动技能等多个领域。学生在学习过程中,能了解到真实的花卉(如水培风信子)与作品形成美妙的对比,展现艺术与自然的和谐共存,加深学生对传统工艺的理解,激发他们对美的追求和表达,还能使他们迸发出丰富的想象和创意的火花,体现了"五育"教育的全面发展理念。因此,我们在整合过程中,充分挖掘、运用以下资源开展教书育人工作:

1. 学会欣赏与赞美

在本项目中,学生要尝试理解如何将团扇和衍纸融合在一起,创造出独特的团扇作品。这一创新实践不仅加深了学生对传统工艺的理解,也激发了他们对美的追求和表达。通过实践,学生发现衍纸技艺与团扇的结合能够呈现出独特的视觉效果,使团扇更具艺术性和观赏性。这种融合不仅提升了学生的创作能力,也培养了他们的审美情趣和创新能力。

2. 培养创新素养

在本项目中,我们先指导学生设计图案再动手制作。这一过程不仅锻炼了学生的动手能力,也培养了他们的创新思维和解决问题的能力。让学生通过独立思考或尝试新方法的办法来解决问题,对他们未来的学习和生活能产生积极影响。

3. 提高动手实践能力

在活动中,学生通过实际操作,从折、皱、弯曲等基本技巧到衍纸技艺的应用,在实践中掌握了纸艺制作的要领。此外,学生还需要独立完成团扇的制作,包括选材、设计、组装等。这一过程不仅锻炼了学生的动手能力,也培养了他们的耐心、细致和团队合作精神,便于他们更好地理解传统艺术的魅力,提高实践能力。

四、实 践 过 程

1. 项目设计原则

新时代的劳动项目实践是基于体力劳动与物质生产劳动、探索性创新劳动、艺术审美性劳动的实践体验,需要与其他学科相融合,落实"五育并举"。确定主题后,还要明确劳动实践项目的设计原则,并立足相关原则进行活动的编排与布置。

(1) 突出劳动素养

"五育融合"下的劳动项目学习要以劳动素养为核心,引导学生在劳动

```
                    ┌─────────────────────────────┐
                    │         项目设计原则          │
                    └─────────────────────────────┘
   ┌──────────┐  ┌──────────┐  ┌──────────┐  ┌──────────┐
   │突出劳动素养 │  │整合不同学科 │  │链接传统文化 │  │创设生活场景 │
   │围绕劳动本质 │  │拓展劳动领域 │  │提高实践能力 │  │开设特色课程 │
   └──────────┘  └──────────┘  └──────────┘  └──────────┘
```

实践过程中,逐步树立正确的世界观、人生观和价值观。基于此,教师在设计目标时要紧紧围绕劳动本质,通过丰富的劳动实践,培养学生良好的劳动观念。本项目活动要以学生为主体,引导学生将各学科知识与衍纸团扇结合,培养学生运用多学科知识探索解决问题的能力,促进学生德智体美劳全面发展。

(2)整合不同学科

"五育融合"下的劳动项目学习不仅要立足于劳动学科,还要对其他不同学科的知识进行整合,拓展劳动教育的领域。在设计劳动项目活动时,教师应当根据学生的学习特点、认知水平和实践能力,充分借助其他学科的优势,从而实现德育、智育、体育、美育、劳动教育的互相融合;并坚持以衍纸团扇为主线,拓宽学生的学科视野,培养学生的人文情怀、审美意趣、自主学习等素养。

(3)连接传统文化

"五育融合"下的劳动项目学习还需要贴近传统文化,尤其是针对传统工艺制作类的劳动实践,更应当连接文化,引导学生在提高各项实践能力的同时传承中华民族优秀的传统文化。并将劳动实践与传统文化相联结,有效激发学生的学习兴趣,提升学习活动的可操作性,拓展劳动知识、技能运用的领域,使学生对劳动领域的理解更为透彻。

(4)创设生动的环境

为了深入落实立德树人根本任务,大力弘扬劳动精神,进一步落实"五育融合",劳动项目活动要创设生动的劳动环境,从而让学生爱上劳动。为此,学校应立足课堂、深耕课程,开设相应特色课程。在本活动中,劳动实践以团扇制作为主题,形成了良好的校园文化氛围,构筑了良好的劳动环境,让学生感受到了劳动之美,体验了劳动之乐,并且学习劳动技能,最终形成劳动品质。

2. 项目具体实践

为传承传统文化、激发劳动意识、增强劳动能力,将"五育融合"理念融入传统工艺制作类劳动实践项目中,通过多学科融合及课内与课外相结合的方式,选

取团扇点缀活动,在实践探究中培养学生动手、动脑和审美等综合能力。具体活动安排如下:

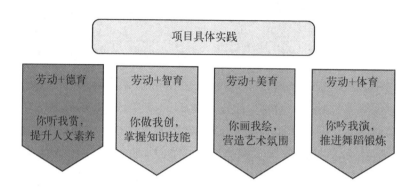

(1) 劳动+德育: 你听我赏,提升人文素养

我国的扇文化历史悠远,与竹文化、茶文化一样,承载着中华民族的智慧与美学。在制作衍纸团扇前,引导学生多方面了解衍纸艺术的起源、演变过程、文化内涵等知识,欣赏精美的工艺品,让学生感受衍纸文化的艺术魅力,培养对民族文化的自豪感。

衍纸艺术,又称卷纸艺术,是一种古老的中国传统纸艺。它起源于中国的汉朝,历经唐宋元明清等朝代的传承与发展,成为独具特色的民间手工艺。衍纸艺术通过巧妙地卷曲、折叠和粘贴纸张,创造出各种精美的图案和形状,展现出纸张的无限可能。用衍纸艺术点缀团扇,为团扇增添了独特的艺术魅力。团扇象征着团圆和美满,而衍纸艺术的装饰则增添了吉祥和如意的象征意义,使团扇成为一种富含寓意的艺术品。团扇的扇面为艺术创作提供了广阔的空间,成为国画创作的延伸,成为装饰生活、陶冶情操的重要元素。

(2) 劳动+智育: 你做我创,掌握知识技能

了解了衍纸艺术的历史后,便可以围绕"如何制作衍纸团扇"展开探究。衍纸艺术看似简单,但制作衍纸团扇的过程却相当复杂。教师引导学生先学习衍纸的基本技法,如卷曲、组合和装饰,再通过网络资源、请教民间艺人等方式,了解衍纸的制作流程,并亲自实践。在项目活动的激励下,学生探索了团扇骨架的制作流程,并尝试将衍纸艺术与团扇相结合。

在制作过程中,学生需要耐心细致地操作,以确保每一个细节都能取得最佳效果。教师要及时在专业技术上给学生以指导,尽量使学生少走弯路,让他们通

过自己的不断实践、探索和相互交流,创作出独一无二的衍纸团扇,展现自己的创意和艺术才华。下面是教师给学生提供的制作要求:

步骤	要　　领	具　体　操　作
卷曲	控制力度,均匀卷曲,避免断裂	使用衍纸笔卷曲衍纸条
组合	注意零件间的间距,确保粘贴牢固	① 按照设计图摆放衍纸零件 ② 用白胶粘贴
装饰	确保图案平整贴合,修剪整齐,不留毛边	① 将衍纸图案粘贴到团扇骨架上 ② 修剪多余部分
检查	检查图案牢固度,调整不整齐或脱落的部分	检查图案是否粘贴牢固,整体是否美观

下面是教师给学生提供的劳动任务单:

"衍纸团扇的制作"劳动任务单				
一、知识梳理				
1. 零件拼贴组合的基本原则	(1) 由小变大			
	(2) 主次分明			
	(3) 先下后上			
2. 作品零件拼贴组合的流程要求	(1) 流程:摆造型→拼粘贴			
	(2) 要求:布局合理,美观牢固			
二、展示评价				

评价内容		评　价　标　准	评价等级 ★★★★★	
			自评	互评
作品评价	作品设计	主题明确,创意独特,构图完整,颜色鲜明		
	作品制作	零件制作精良,作品拼贴牢固,整体统一美观		

评价内容		评 价 标 准	评价等级 ★★★★★	
			自评	互评
学习评价	劳动观念	1. 能感受劳动的艰辛和喜悦; 2. 初步形成珍惜劳动成果、热爱劳动的观念; 3. 初步树立传承衍纸工艺等中华优秀传统文化的观念		
	劳动能力	1. 知道衍纸零件拼贴组合的基本原则、拼贴组合流程和质量要求; 2. 初步掌握衍纸作品的制作方法和能力; 3. 提升表达交流与团队合作能力		
	劳动习惯与品质	初步养成在劳动过程中有始有终,及时整理与收纳的习惯		
	劳动精神	能感受精益求精、追求品质的劳动精神		

(3) 劳动+美育: 你画我绘,营造艺术氛围

团扇设计图	
团扇名称:	扇面图:
设计理念:	

设计图完成以后,学生便可以选择所需要的工具与辅助材料,开始制作属于自己的团扇。这时美术教师应当为学生提供丰富的衍纸材料和工具,如彩色衍纸条、白胶、剪刀等,学生根据自己的设计图案,选择相应的衍纸颜色,通过卷曲、折叠、拼贴等手法,将一张张平面的衍纸条转化成生动立体的图案。

在制作过程中,学生需要发挥想象力和创造力,对衍纸进行巧妙组合,形成富有美感的图案。同时,学生还需要注意衍纸图案与团扇骨架的贴合度,确保图案牢固且美观。他们通过亲手制作,体会到了衍纸艺术的魅力,感受到了劳动的喜悦和成就感。

通过劳动实践与美术学科的融合,学生充分发挥了想象力和创造力,为团扇赋予了独特魅力。衍纸团扇的制作过程不仅锻炼了学生的动手能力,也培养了

他们的审美情趣和艺术素养,实现了美育与劳动教育的有机结合。

作品展示

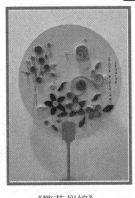  

《繁花似锦》 《玉兔回眸》 《蝶恋花》

(4) 劳动＋体育:你吟我演,推进舞蹈锻炼

每一把衍纸团扇都是一个精美的工艺品,从构图到制作,学生亲历了通过衍纸艺术制作团扇的每一个过程,并将自己的智慧别具一格地呈现在扇面上。在制作了属于自己的团扇后,便可开展衍纸团扇活动,学生在优美的音乐声中纷纷上台展示自己的团扇,更有学生随着音乐,开启了团扇舞蹈活动,将团扇与音乐、体育相结合,不仅传承了团扇制作艺术,还使用团扇推进了舞蹈锻炼。

团扇舞蹈是在继承传统舞蹈的基础上科研所得,在与中国古典舞蹈身韵相结合的基础上,突出神韵,从而体现中华民族的含蓄美和朦胧美。团扇舞蹈不仅融入了中华优秀传统文化创新创意的色彩,还是一次优雅的体育锻炼,让学生在欢笑中树立了"健康第一"的理念,达到了陶冶身心的目的。

五、评价与反思

1. 在用衍纸制作团扇的过程中,学生触摸到了传统文化的脉搏,感受了手工艺的温度。他们用一双双巧手,将平凡的纸张卷曲成绚丽的图案,再将这些图案巧妙地点缀在团扇上,每一件作品都蕴含着他们的智慧和心血。

2. 学生在艺术创作的旅途中,不仅收获了技能的提升,更在心灵深处播下了传统文化的种子,从而更加珍视和传承这一宝贵的文化遗产,展现了劳动教育的独特育人价值。这不仅是对传统工艺的传承和创新,也是对教育模式的有益探索,为学生的全面发展奠定了坚实的基础。

3. 在项目化案例"国风雅韵融五育,制扇至美映芳华"的探索与实践中,我们不仅见证了学生在艺术创作中的成长,也深刻体会到了非遗传承与现代教育融合的深远意义。他们在学习过程中技能和素养的提升,正是"五育"教育理念的生动体现,也是对传统文化传承与发展的重要贡献。

4. 传承非遗文化,培养非遗接班人,是我们这个文明古国璀璨文明生生不息的保障,也是我们作为教师义不容辞的责任。然而一个项目只能解决一个问题,要使我们的学生成为具有文化自信、创新精神和实践能力的新一代,单靠我们是不能达到目的的,需要全社会的共同努力,形成一个合力,共同培养更多、更好的人才,让他们在传统文化的熏陶下绽放出更加绚丽的光彩,让国风雅韵在他们手中焕发出新的生机,为祖国传统文化的传承和发展注入新的活力。

参考文献

[1] 刘丽琴,谭诤.中小学劳动教育课程研究文献综述[J].林区教学,2022(3):4.

[2] 郑曼,毋磊.新时代中小学劳动教育的实践路径研究[J].上海教育评估研究,2021(3).

[3] 上海积极探索构建新时代劳动教育体系,重构课堂,拓展校外基地——劳动中促成长实践中育新人[N].中国教育报,2020(9).

[4] 徐晓红.智创·融合·匠新——上海市嘉定区劳技教育中心劳动教育教学研究成果[M].上海:上海科学技术文献出版社,2023.

挖掘积极资源，培养幸福能力
——对于培育初中生积极心理品质的心理课程设计思考

王乐彤

摘要：幸福感是积极心理学的重要研究领域，也是青少年心理健康的重要指标。因此，在初中心理课程中如何培育学生的幸福感和积极心理品质是本文重点探讨的问题。通过寻找初中心理课程中各主题与"幸福感"的关联，本文拟将幸福元素融入各主题教学设计中，对传统心理课的内容进行幸福感导向下的知识整合和重构设计。

关键词：幸福；初中生；积极心理品质；心理课程

幸福感是积极心理学的重要研究领域。21世纪初，马丁·塞利格曼首次提出积极心理学的概念，倡导发掘人类潜在的积极力量，而不仅仅是研究心理或行为问题。自此，心理学的研究大潮出现了革命性的转变，相关领域中对于幸福这一人类的积极品质和情绪情感的关注也越来越多。在关于幸福感的研究中，除了主流的主观幸福感之外，越来越多心理学家开始将目光聚焦于心理幸福感这一领域，探索个体主观快乐体验之外个人潜能的实现。由此可见，幸福已经不仅仅是一种状态，更是一种能力，是个体对生活的态度，以及在不同环境中对快乐的感知能力。

幸福感也是青少年心理健康的重要指标。"让每个孩子在幸福中成长"是我校一直以来所秉持的办学理念，也是我们身为教育工作者所殷切期望的。学校围绕幸福这一主旋律，通过"激发幸福力量、构建幸福课程、培养幸福教师、开展幸福评价、打造幸福校园"，致力于将幸福的教育理念融入德、智、体、美、劳等各育的过程中。而心理健康活动课作为以培养学生良好心理素质，促进学生身心全面和谐发展为目标的一门课程，是宣传和普及幸福理念，培养学生幸福能力的重要途径之一。《中小学心理健康教育指导纲要(2012年修订)》中强调,要提高全体学生的心理素质,培养他们积极乐观、健康向上的心理品质,充分开发他们的心理潜能,为他们的健康成长和幸福生活奠定基础。《上海市教育委员会关于加强上海学校心理健康教育的意见》中也指出,要加强人文关怀和心理疏导,运用心理健康教育的理论和方法,培养学生珍视生命、调控情绪、应对挫折、适应环境的能力,培育积极的心理品质和健全人格,为学生健康成长和幸福生活奠基。

因此,在上级文件的引领下,结合我校的办学理念,以幸福感为纽带,我对初中心理课程中如何培育学生的积极心理品质展开了进一步思考:参考各地区的心理健康活动课教材,"认识自我""学会学习""人际关系""情绪调适""生活与社会适应""生涯规划"等6个主题是心理课的传统内容,寻找各主题与幸福感的关联,将幸福元素融入各主题的教学设计中,对传统心理课的内容进行幸福感导向下的知识整合和重构设计,力图引导学生挖掘自身的积极资源,培养幸福能力,培育积极心理品质。

一、认 识 自 我

自我认识是自我意识的认知成分,个体通过自我观察、自我分析、自我评价从而加深自我意识。发展心理学家埃里克森认为,青少年时期是建立自我同一性的重要时期,要建立自我同一性就必须对内在自我和外在环境有充分的认识,否则便会造成自我同一性混乱。处于这一阶段的初中生自我意识显著增强,渴望被理解、被认同,却又时常自我怀疑。部分学生可能还无法正确认识自己的优缺点和能力,缺乏自信和自我效能感,导致幸福体验减少。因此,在这个时期应该引导学生正确认识自己的优点和不足,接纳自己,学会发掘自身优势,进而促进他们积极认识自我,增强幸福能力。

例如在关于引导学生发现自身优点的课时设计中,引入MPS幸福模型。该模型是由哈佛大学积极心理学家泰勒在《幸福的方法》一书中提出,他认为幸福的方法在于优势、快乐和意义的交集,即幸福就是有意义的快乐。基于这一模型,结合塞利格曼提出的24项性格优势,可以帮助学生发现自身的性格优势并有意识地运用,体验性格优势所带来的愉悦和自信,增强幸福能力。同时,考虑到初中生正处于自我评价逐渐形成的阶段,还可以从自我和他人两个角度出发,让学生收获更全面的积极评价,从而提升自信心。

二、学 会 学 习

　　经过一年多的工作,在学生心理咨询的过程中,我发现许多学生目前最关注、最渴望解决的还是学习方面的困惑和烦恼。研究表明,初中生的学业成就、学习动机、学习策略等学习方面的因素都与幸福感息息相关。因此,引导学生培养学习兴趣,端正学习动机,掌握学习策略,学会学习,促使学生体验学习的乐趣,从而提高幸福感和自我效能感也是心理课程的重要目标。

　　在关于学习动机的教学设计中,要引导学生体会对学习的积极感受,唤醒成功经验,增加学习动力。在关于注意、记忆、思维、创造力等心理认知方面的教学设计中,可以增设一些趣味性练习,促使学生体验收获感和成就感,从而减少对学习的畏难情绪。

　　我们对于幸福的感受既主观又客观,对于幸福的解答似乎没有正确答案,但幸福是有体验的。心理学家米哈里认为,感到幸福的人都有一种共同的体验——心流。心流体验是指个体全神贯注做事时的一种专注、忘我的状态,在这种状态下,甚至感觉不到时间的存在,而在事情完成之后通常会体验到一种充满能量并且非常满足和愉悦的感受。塞利格曼也对幸福有相似的解读,他认为幸福是由积极情绪、投入、人际关系、意义和成就五种要素所构成的,其中投入是指人们会快乐地投身于自己感兴趣的活动中,这恰恰也是进入心流状态的必要条件。因此,在心理课堂中,我们也可以尝试创设心流环境,结合冥想、音乐、绘画等学生感兴趣且能够投入其中的活动形式,引导学生感受沉浸式的专注体验,为学生在学习中体验心流打下基础。

三、人 际 关 系

　　人际关系是个体社会需要的重要组成部分,对于初中生来说,同伴关系、师生关系、亲子关系是他们现阶段最主要的三种关系。建立良好的人际关系和社会支持能够促进积极的情绪体验,促进初中生社会技能、自我意识、学业成就、心理健康等综合幸福感的发展,因此发展和谐的人际关系,对于学生来说就是一种具有幸福感的体验。所以,在这一专题的教学设计中,需要引导学生在同伴关系中学会相互尊重、倾听、赞美,也要懂得人际交往的边界,在师生关系和亲子关系中学会沟通和换位思考。

四、情 绪 调 适

情绪调适是社会与情感能力的重要组成部分,是指个体有效管理和控制自身情绪、合理应对不良情绪、保持积极乐观的能力。情绪调适能力对青少年的幸福感和心理健康有着重要影响。而青春期一直以来都被称为"狂风骤雨期",处于这一阶段的初中生,在情绪上具有敏感性、不稳定性、冲动性、外显性等特点,因此,在心理课程设计中应该加强对于学生情绪调适能力的指导。

在关于情绪调节的教学设计中,可以从心理调适和身体调适两方面出发,引导学生在情绪到来时学会给自己积极的心理暗示,唤醒积极的成功经验,并结合深呼吸、蝴蝶拍、冥想等简单且有效的身体冷静法,使自己快速平复下来。同时,在情绪过去之后,也要引导学生学会合理归因,结合情绪 ABC 理论、归因理论,认识到我们对于事情的看法会影响我们的感受,所以我们能够通过改变对事情的看法来调节情绪。此外,也要引导学生正确认识和应对消极情绪,知道情绪没有好坏之分,消极情绪的背后隐藏的其实是我们的需求,每一种消极情绪都有独特的价值,我们要理性面对,将其转化为积极情绪。

五、生活与社会适应

社会适应能力是个体独立处理日常生活中的问题和承担社会责任,以达到他的年龄和所处社会文化条件所期望的程度,即个体适应自然和环境的有效性。社会适应能力与幸福感存在显著相关。校园作为社会环境的一部分,是社会的缩影,初中生在校学习生活期间需要对学习环境、生活环境、人际环境等进行适应。同时,各种生活事件尤其是压力性事件,对学生的幸福感水平和心理健康有着重要影响。

在这一专题的教学设计中,应注重对学生抗挫能力的培养。挫折包括挫折情境、挫折认知、挫折反应三层含义,挫折情境能否构成挫折,在很大程度上取决于学生对于挫折情境的态度、评价和行为反应。因此,在教学中可以通过回忆或创设挫折情境,引导学生以积极的心态和行为方式进行应对,鼓励学生总结经验、吸取教训,提高抗挫能力。

六、生涯规划

人们对自身所从事职业的满意度和生涯规划程度,对于获得幸福感有着重要影响,因此在中学阶段开展积极心理学视域下的生涯教育是一项具有切实意义且不容忽视的课题。在生涯规划专题的教学设计中,我们可以结合"自我认识"专题的内容,鼓励学生探索自己的兴趣、性格、能力、特长,发掘自身优势,引导学生寻找并唤醒潜在的积极生涯力量。

参考文献

[1] 崔丽娟,张高产.积极心理学研究综述——心理学研究的一个新思潮[J].心理科学,2005,(02):402-405. DOI:10.16719/j.cnki.1671-6981.2005.02.035.

[2] 苗元江.心理学视野中的幸福[D].南京师范大学,2003.

[3] Ng, Z. J., Huebner, S. E., & Hills, K. J. (2015). Life satisfaction and academic performance in early adolescents: Evidence for reciprocal association. Journal of School Psychology, 53(6), 479-491.

[4] Datu, J. A. D., & King, R. B. (2018). Subjective well-being is reciprocally associated with academic engagement: A two-wave longitudinal study. Journal of School Psychology, 69, 100-110.

素养培养导向的初中英语学科幸福力培养

——以沪教版新教材 6A 为例

徐迎春

摘要：随着新课改的不断深入，义务教育阶段的英语教学更加强调突出英语学科核心素养的培养，以实现"立德树人"这一基本教育目的。英语学习幸福感则是培养学生英语核心素养不可或缺的动力源泉。本文旨在探讨如何在沪教版新教材的初中英语教学中融入幸福力培养理念，通过明确幸福力培养目标、优化教学内容与方法、建立多元化评价体系等策略，促使新课标的课程育人价值真正落地。

关键词：初中英语；素养导向；幸福力培养；新教材

引　言

随着教育改革的不断深化，初中英语教学逐渐从传统的知识传授向素养培养转变。在这一背景下，幸福力作为衡量学生心理健康和幸福感的重要指标，逐渐受到教育界的关注。如何在初中英语教学中融入幸福力培养理念，成为当前教育改革的重要课题。沪教版新教材的内容和结构为幸福力培养提供了良好的契机。本文旨在探讨如何在新教材下，通过教—学—评一体，在初中英语教学中融入幸福力培养理念，以期为学生的全面发展提供有力支持。

一、幸福力培养理念概述

(一) 幸福力的定义与内涵

一种获取幸福的能力。指个体在面对某一对象(人、事和物)或者经历某情境时感知和体验到幸福的能力,及依据其内在的某标准,表达或评价幸福的能力,也包括有意识地寻求策略调控幸福的能力。

一种心理素养。是一个人获得幸福的软实力,是一个人的情感力、认知力、健康力、意志力、抗挫力、微笑力和德行力的综合体现。

总的来说,幸福力是一种综合能力,涉及个体对幸福的感知、评价、调控等多个方面,是新课标中核心素养的重要延伸和拓展。

(二)幸福力培养的必要性

在初中英语教学中融入幸福力培养理念具有重要意义。首先,幸福力培养有助于提升学生的心理健康水平。初中阶段是学生心理发展的关键时期,良好的幸福力能够帮助学生更好地应对学习和生活中的挑战,保持积极向上的心态。其次,幸福力培养有助于促进学生的全面发展。通过培养学生的幸福力,可以激发其学习兴趣,提高其综合素质和竞争力。最后,幸福力培养有助于构建和谐的师生关系。在教学过程中,关注学生的幸福感受,能够增强师生之间的情感联系,提高教学效果和学生的学习满意度。

二、素养培养导向的初中英语学科幸福力培养的教学实践

(一)沪教版新教材为例分析

以沪教版新教材 6A 为例,具有以下几个特点:一是注重语言运用能力的培养。新教材强调学生在实际情境中运用英语进行交流和表达的能力,注重培养学生听说读写的综合技能。二是注重思维品质的提升。新教材通过设计多样化的教学活动和任务,引导学生积极思考、分析和解决问题,培养其批判性思维和创造性思维。三是注重文化品格的塑造。新教材通过介绍不同国家和地区的文化习俗和节日庆典等内容,拓宽学生的国际视野,培养其跨文化交际能力。四是注重学习能力的培养。新教材鼓励学生自主学习、合作学习和探究学习,培养其终身学习的意识和能力。

由此可见,新教材与幸福力培养有高度的契合点。

首先,新教材注重语言运用能力的培养。这有助于学生在实际交流中感受到成功的喜悦和成就感,从而提升幸福感受。其次,新教材强调思维品质的提升。这有助于学生形成积极的学习态度和思维方式,增强其面对困难和挑战时的应对能力,掌控感的提升提高学生对学生生活的满意度。再次,新教材注重文

化品格的塑造。这有助于学生拓宽国际视野,增强对不同文化的理解和尊重,从而培养其跨文化交际能力和全球意识。最后,新教材注重学习能力的培养。这有助于学生掌握有效的学习策略和方法,提高其自主学习和合作学习的能力,从而为其未来的学习和生活奠定坚实的基础。

(二)构建目标系统

1. 明确单元幸福力培养目标

在沪教版新教材的初中英语教学中,教师应明确幸福力培养的具体目标。这些目标可以包括:一是培养学生的积极心态和乐观情绪,使其能够积极面对学习和生活中的挑战;二是提升学生的自我认知和情绪管理能力,使其能够正确认识和表达自己的情感需求;三是增强学生的社交能力和合作精神,使其能够与他人建立良好的人际关系;四是培养学生的跨文化交际能力,使其能够理解和尊重不同文化背景下的差异和多样性。通过明确这些目标,教师可以有针对性地设计教学活动和评价方式,促进学生的幸福力培养。

单　元	主　题	幸 福 力 培 养
Unit 1　School life	"人与自我"主题下的生活与学习主题群	以大问题 What do you like most about school 为引导,帮助学生了解丰富多彩、充实向上的学校生活,探知世界各地不同校园的共同特征和文化差异,形成积极乐观的学习和生活态度
Unit 2　Family ties	"人与社会"主题下的"社会服务"与"人际沟通"主题群	以大问题 What makes a family 为引导,帮助学生了解不同家庭结构和家庭关系,关注家庭责任,感受幸福美好的家庭时光,培养学生孝亲敬长,相互体谅,懂得感恩的生活态度
Unit 3　Food	"人与自我"主题范畴下"生活与学习""做人与做事"主题群	通过大问题 What rule does food play in our life 引导学生关注健康文明的行为习惯与生活方式,劳动习惯与技能,理解均衡膳食的重要性和食物在生活中承载的多重意义,培养学生烹制简单健康菜肴的自主意识
Unit 4　Sports	"人与自我"主题下"生活与学习"主题群,"人与社会"主题下"体育"主题群	以大问题 Why do we play sports 为引导,帮助学生了解各类体育运动及其特色,体会运动的乐趣和强身健体的重要性,以及增强运动安全意识,初步形成热爱运动、健康向上的生活态度

单 元	主 题	幸 福 力 培 养
Unit 5　Animals and us	"人与自然"主题下，"自然生态"主题群	通过大问题 In what ways are animals important to us 的引导，帮助学生了解并思考如何正确看待动物，初步形成尊重自然、善待生命的生活态度和科学探索的意识
Unit 6　Travelling around China	"人与自然"主题下，"自然生态"主题群	通过大问题 How can we get around and explore China 的引导，帮助学生了解并热爱祖国大好河山，激发爱国热情，增强民族自豪感

2. 确定单元和课时学科幸福培养力目标

课 时	能 力 目 标	素 养 目 标
视 听	借助家庭图谱，听不同的家庭关系	认识自己的家庭
口 语	借助家庭相册，描述家庭成员	感知自己的家人
阅 读	阅读新媒体语篇——微视频故事，了解家庭责任	关注家庭责任，学会相互体谅，懂得感恩
写 作	借助相册描述一次家庭庆祝活动	体会孝亲敬长、和谐家庭的幸福
探索发现	探知世界各地的家庭庆祝活动	感受幸福美好的家庭时光
项目探究	制作"家庭"主题海报	深入理解家庭纽带的内涵

（三）优化教学内容与方法

教学评一体化中的"教"指向教学策略和育人方法。在实施教学时，需要有意识地针对目标设计实施幸福力培养。在课堂上用提问引导学生学习语言，运用语言的过程中，自然而然地思考与文化意识、感知幸福、发现幸福、创造幸福有关的问题，使既定幸福力培养目标系统步步落实。

这里特别提出，阅读课、听说课的课堂提问大多指向语言技能的夯实和思维品质的培养。教师可以通过课堂提问，引导学生思考与文化意识素养有关的问题；组织学生开展相关特定价值观的讨论，充分利用师生互动、生生交流中的育人契机，形成共识，认识到自身和他人思想行为方面的积极因素，建立思想、行为方面正向、积极、健康、向上的观点与态度。如 6A U2 Reading 语篇中提问 "Why did Like Bailing's mother stop working after she was born?"引导学生发现妈妈甘愿为孩子付出的深厚的爱与责任。追问"What does your mother do for you every day?"引导学生联系实际感受妈妈在自己身上倾注的日复一日、年复一年的关爱。在 Unit 3 Writing 中提问"Why does Lu Yao post her recipe on the blog?"带领学生体会路遥分享美食制作的目的,不仅是传递健康饮食理念,更是倡导积极生活态度,传播善意及对社会的担当。再如 Unit3 Reading 中提问"What do you do to give back love to your parents?",激发学生关爱他人、创造幸福的迁移能力。

(四) 建立多元化评价体系

在初中英语教学中,建立多元化评价体系是促进学生幸福力培养的重要保障。多元化评价体系包括多个方面,如形成性评价、终结性评价、学生自评和互评等。

1. 形成性评价

形成性评价是指在教学过程中对学生的学习情况进行及时、有效的反馈和评价。教师可以采用课堂观察、小组讨论、作业批改等方式进行形成性评价。及时关注不同学生的学习情况和问题。尤其对于学困生,教师可以给予学习态度上的肯定和活动参与度上的认可,激发学生的学习兴趣,帮助他们建立自信,提升对自己的认可度和满意度。

2. 终结性评价

终结性评价是指在学期末或某个学习阶段结束时对学生的学习成果进行综合评价。教师可以灵活选择评价形式,通过项目化作业等方式进行终结性评价。如,在 Unit 2 Writing 板块中,教师可以引导学生讨论并分享自己最喜欢的家庭节日和庆祝方式,以及为什么喜欢这些节日。如笔者一位学生写了一岁的抓周庆祝,另一位写的是为庆祝完成一个学习周期落幕而举办的 Special family celebration。教师也可以鼓励学生自己设计一个家庭庆祝活动,通过创新,选择自己喜欢的方式获得自我认同。

在 project 环节中,通过合作式的项目化作业,设计家庭海报。小组成员需要共同收集资料、制作并进行成果展示。学生不仅在任务驱使下进行团队合作,也锻炼、提高了交流沟通能力。在完成作业的过程中,更加深入地理解了家庭的概念,感知家人之间互帮互助互爱的关系,学生甚至可以用诗歌抒发对家庭的热爱,极大地增强了其幸福感受。个别作业成果如下:

学生项目化作业成果图例

3. 学生自评和互评

学生自评和互评是多元化评价体系中的重要组成部分。在展示过程中,其他小组的成员可以提问和点评,形成互动和交流的氛围。在上述作业反馈中,让学生互相点评海报,选出优秀的设计,陈列在教室板报上。各种项目化作业可以极大地锻炼学生的表达能力和增强学生的自信心。

4. 反思总结

在教学结束后,教师引导学生进行反思和总结。学生需要思考自己在本次学习中的收获和进步,以及如何将所学知识运用到实际生活中。同时,教师还需要关注学生的情感需求和幸福感受,鼓励他们积极面对学习和生活中的挑战,保持积极向上的心态。通过这一环节,学生可以更加深入地了解自己的学习情况和发展要求,同时也可以提升自己的幸福力和心理素质。

三、结　语

本文探讨了如何在沪教版新教材初中英语教学中融入幸福力培养理念。通过明确幸福力培养目标、优化教学内容与方法,以及建立多元化评价体系等策略的实施,可以有效地促进学生的幸福力培养。

未来,随着教育改革的不断深入和素质教育的全面推进,幸福力培养将成为初中英语教学的重要方向之一。在未来的教学实践中,教师应继续探索和创新幸福力培养的方法和策略,不断完善和优化教学体系;同时还需要加强与其他学科的融合和交叉,形成跨学科的教学模式和评价体系。通过这些努力,可以进一步推动初中英语教学的改革和发展,为学生的全面发展和终身学习奠定坚实的基础。

参考文献

[1] 王蔷,李亮.推动核心素养背景下英语课堂教—学—评一体化:意义、理论与方法[J].课程·教材·教法,2019(5):114-120.

[2] 中华人民共和国教育部.义务教育地理课程标准(2022年版)[S].北京:北京师范大学出版社,2022.

[3] 王薇华.幸福力教育[M].北京:清华大学出版社,2023.

幸福体育之《国家学生体质健康标准(2014 修订)》新解

张燕君

摘要：为建立健全国家学生体质健康监测评价机制,激励学生积极参加身体锻炼,引导学校深化体育教学改革,推动各地加强学校体育工作,新体质标准对评价指标进行了由选测到必测项目的修改,对测试项目的权重进行了调整,对评定等级和测试成绩根据当前学生的体质状况进行了"提升"或"降低",我们作为一线教师要做的不仅是对新体质标准的学习,也不仅仅是与旧体质标准做比较,而是需要我们在教学实践中聚焦新体质标准中的凸显改变、学生身体素质发展的敏感期以及上海学生的薄弱环节,慢慢尝试课堂教学环节的改变,比较、思考新体质标准对课堂教学的促进作用。从而更加关注新体质标准紧扣学生身体素质发展敏感期这个环节,引导我们在课堂教学中聚焦身体素质发展敏感期,以多样的教学手段,激发学生参加体育锻炼的积极性,有效提高中、小学生身体素质,为健康生活夯实基础。

关键词：身体形态；身体机能；身体素质

一、前 言

2007 年 4 月 4 日,国家教育部、体育总局颁布的《国家学生体质健康标准》(以下简称"旧体质标准")历经 7 年的实践与探索,在认真总结各地实施情况的基础上,结合新时期青少年体质健康状况和学校体育工作实际,国家教育部于 2014 年 10 月印发了《国家学生体质健康标准(2014 年修订)》(以下简称"新体质标准")。

为建立健全国家学生体质健康监测评价机制,激励学生积极参加身体锻炼,引导学校深化体育教学改革,推动各地加强学校体育工作,新体质标准对评价指标进行了由选测到必测项目的修改,对测试项目的权重进行了调整,根据当前学生的体质状况对评定等级和测试成绩进行了"提升"或"降低",最明显的是根据学生年龄段身体素质的发展敏感期设置了四个项目的加分指标,对促进青少年身心健康和培养健康的生活方式起到了积极的推进作用。

二、关键词界定

新旧体质标准的实施目的和栏目内容基本一致,在"健康第一"思想的指导下,从身体形态、身体机能和身体素质等方面综合评定学生的体质健康水平,作为促进学生体质健康发展、激励学生积极进行身体锻炼的教育手段,它既是学生体质健康的个体评价标准,也是国家发展学生核心素养体系和学业质量标准的重要组成部分。

新体质标准只是基于跟踪和测试当前学生的体质状况,在旧体质标准的基础上进行了调整。新体质标准取消了旧体质标准中的"运动能力"指标,不是不要"运动能力",而是更多地从做一个健康人的角度出发,将运动能力发展融入了教材内容和教学过程中。

身体形态　身体形态是反映学生身体发育状况的主要因素,一般通过体形、身体姿势、营养状况及身体成分等反映人体生长发育水平的外部形状和特征,并将身高、体重、胸围、皮下组织等测量作为评价学生身体形态发育水平的依据。新体质标准相对旧体质标准更注重学生身体机能的评价。

身体机能　身体机能是指人体在新陈代谢的作用下,各器官系统工作的能力。肺活量是中、小学阶段最常见的衡量身体机能的指标。肺活量是指人体一次尽全力吸气后,再尽全力呼气时,所呼出的气体总量。它是反映呼吸机能的主要指标,也是反映人体生长发育水平的重要机能指标之一。

身体素质　身体素质是人体在运动、劳动和日常活动中,在中枢神经的调节下,各器官系统功能的综合表现,如力量、耐力、速度、灵敏、柔韧等机体能力。身体素质的强弱,是衡量一个人体质状况的重要标志。身体素质的发展,对增强人的体质和健康有重要意义。

三、新旧体质标准评价指标与权重的"演变"

1. 新旧体质标准评价指标的"嬗变"

(1) 新体质标准舍弃选测,均为必测指标

除了身体形态和肺活量体重指数是各年级必测评价指标,变化最大的是新体质标准的评价指标均为必测项目,而旧体质标准在四个学段九个年级给予了学生 38 个项目进行选测。

从一、二年级新旧评价指标的设置来看,新评价指标设置了 50 米跑、坐位体前屈、1 分钟跳绳三个必测项目,而旧体质标准则设置了坐位体前屈、投沙包、50 米跑(25 米×2 往返跑)、立定跳远、跳绳、踢毽子两类 6 个项目供学生选测。

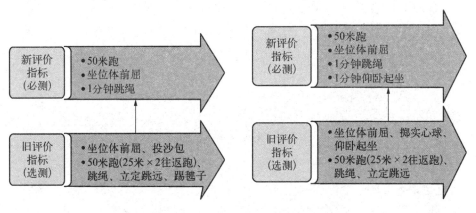

图 1　一、二年级新旧评价指标　　　　图 2　三、四年级新旧评价指标

从三、四年级新旧评价指标的设置来看,新评价指标设置了 50 米跑、坐位体前屈、1 分钟跳绳、1 分钟仰卧起坐四个必测项目,而旧体质标准则设置了坐位体前屈、掷实心球、仰卧起坐、50 米跑(25 米×2 往返跑)、立定跳远、跳绳两类 6 个项目供学生选测。

从五、六年级新旧评价指标的设置来看,新评价指标设置了 50 米跑、坐位体前屈、1 分钟跳绳、1 分钟仰卧起坐、50 米×8 往返跑五个必测项目,而旧体质标准则设置了 400 米跑(50 米×8 往返跑)、台阶测试、坐位体前屈、仰卧起坐、掷实心球、握力体重指数、50 米跑(25 米×2 往返跑)、立定跳远、跳绳、篮球运球、足球颠球、排球垫球三类 12 个项目供学生选测。

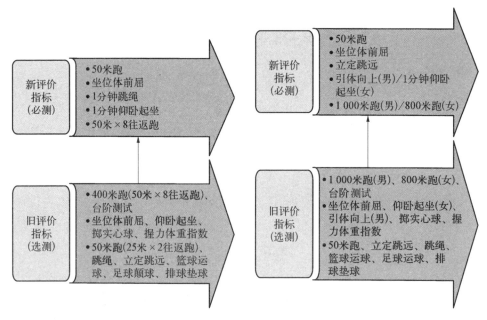

图3　五、六年级新旧评价指标　　　　　　　图4　七、八、九年级新旧评价指标

　　从七、八、九年级新旧评价指标的设置来看,新评价指标设置了50米跑、坐位体前屈、立定跳远、引体向上(男)/1分钟仰卧起坐(女)、1 000米跑(男)/800米跑(女)五个必测项目,而旧体质标准则设置了1 000米跑(男)/800米跑(女)、台阶测试、坐位体前屈、引体向上(男)/仰卧起坐(女)、掷实心球、握力体重指数、50米跑、立定跳远、跳绳、篮球运球、足球运球、排球垫球三类12个项目供学生选测。

　　从一至九年级的新旧评价指标来看,新体质标准根据不同的年段设置了不同的必测项目,而旧体质标准则根据不同的学段设置了不同的选测项目。

　　一至九年级(一、二—三、四—五、六—七、八、九)四个年段,新旧体质标准评价数量一样,但从旧体质标准"6-6-12-12"项选测到新体质标准"3-4-5-5"项必测,分别舍弃了"3-2-7-7"项选测项目(见图5)。

　　(2) 新体质标准评价指标,切合当前学生的体质状况

　　一至四年级的学生骨骼钙化程度低而且富有弹性,更适合发展身体的灵敏、柔韧和速度素质。因此,新体质标准选择50米跑和1分钟跳绳作为必测项目。五、六年级的学生正向青春期过渡,是发展灵敏、速度等素质的敏感期,可在原有基础上适当增强耐力素质的培养,所以在五、六年级的评价指标中增加了50米×8往返跑。而七至九年级是力量和耐力素质发展的敏感期,新体质标准选取了引体向

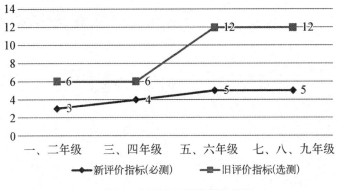

图5　新旧体质标准评价指标

上(男)/仰卧起坐(女)以及1 000米跑(男)/800米跑(女)作为必测指标将起到事半功倍的锻炼效果。其中,七、八、九年级选择引体向上作为男生的必测指标可视作向学生体质健康的薄弱环节"开刀",引导今后的体育课重视男生上肢力量的增强。

新体质标准的评价指标还显示,技能类项目有所删减,耐力跑和台阶测试作为评价身体机能和耐力素质的主要指标,新体质标准将台阶测试做了删减。50米跑贯穿一至九年级,更注重1分钟跳绳、男生引体向上等。这说明新体质标准在旧体质标准的基础上,根据当前学生的体质状况对评价指标做了相应的调整。

新体质标准均为必测指标,并将"体重指数(BMI)、肺活量、50米跑和坐位体前屈"四项指标作为所有年段的"共性指标"。这将进一步优化体质健康测试的程序:一方面,有利于一线教师和体育研究工作者对学生的体质健康测试进行合理而高效的操作,也能对测试数据进行跨年度跟踪比较;另一方面,可以对测试结果进行跨群组和跨区域的分析比较,全方位、动态地掌握学生体质健康变化的趋势,及时采取干预措施。

2. 新旧体质标准权重系数的"改变"

一至九年级新旧体质标准的身体形态和肺活量体重指数是各年级必测评价指标,但是新体质标准对各项评价指标的权重系数做了较大调整。

新体质标准一至九年级体重指数(BMI)和肺活量权重分别为50%(见图6),采用相同的权重系数,有利于体育工作者监测从小学到中学学生的身体形态和身体机能变化,有助于引导学生形成正确的身体健康观念。而旧体质标准一至四年级身高标准和体重指数权重均为20%,五至九年级身高标准体重权重系数为10%,肺活量体重指数权重为20%(见图7)。

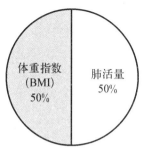

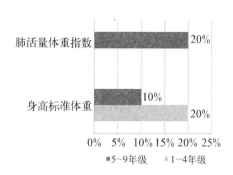

图 6　新体质标准身体机能
评价指标权重

图 7　旧体质标准身体机能
评价指标分值

　　图 8~图 15 显示,新体质标准评价指标的权重与旧体质标准评价指标的分值相比有显著的变化,如新体质标准五、六年级的 50 米×8 往返跑所占权重为 10%,七、八、九年级的 1 000 米跑(男)/800 米跑(女)所占权重为 20%。而旧体质标准五、六年级的 400 米跑(50 米×8 往返跑)或台阶测试和七、八、九年级的 1 000 米跑(男)/800 米跑(女)或台阶测试所占权重均为 30%。由此可见,新体质标准更切合学生身体素质的发展规律,循序渐进地增加耐力素质指标的权重系数,有助于减轻学生的挫折感,提升学生对耐力跑练习的积极性,培养学生勇于克服困难的良好品质。

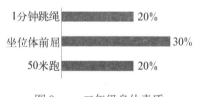

图 8　一、二年级身体素质
新评价指标权重

图 9　一、二年级身体素质
旧评价指标分值

图 10　三、四年级身体素质
新评价指标权重

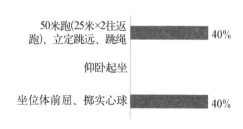

图 11　三、四年级身体素质
旧评价指标分值

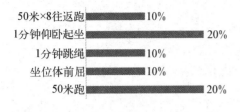

图 12 五、六年级身体素质
新评价指标权重

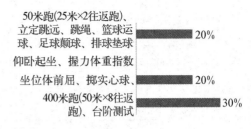

图 13 五、六年级身体素质
旧评价指标分值

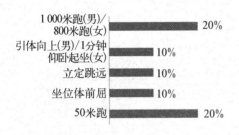

图 14 七、八、九年级身体素质
新评价指标权重

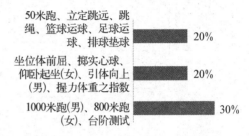

图 15 七、八、九年级身体素质
旧评价指标分值

2. 新旧体质标准等级标准的"变化"

分析新旧体质标准等级评定总成绩区间值(见表1)可见,新体质标准学生学年评定等级的总分分值精确到了小数点后一位,而旧体质标准的总分分值精确到整数。新体质标准的良好等级由旧体质标准的 75～89 分提高到80.0～89.9 分,合格等级由 60～74 分扩展到 60.0～79.9 分,等级下限的提升说明学生要达到良好的难度更大了。新体质标准还将学生测试评定与评优、评奖相联系,将激励学生更积极主动地参加体育锻炼,不断超越自我,追求优异的成绩。

表 1 新体质标准与旧体质标准等级评定总成绩区间比较表

评定等级	优 秀	良 好	及 格	不及格
新体质标准成绩区间	90 分及以上	80.0～89.9 分	60.0～79.9 分	59.9 分及以下
旧体质标准成绩区间	90 分及以上	75～89 分	60～74 分	59 分及以下

3. 新体质标准加分指标的"出现"

新体质标准的学年总分由标准分与附加分之和构成,满分为 120 分。其标准分由各单项指标得分与权重乘积之和组成,满分为 100 分。附加分根据实测成绩确定,即对成绩超过 100 分的加分指标进行加分,满分为 20 分;一至六年级的加分指标为 1 分钟跳绳,加分幅度为 20 分;七至九年级的加分指标为男生引体向上和 1000 米跑,女生 1 分钟仰卧起坐和 800 米跑,各指标加分幅度均为 10 分(见图 16)。

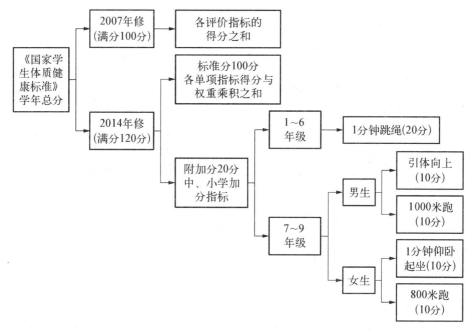

图 16 《国家学生体质健康标准》学年总分示意图

　　加分指标紧扣不同年龄段学生身体素质发展的敏感期,选择有针对性的测试项目进行加分,积极地推进学生身体素质的发展,为日后运动技能的学习奠定坚实的基础。从中也可以看出,1 分钟跳绳对一至六年级学生灵敏素质的培养,引体向上和 1 000 米跑以及 1 分钟仰卧起坐和 800 米跑对七至九年级男女生身体素质培养的重要性。而旧体质标准的学年总分以各评价指标的得分之和为最后得分,满分为 100 分。

四、由新体质标准开启的课堂教学"应变"

　　作为一线教师,我们要做的不仅是对新体质标准的学习,也不仅仅是与旧体质标准做比较,而是需要在教学实践中聚焦新体质标准中的凸显改变、学生身体素质发展的敏感期及学生的薄弱环节,慢慢尝试课堂教学环节的改变,比较、思考新体质标准对课堂教学的促进作用。

1. 捕捉身体素质"敏感期"

按照生长发育的阶段性规律,大部分小学生处在儿童期(青春发育期前),其身体形态、身体机能均处于缓慢增长期,身体素质的增长也常常以柔韧、速度以及灵敏等素质为主。新体质标准评价指标设定和权重分配很好地体现了学生身体素质的发展特点。以坐位体前屈为例,在一、二年级柔韧素质发展敏感期内,它的权重系数设定为30%,三、四年级降为20%,五年级渐渐过渡到发展速度和力量素质为主,坐位体前屈的权重减至10%。小学阶段是灵敏素质提高最显著的时期,新体质标准选择1分钟跳绳为一至五年级的加分指标,旨在引导教师在课堂教学设计中增加1分钟跳绳的比重,增强学生上下肢配合的协调性,在敏感期内有效提高学生的灵敏素质。三至五年级,学生进入力量素质发展的敏感期,新体质标准选取1分钟仰卧起坐作为力量和柔韧素质的评价指标。五年级,学生渐渐靠近青春期,步入耐力素质的萌芽阶段,新体质标准将50米×8往返跑作为该年级的必测指标,为中学阶段耐力素质的发展做好铺垫。

教学案例 1

灵敏素质——跳短绳

教学背景及目的

在教学中巧妙、合理、创造性地利用深受学生喜爱的民间传统体育项目跳短绳,不仅能激发学生的学练兴趣,而且能有效提高学生的身体素质。一分钟跳短绳是新体质标准小学阶段必测指标,也是小学阶段唯一的一项加分指标。本案例通过一年级学生1分钟跳短绳的教学实践,发展学生灵敏、柔韧和力量等身体素质,使学生在自主、合作氛围中掌握跳短绳的动作技巧。

教学方法与策略

(1)学生每人备两根短绳(建议:一年级第一学期使用有手柄的彩色塑料绳,提高学生对绳子的认同感和练习积极性;第二学期逐渐过渡到标准棉纱绳)。

(2)针对低年级学生活泼好动、好奇心强等特点,精心设计情景化、游戏化的教学方法。

(3)将每班学生分6~8组,每组挑选一位组长负责,根据跳绳成绩两两结对学练。

(4) 留出时间和空间给学生，鼓励他们利用短绳进行跳绳动作和游戏创编。

教学效果

表3　1分钟跳短绳学期初、学期末测试情况($n=246$)

	喜欢跳绳人数	跳30个以下人数	跳90个以上人数
学期初	86	36	22
学期末	192	10	34

教学启示

(1) 一物多用、寓教于乐

利用短绳贯穿课堂，开展绳操、花式跳绳、"踩绳尾"、"小小消防员"、"愤怒的小鸟"等身体练习和游戏。学生用丰富的想象力赋予短绳无穷魔力，在快乐的学习氛围中，促进身心健康发展。

(2) 分组结对、携手共进

教师为学生搭建小组合作平台，鼓励学生们两两结对，相互评价，取长补短。小组长带领开展"比一比、赛一赛"活动，激励学生展示跳绳技巧，培养团队协作能力，提高学生对跳短绳的学习兴趣。

(3) 适当留白、鼓励创新

将教师的"智慧"转化为学生的"兴趣"，给学生留下一定时间和空间，以小组为单位创编短绳游戏，相信学生的思维火花能点亮跳绳课堂。

---

2. 直面上肢力量的"短板"

初中生进入速度、力量、耐力素质的发展敏感期。新体质标准确立六年级为中、小学过渡期，沿用五年级的测试指标。七、八、九年级除保持50米跑和坐位体前屈两项测试指标外，还设定了发展上下肢力量的引体向上(男)和立定跳远；发展腰腹部力量和柔韧素质的一分钟仰卧起坐(女)；发展耐力素质的1000米跑(男)、800米跑(女)。男、女测试项目的分开设立，人性地体现出男、女学生到了青春期后生理、心理和身体素质等各方面的发展差异。男生引体向上作为旧体质标准力量素质的一项选测指标，教师往往在教学中避重就轻，选择实心球等其他选项进行测试,长此以往,初中男生的上肢力量越来越薄弱。我们知道,各种身体素质都有自己发展的敏感期,错过了就很难达到理想水平。新体质标准遵循青少年生长发育的特点和规律,将引体向上作为七、八、九年级的必测指标和加分指标,重锤出击,引领教师和学生直面力量素质的薄弱环节,通过创新练习形式,优化动作技能,有效提高学生的上肢力量。

教学案例 2

力量素质——引体向上

教学背景及目的

"引体向上"是《国家体育锻炼标准》必测项目之一,也是上海市体育中考选项之一,是衡量男生体质的重要参考标准和力量耐力项目,其主要目的是考查男生上肢肌肉力量的发展水平,也是最基本的背部肌肉锻炼方法。

教学方法与策略

(1)七年级男生刚进入青春发育期,上肢力量普遍较薄弱,在教学中强调引体向上练习能增强身体肌肉的收缩力量,有助于在运动中表现出更快的速度、更好的弹性、更强的耐力,讲解同时配合做低杠仰卧引体、多种俯卧撑、屈臂引体、仰卧起坐等练习。

(2)针对七年级男生的心理特点,设计引体向上练习内容方案,通过自身力量克服自身重力的悬垂力量练习,较重男生使用弹力带辅助练习或请人上托帮助练习直臂悬垂、屈臂悬垂、低杠斜身引体、悬垂摆动等。

(3)将学生分为4~5人一组,每组挑选一位组长负责学练。

教学效果

表4 七年级引体向上学期初、学期末测试情况($n=124$)

	喜欢引体向上人数	拉5个以下人数	拉5个以上人数
学期初	36	109	15
学期末	92	57	67

教学启示

(1)七年级男生个体差异较大,因为自身身体较弱小,体育运动能力较差,在课堂上抓不住动作要领而产生消极否定的情绪,在学习中处于被动状态。教师不仅要有针对性地鼓励学生,还应为学生搭建小组合作平台,培养学生的主动参与意识,鼓励学生结对学练,开展"比一比、赛一赛"活动,提高学生对上肢力量练习的兴趣。

(2)要让学生热爱引体向上并且经常锻炼,不仅因为引体向上是体育中考项目之一,而且从主观上认识到引体向上练习不仅可以促进身体的发育,还能使骨骼更加强壮,肌肉更加结实,练就健美的体形,从而主动参与学练。

四、结　语

基于友谊的学习,我们在互动学习中感受到不一样的文本学习方式所给予的真实,在课堂上寻找教学方法与对策;我们也认识到新体质标准的科学性、整体性和连续性,不仅有利于体育工作者对学生进行长期、动态的跟踪对比研究,更有利于对测试数据进行分析研究,为我国中、小学生的体质健康发展提供合理、高效的指导。

基于友谊的指导,我们豁然开朗,学会了比较,学会了挖掘经验上升到理论,再比较选择理论并在实践中运用,想方设法尝试在课堂教学中寻找变化、进行实验,呈现不一样的课堂;也让我们更加关注新体质标准紧扣学生身体素质发展敏感期这一环节,引导我们在课堂教学中聚焦身体素质发展敏感期,以多样的教学手段,调动学生参加体育锻炼的积极性,有效提高中、小学生的身体素质,为健康生活夯实基础。

参考文献

[1] 教育部,国家体育总局.教育部国家体育总局关于实施《国家学生体质健康标准》的通知[Z].教体艺[2007]8号.

[2] 教育部.教育部关于印发《国家学生体质健康标准(2014年修订)》通知[Z].教体艺[2014]5号.

[3] 金玉子.吉林省大学生身体素质差异研究[J].阜阳师范学院学报,2011(28).

[4] 岳鹏.《国家学生体质健康标准》与《学生体质健康标准(试行方案)》的对比——测试内容及标准的对比研究[J].搏击:体育论坛,2009(1).

陶艺课程的幸福感如何产生

蔡天豪

摘要：陶艺课程作为中学美术教育中的一环,对于提升学生幸福感的影响是非常具有独特性的。研究发现,陶艺课程通过激发学生的兴趣、提供创作挑战和展示作品机会,增强了学生的幸福感。课程不仅促进了学生情感的满足和全面发展,还能帮助身体有障碍的学生建立自信。此外,教师的专业发展和教学实践的改进也对提升学生的幸福感起到了积极作用。

关键词：陶艺教育;学生幸福感;教育价值

一、陶艺课程带给学生的幸福感

陶艺课程带给学生的幸福感源于其独特的创造性体验和情感表达。学生通过亲手制作陶艺作品,不仅能够体验到从无到有的创造过程,还能在完成作品时感受到强烈的成就感和自豪感。陶艺活动的过程参与度高,学生可以直观地看到自己的劳动成果,这种即时反馈极大地增强了他们的满足感。此外,陶艺作为一种艺术形式,为学生提供了表达个人情感和思想的机会,这种表达和被理解的过程能够提升学生的内在幸福感。在面对挑战和失败时,学生通过坚持和努力最终克服困难,不仅锻炼了他们的耐心和毅力,也让他们体验到成长的喜悦。同时,陶艺课程中的团队合作增强了学生的社区归属感和社交互动,促进了彼此之间的情感联系。对于那些在传统学术领域中可能不占优势的学生,陶艺课程给他们提供了一个展示才华和建立自我认同的平台,帮助他们找到了自信。

案例一：陶艺课程的幸福感在哪里? 在孩子们那闪闪发光的眼睛里。

作为一名中学美术教育者,我选择在学期初的 1~2 周内,将陶艺课程作为兴趣班的一部分融入常规美术教学中。此举旨在识别并培养对陶艺有浓厚兴趣的学生,并使他们在兴趣班正式开始前便能领略陶艺的独特魅力。

课堂上,我注意到学生们的反应非常热烈。每当我展示陶艺作品或示范捏制技巧时,学生们的眼睛都会闪烁着好奇和兴奋的光芒。目睹他们眼中的光芒,我感到无比幸福。不仅因为我向他们传授了知识,更因为我帮助他们发现了自己的兴趣所在。

幸福感不仅体现在学生身上,也体现在教师身上。教学过程中的相互成长,使得师生共同体验到艺术带来的快乐和满足。这种幸福感,无疑是教学生涯中的宝贵财富。

案例二:陶艺课程的幸福感在哪里? 在那出窑瞬间的惊呼声中。

在陶艺课中,学生们在完成一件作品之前,必须经历数日的精心制作。从塑形到上釉,每一步都需要投入大量的精力和耐心。学生们在这一过程中可能会遇到多次失败,如泥坯破裂或釉色不均,但这些挑战反而增强了他们对最终作品的期待。

当作品终于要出窑的那一刻,整个教室都充满了紧张而又兴奋的情绪。学生们围在窑炉旁,屏息凝视,等待着揭开作品的神秘面纱。当一件件作品被小心翼翼地取出,那些经过高温烧制后的陶艺品,以其独特的色泽和质感呈现在大家面前时,学生脸上不禁露出了惊喜的笑容。

学生们对自己作品的美丽感到惊叹,那些曾经在他们手中笨拙的泥团,如今已变成精美的艺术品。这种成就感和自豪感,难以用语言形容。他们的笑容,不仅是对过去努力的最好回报,也是对未来创作的无限憧憬。

在这一刻,幸福感不仅洋溢在学生们的脸上,也深深触动了作为教师的我。目睹他们因自己的努力而感到幸福,我的内心同样充满了满足和喜悦。这不仅是对他们技艺的肯定,更是对坚持和努力的最好证明。陶艺课程的幸福感,正是在这出窑的瞬间,在那一声声惊呼和一个个笑容中,得到了最真切的体现。

案例三:陶艺课程的幸福感在哪里? 在那感动的泪水中。

马子墨和杨树鑫,两位随班就读的学生,由于各自的身体原因,在传统考试中往往难以获得理想的成绩,这导致他们开始怀疑自己的能力,自尊心强的他们对未来感到迷茫。然而,在陶艺课上,他们发现了自己的闪光点。

在陶艺的世界里,他们无须面对试卷和分数,而是通过手中的泥土,塑造出一个个充满创意的作品。他们的才华在陶艺课上得到了充分展现,每一次塑形、每一次上釉,都让他们更加自信。

当向同学们展示自己的陶艺作品时,他们的成就感和自豪感油然而生。杨树鑫在同学们的掌声和老师的赞扬中,不自觉地流下了感动的泪水。这是幸福的泪水,是自我认同和被认可的泪水。马子墨也从一脸愁容变成了满脸笑容,他的喜悦也感染了周围的人。

作为他们的老师,看到他们在陶艺中找到自信和幸福,我心中也充满了温暖和骄傲。这正是教育的意义所在——帮助每一个学生发现自己的潜力,让他们在成长的道路上,充满信心和希望。

二、陶艺课程带给教师的幸福感

(一)教学相长的幸福过程

陶艺课程为教师带来幸福感的独特性,在很大程度上体现在教学相长的过程中。这一过程不仅关乎知识的传递,更涉及情感的交流、创造力的激发和个人成长的实现。

陶艺作为一种艺术形式,其教学过程本身就是一种创造性活动。在教授陶艺时,教师不仅仅是在传授技能,更是在引导学生发现美、创造美。这种引导过程要求教师不断更新自己的知识库,探索新的教学方法,以适应不同学生的需求。在这个过程中,教师能够感受到自己的专业技能和教学方法得到提升,这种自我成长和实现的感觉是幸福感的重要来源。

教师在陶艺教学中能够直接观察到学生的进步和成长。从最初的泥土塑形到最终的烧制成品,学生的每一点进步都离不开教师的指导和鼓励。当学生克服困难,完成一件件精美的陶艺作品时,教师能够直观地感受到自己的教学成果,这种成果的可视化给教师带来了极大的满足感和幸福感。

陶艺课程的互动性为教师和学生之间的情感交流提供了平台。在共同创作的过程中,教师和学生之间的关系更加紧密,教师能够更深入地了解学生的个性和需求。这种深入的了解和交流,使得教师在教学中能够更好地满足学生的需求,同时也能够从学生那里获得反馈和启发。这种双向的互动和交流是幸福感的另一个重要来源。

这种教学相长的过程,让教师在传授技艺的同时,也从学生的创造力和热情中获得灵感,促进了教师的专业成长和自我实现。教师通过观察学生的进步和成功,体验到教育的价值和意义,这种价值感能加深教师的职业幸福感。教师还能通过学生的反馈和作品展示,感受到自己的工作被认可和尊重,这种认可进一步增强了教师的幸福感。

(二)文化传承的满足感

在教授陶艺课程的过程中,教师扮演着技艺传授者和文化传播者的重要角色。这种双重身份赋予了教师特殊的使命感和满足感,尤其是在推动文化传承方面。

陶艺,作为一门源远流长的传统手工艺,承载着深厚的历史和文化价值。教师在教授这门课程时,有机会向学生展示陶艺的起源、演变,以及它与本土文化的紧密联系。这样的教学不仅丰富了课程内容,也激发了学生对传统文化的浓厚兴趣。当学生们开始主动挖掘陶艺背后的文化故事,提出独到见解,或在创作中融入个人的文化理解时,教师便能直观地感受到自己在传承文化方面所发挥的积极作用。

学校对教师专业成长的支持,如提供前往景德镇进修的机会,不仅提升了教师的技艺水平,也增强了他们在文化传承方面的能力与自信。景德镇,作为中国陶瓷艺术的摇篮,拥有丰富的陶瓷文化和众多陶艺大师。在这样一个文化氛围浓厚的环境中学习,得以接触前沿的陶艺技术,同时深入体验传统的制陶工艺,与陶艺大师的交流和学习极大地丰富了教师的专业知识和拓宽了他们的文化视野。

教师将这些新获得的见识和技能带回课堂,以更加生动和权威的方式向学生讲述陶艺的故事,展现了陶艺的独特魅力。他们将在景德镇学到的传统技艺与现代教学方法相结合,设计出富有吸引力的课程内容,使学生在实践中更深刻地理解和体验了传统文化。

教师在景德镇的进修经历也转化为课堂上的生动案例。通过分享自己的学习体验和感悟,教师激发了学生对陶艺和文化传承的热情。这种基于亲身经历的分享不仅加深了学生对文化传承重要性的认识,也让学生感受到教师对传统文化的尊重和热爱,从而在学生心中树立了积极的榜样。

三、结　语

陶艺课程的幸福,是共同创造的。它不仅仅是一种感觉,更是一种力量,推动着我们不断前进,追求更高的艺术境界和更丰富的人生体验。在这里,泥土不再只是自然界的元素,而是变成了梦想的载体;火焰不再是单纯的热能,而是希望的点燃者。

　　让我们珍惜这份幸福,珍惜这份传承。在未来的日子里,让我们继续携手,用泥土塑造梦想,用火焰点燃希望,让陶艺的幸福课堂成为每个人心中永恒的记忆。这份记忆,不仅仅是对过去的怀念,更是对未来的期待,将激励我们,不断前行,在艺术的道路上永不止步。

参考文献

[1]刘海伦.新时代劳动教育的陶艺课程育人价值与实践研究[J].景德镇陶瓷期刊,2024(04).

[2]张倬、王晓静.民族文化视域下非遗陶艺在文创产品设计中的应用探究[J].太原城市职业技术学院学报,2023(12).

板块二
学生幸福成长的多维度视角

关注学生成长,记录学生在幸福教育生态中的成长历程和所获得的启示,体现幸福教育对学生全面发展的积极影响。

藏在奖励背后的教学幸福

张祝欣

摘要：在初中语文教学里，为解决传统奖励对学生激励不足的问题，受自制刮刮乐启发创设新奖励体系。此体系涵盖免作业卡、精神奖励及根据学生特点定制的惊喜卡三类，充满趣味与随机性。实施后成效显著，其中"喜从天降"卡促使学生相互分享奖励，增进生生情谊；"心灵奇旅"卡助力师生深度交流，消除隔阂；免作业卡虽有小状况，但最终使学生理解其设计初衷。该奖励体系有力证明教学是知识与情感的融合，有效提升学生学习动力，密切师生关系，为初中语文教学激励机制提供了富有成效的实践范例与创新思路。

关键词：课堂激励；奖励机制

在日常教学中，奖励是一种有效的激励机制，能够激发学生的学习兴趣，提高他们的学习动力，在低年龄学段的运用尤为普遍。面对初中学段的学生，经过多次的实践发现：普通的物质奖励如文具、小礼品等，对他们而言没有太大吸引力，而鼓励表扬等精神奖励也只有一时之效。因此，如何合理运用奖励这一种教学激励机制，是近阶段我在日常语文教学中实践探索的重点。

教育学家第斯多惠曾在《德国教师培养指南》中写道："教学的艺术不在于传授本领，而在于激励、唤醒和鼓舞。"这与我们新课标所提倡的"从学生语文生活实际出发，创设丰富多样的学习情境，激发学生的好奇心、想象力、求知欲，促进学生自主、合作、探究学习"这一育人价值导向不谋而合。很多时候，教学的价值不在于学生最后展现的优异成果，而在于唤醒。尤其在语文这一基础学科中，如果能通过言传身教加上教学创新手段的辅助，激发出学生对于语文的兴趣，提升学生学习的动力，带领他们在自己喜爱的领域里不断遨游探索，就是身为教师莫大的幸福。因此，结合以往的教学经验，我在这几年间创设了一个激励性与趣味性相结合的奖励体系。

在过往的教学中，我曾经尝试过五角星、小红花等积分制奖励，但效果并不理想。一次偶然的机会，我在网络购物平台上看到了自制刮刮乐的材料，那是一张张如同市面上常见的彩票刮刮乐一般的小卡片，卡片的图案可以自由选择，甚至店家还支持自由绘制创作。卡片正中央是一片空白区域，可以自由填写任何你想设置的奖励。这应该非常有趣！我毫不犹豫地下单，到货后第一时间拿进班级尝试，那一张张新奇又兴奋的笑脸至今令我难以忘怀。

我将奖励分为三大类，让整个奖励过程充满随机与趣味。第一类是学生喜闻乐见的免作业卡，分为特定卡和通用卡。特定卡只能免除某一特定的作业，如免随笔、免练字、免抄写等，而通用卡则是可以免除任意一项作业。

第二类则是代表运气不佳的"你真棒""谢谢参与""下次一定行"等精神奖励，并无任何物质奖励。"足够幸运的话可以抽到福利，不幸运的话能参与也很满足。""我相信，肯定有很多同学想参与活动而认真地写作业。"同学们这样说着，也积极地做着。

第三类是因人而异不断修正的惊喜卡，根据当天获得大转盘资格学生的特点私人定制。每个班级里总有些字迹潦草甚至是写得龙飞凤舞的学生，经过多次卖力又痛苦地端正写作业终于如愿获得了大转盘的机会，便主动跑来申请将抄写减半卡放入卡池，满足他们小小的心愿。而碰上最近表现不佳、学习状态不稳定的学生，我会选择增加心灵奇旅卡的概率，争取获得一次与他面对面沟通的机会。对于不同类型的学生，只有深入了解他们的学习状态及思想动态，倾听他们内心的想法，有针对性地采取激励措施，才能有效发挥奖励的作用。

而在实施奖励的过程中，也涌现出了许多收获教学幸福感的时刻，在此撷取一二。

(一)"喜从天降"的暖心

"喜从天降"间接地成为学生为获得优秀作业而高质量完成作业的动力。随着这一奖励形式在课堂教学中的逐步推广，学生也愿意在随笔中分享自己与奖励有关的美好温情瞬间。出现频率最高的莫过于人气爆棚的"喜从天降"卡。

"嗯？又是心灵奇旅，这是第三个了吧。话说我也有两次'下次一定'了，怎么就抽不到免作业，唉——"我望着电脑屏幕上老师共享的内容，垂下眼帘，微微叹了一口气,对自己的运气感到了极大的不自信。一开始,我连续抽到了能免特定作业的卡,可后面的遭遇已经说过了,好运一去不复返。有一次,我想免一篇作文,因为真的没有好的题材可写,可我并没有免作文卡,正当我准备勉强为之时,一个钉钉的消息吸引了我的目光,大致内容是:"我抽到了'喜从天降',另一个送你。"那一刻我很激动,不只是因为这篇作文可以免了,更是因为手机对面那位同学的帮助,我可以充分地感受到他内心的善意。我想,不只是我感受到了,其他接受赠予的同学也肯定感受到了。

"喜从天降"卡,是我在线上教学阶段推出的一个特别惊喜。学生在抽到这个卡之后,首先可以给自己指定任意一个奖励,同时也可以把这个奖励复制给另外一位同学。而学生们最喜欢的做法,就是当自己抽到"喜从天降"之后,换取免作业卡并把它分享给一个好朋友,那么他和他的好朋友就都能拿到一张免作业卡。一份惊喜,双倍喜悦。

另一位学生也不约而同在随笔中提到了"喜从天降"给她带来的温暖。

比方说当你有不想写、不会写、忘了写的情况,或许你的知心好友会给你送来一个福利。这就是考验友情的时刻。可能在帮助对方后,你也会努力争取活动中的福利以备不时之需。不管是线上大转盘还是线下刮刮乐,有一个目标总归是好的,正所谓好处多多,不是吗?

原来,除了师生之间的鼓励和促进之外,学生与学生之间也能够通过"喜从天降"的奖励增进交流沟通,展现学生间温暖的关怀和友好的情谊,帮助他们共同成长,共同进步。他们在接受了其他同学的友好馈赠之后,也会努力争取自己的奖励回馈同学的善意。这也是我未曾料到的意外之喜——奖励所带来的生生之间充满温情的相互激励。

(二)敞开心扉的信任

在设置的奖励中,有一个我很喜欢却让很多学生觉得是负担的奖励,叫作"心灵奇旅"。在线下时,拿到这张卡的学生可以到休息室跟老师进行一次深入的面对面交流。我想以这种方式拉近师生之间的距离,了解学生的学习状态与生活习惯,为其答疑解惑,消弭师生壁垒。在线上教学阶段,我选取了视频会议的模式与学生面对面地沟通。在跟老师进行单独交流之后,学生往往会从主观上认为跟老师分享自己的小秘密之后,就与老师的关系更亲近了,当下一次出现学习上的问题或者生活上的疑问时,他会更愿意主动来跟老师敞开心扉进行交流。

在教作单元作文"我的烦恼"时,曾收到一位学生的私信:"老师,我不想让父母看到难过,所以直接把作文私发,不提交窗口了。"生性要强的小冯在疫情初期封楼期间面对反复的核酸检测、精简的吃食,不由得生出对未知的惧怕与担忧,同时担心自己懵懂的青春期小心思被父母发现而被责骂,多重担忧之下他假借作文向我倾诉。在线下,小冯就经常"手气不佳",与我开展了不下五次的"心灵奇旅",对于他的学习和生活状况我也比较了解,在收到这封信的当晚,我马上给他写了封回信,在信中传达了我对他入校以来一路成长的回顾、相识相伴的感受,用一个引路人的角度帮助他消除心中的恐惧,明确下一阶段的目标。

也许这封信让他感受到了我的关怀与热情,第二天他主动提出要来核销"心灵奇旅"卡。虽然隔着屏幕也能"面对面"进行心灵的沟通,在居家学习期间唤醒学生对于学习生活的热情。

(三) 以爱之名的理解

上周末,批阅学生随笔之时,一篇独特的文字吸引了我的注意:

"我想大抵是南方天回潮,空气变得异常湿润,墙壁上挂着水珠,我想我也是和这墙一样的,不干了。"这句话是老师在我上次作业里的评语。自从那天以来,这句话就如同千斤重的石头,沉入了我的心底。现在想想,也许问题出在免作业卡上。老师设计这种奖励卡的初衷是什么呢?想得到这种奖励卡必须完成很多不容易的事,那些不容易的事就要依靠作业质量的提高。所以,老师只是想让我们好好对待作业,使自己有所提升,而不是让我们把这卡当作偷懒的工具吧。看到老师批阅作业的时间已是将近凌晨,我心里就有种莫名的自责,也希望自己带着老师给予的温暖的提示,在今后更加努力,拥有更加坚定的志向和力量。

免作业卡的创设其实是为了奖励优秀学生,增加语文学习的趣味,故而每周的随笔总有很多学生借着各种各样的由头免掉,这个说没有好的想法与选材,那个说其他作业耗时太多来不及完成,这些我都能理解,能用免作业卡来免掉随笔也不失为一种学习乐趣。但那一次,小张却表现得有些过火,她的随笔作业窗口背景是一张游戏战绩截图,"免作业卡"四个大字清晰可见。因而,我借用了周树人的那句"不干了"作为作业的评论,希望小张同学能够自行参悟。没想到,在下一次的随笔中小张确实给我带来了意外之喜,从她的随笔文字中我感受到了教育的温度。

课堂教学,不仅是知识的传授,在更大程度上是师生之间情感交流的过程。我的这份热忱,被学生关注、理解,进而在文字中体现,在行为中表现,称得上是一份莫大的慰藉,暖意瞬间涌上心头。正所谓"亲其师,信其道",每一个学生对教师的情感流露是非常敏感的,只有当教师发自内心地亲近、爱护学生,在学生面前展现自己饱含热情的言行举止,用自身的学识和感情影响学生,才能获得他们的认同,带领他们展开想象的翅膀,打开名为人生的大门,去探索知识的奥秘。

因而,奖励是师生和睦关系的外在体现形式。教师通过奖励的外在形式表达自己对学生的善意,学生也能从奖励中感受到教师的关怀,以奖励为纽带拉近师生的距离,消除师生间的壁垒,使学生对待教师从了解变成理解,对待学习从积极变成活跃,对待语文从喜爱变成热爱,而教师也能从中收获教学成就与幸福感。

参考文献

[1] 第斯多惠.德国教师培养指南[M].袁一安,译.北京:人民教育出版社,2001.

[2] 中华人民共和国教育部.义务教育语文课程标准(2022年版)[S].北京:北京师范大学出版社,2022.

[3] Ryan, R. M., & Deci, E. L. (2000). Intrinsic and extrinsic motivations: Classic definitions and new directions. Contemporary Educational Psychology, 25(1), 54-67.

[4] 刘良华.(2017).教育激励理论的实践路径——基于中学课堂的案例分析[J].教育研究与实验,2017,(3),78-83.

家风如歌,家校共韵:织就幸福篇章

丁日悦

摘要:家风深刻地影响着孩子的一生,教育家陶行知指出,"家庭与学校是教育的双翼",共同肩负着培养下一代的使命,相辅相成,不可或缺,共同绘制孩子幸福成长的蓝图。基于自身的班主任经验,笔者通过3名学生的成长案例及其家庭背景的介绍,分析了家校共育家风建设的重要性,并提出家校共育家风建设的策略。

关键词:家风;家校共育;家风建设

引　言

在我国当前的教育环境中,教育的功利性趋势显著,教师和家长常陷入急功近利的误区,过分追求成才而忽视成人教育。学校教育偏重文化知识和技能传授,而在培养学生良好思想品德、高尚人格及幸福感方面投入不足。家校合作在提升家长教育能力、挖掘家校共育资源以促进学生全面发展上,存在明显的短板。

在家庭教育方面,家长过度关注成绩,忽视学生道德品质的塑造、身心健康的发展及幸福感的培养。在价值观形成、思想品德提升、为人处世能力培养等关键方面,家长关注不够,甚至溺爱孩子,未能营造有利于孩子幸福感建立的家庭氛围。

我担任上海市傅雷中学2019级4班的班主任,从学生入校的第一天起,便细心观察每一位学生,希望从学生的一言一行、一举一动中全面了解他们。同时,我也十分重视与家长沟通与交流的过程与方式。在观察与交流中,我发现不同家庭背景的学生在性格、品德、价值观及幸福感体验上存在显著差异,家长的培养侧重点和期望也各不相同。

一、典 型 案 例

(一) 马同学

马同学成绩斐然,无论是课堂表现还是课后作业都极为出色,开学之初便赢得了各任课教师的一致好评。在预备年级首次班委竞选中,他自信地自荐为副班长,并顺利当选。课后,我好奇地询问他:"为何不直接竞选班长,是否担心落选而尴尬?"马同学坦诚地回答:"老师,我觉得班长职责太多,太烦琐了。副班长相对轻松,也算半个班长,不会耽误我学习。"当时,我以为他只是更看重学业,并未深思。然而,随着时间的推移,我发现马同学下课后常埋头于写作业,鲜少与同学嬉戏交谈。在学校运动会时,擅长短跑的他竟也拒绝报名,只因想尽早完成作业。

马同学的妈妈与我沟通频繁,但话题总是离不开学习与成绩。每次测验后,她总是第一个询问成绩,孩子的成绩稍有波动,她便心急如焚。在与马妈妈的交流中,她表示孩子在家十分乖巧,学习与生活被安排得有条不紊,家庭对初中阶段的学习目标有着明确的规划。对于孩子的人际交往能力与集体荣誉感,家长认为随着年龄增长,自然会习得,无须过分担忧。

同样,在我的班级中,还有一名成绩优异的女生,也是这般只注重成绩,不愿参与学校或班级活动,难以获得同学的喜爱。她们的家庭都过于关注孩子的成绩,忽视了培养孩子为人处世的能力,这无疑影响了孩子的幸福感与全面发展。作为班主任,我常鼓励马同学参加学校活动,增进同学情谊,关心班集体,同时也与她的妈妈深入交流,期望能帮助孩子成长为德智体美劳全面发展、内心充满幸福感的中学生。

(二) 唐同学

唐同学是个机灵的男孩,思维敏捷,本应在学习上大放异彩,却因课堂上的自由散漫和对待作业的马虎态度,导致成绩平平。他的父母对他寄予厚望,却因工作繁忙,经常不在家,难以时刻关注他的学习。唐同学对自己的学业并不上心,懒惰成性,能逃避就逃避。在预备年级和初一年级时,他甚至多次以生病为借口逃避上学,负责接送的爷爷因担心他的健康而被蒙在鼓里。

在与唐妈妈的交流中,我了解到,在家中,父母对孩子的学习态度是只要他能认真学习,就愿意满足他的很多要求。然而,随着时间的推移,唐妈妈发现孩子对待学习的态度越来越不端正,常常用花言巧语蒙混过关,尽管多次与孩子交谈,却未能取得预期效果,这让她深感焦虑。唐妈妈向我诉苦时,透露出自己的无力感。一方面,她工作繁忙,老人只能照顾孩子的生活起居而无法进行教育;另一方面,她难以理解青春期孩子的心理,不知该如何正确引导孩子认真对待学习。值得欣慰的是,唐妈妈非常愿意与各科教师交流,希望老师能积极指出孩子的问题。在与我的交流中,她表示学到了很多教育孩子的方法,并期待能继续学习,与孩子共同成长,为孩子营造更加幸福的成长环境。

我认为,唐同学的家长已经意识到家庭教育的重要性,但苦于缺乏正确的方式方法,导致孩子未能养成良好的学习习惯。家长的价值观念和言行举止会在点滴之间影响孩子,因此提高家长的育人水平和文化素养不仅对学生以及家庭来说有着重要意义,而且对于整个社会同样有着重要意义。

(三) 余同学

余同学刚踏入初中时,成绩处于中上水平,但她性格活泼,待人真诚有礼,热情大方,因此在班级中结交了许多好朋友。鉴于她精力充沛,我让她担任值日班长一职。起初,这个大大咧咧的女孩有些担忧,怕自己无法有效管理班级,甚至在办公室急得直跺脚。我鼓励她相信自己,并提醒她平时积累了好人缘,同学们一定会支持她的工作。果然,每当两分钟预备铃响起,她一脸严肃地走到教室前方,同学们立刻端正坐姿,就连平时调皮捣蛋的"小猴子"(同学昵称)也积极配合。在接下来的三年里,余同学的成绩稳步提升,最终跻身班级前列。初二时,她更是凭借自己的实力当选为副班长和数学课代表。

余同学的家长并不常与我联系,偶尔的联系也多是节日的问候。在两次家访中,我深刻感受到了她父母谈吐中的见识与智慧。余妈妈认为,孩子健康幸福成长至关重要,童年不应被习题和辅导班填满,应更加关注孩子的性格培养。在学习上,余爸爸和余妈妈会在孩子写作业时,各自捧一本书静静阅读,适时给予辅导。在生活中,他们非常注重培养孩子的自理能力,不事事包办,让孩子在自主中感受成长的幸福。

余同学的家庭氛围十分融洽,家中很少因为孩子的学习问题而"鸡飞狗跳"。这与家长多年来重视家风建设密不可分。和谐轻松的家庭环境为孩子的成长营造了良好的氛围和条件,使孩子在幸福中茁壮成长。久而久之,孩子的努力得到了正反馈,他对家庭、学校、社区活动更加积极,这种积极性又进一步增强了孩子的自尊和自信,形成了良性循环。因此,家风建设并非一蹴而就,而是需要家长的耐心培养与教导，共同为孩子营造一个幸福成长的港湾。

从孩子降生的那一刻起，父母便自然而然地成了孩子的启蒙老师，家庭则是孩子接触的第一个小社会，引导孩子健康成长，是每个家庭不可推卸的责任；而学校教育作为家庭教育的延伸与深化，是培育孩子成为有用之才的关键场所。家风建设与校风建设在目标上高度契合，共同致力于塑造孩子美好的心灵，让他们积极向上、勤恳正直、爱国爱家，从而为他们的幸福生活奠定坚实的基础。

孩子的初步社会化过程大多在家庭环境中完成，与家人之间的互动、家人的日常言行以及潜移默化的影响，构成了孩子社会化的核心环节。家庭环境在孩子的成长历程中扮演着至关重要的角色，如同一股强大的精神力量，以"润物细无声"的方式深深影响着孩子的一言一行，促进其良好行为品质的逐渐养成。为了传承与弘扬优秀的家风，为孩子的健康成长添砖加瓦，作为教育工作者，我们必须强化家庭教育指导的理念，积极引导家长重视家风建设，实现家校共育的有效融合，共同为孩子的幸福未来铺路架桥。

二、家校共育家风建设的有效措施

在家校共育家风建设的过程中，学校可以建立家长学校宣传和推广家教家风，让家长认识到家庭教育的重要性，并开展特色实践活动进一步增强父母的体验和感受，助力家风建设，在学校和家长的共同努力下，为学生打造良好的成长环境。

(一) 建设家长学校，科普家教家风

家风建设至关重要，但是每一个家长的受教育程度、思想观念等有着很大的差异，其中有一部分家长并没有意识到家风建设对于孩子成长的重要性，这就需要学校通过有效的手段改变家长的观念。

"教师是桨，家长是帆。"家校互动一直是我校倡导的联动模式。在每学期召开的家长会暖场部分，我会播放《如何做好小升初衔接》《如何帮助孩子做好学业规划》等三宽家长学校视频课程，帮助家长从认知角度更好地了解孩子的成长历程，引领孩子充分发展自我潜能。此外，我还向学生家长发放学校编制的《傅雷中学家庭教育指导手册》，供他们阅读参考；定期在家长群中推送"智慧家长每周'益'语"，不定期转发有关家庭教育指导方面的好文，通过多种渠道向学生家长广泛宣传和普及家教家风，从各方各面积极加强家庭教育指导，向家长传授一些

充满智慧的家教经验,转变家长的思想,让家长深刻认识到家风建设的重要作用。

前文案例二中的唐妈妈在每次观看视频课程时都十分认真,她用饱含殷切希望的目光,一笔一画的笔记,勾勒出孩子的未来。不难看出,唐妈妈也渴望学习与孩子沟通的知识和技巧,了解初中孩子的内心世界,掌握陪伴孩子度过青春期的正确方法。

在学校与家庭、教师与家长的双向互动中,我赢得了家长的支持与理解,更好地挖掘了每个家庭蕴藏的教育资源,使家长的角色认识、家庭教育理念、教育策略等方面都有了很大的变化,提高了家校共育的有效性,共同促进了学生的全面发展。

良好的家风对于子女来说无疑是终身的财富,能够给子女提供良好的生态环境,给予他们精神的滋养。学校可以根据校园文化积极举办家长学校,依托三宽家长学校,充分挖掘学校的教育资源,把家校社共育的做法转化成家长教育子女全面发展和健康成长的推进器,通过开展家庭教育课程,提高家庭教育的水平,使家长的家庭教育理念走向正轨,实现家校共育效果的最优化。

(二)开展特色活动,助力家风建设

除了向家长宣传和科普家教家风之外,学校还可以开设特色的实践活动践行家风建设。以我校为例,我校名为傅雷中学,《傅雷家书》作为家书中的典范,也渗透于傅雷学子的成长教育中。通过这永不褪色的家书,傅雷学子与家长们共同品味其背后鲜为人知的故事,感受其所承载的家文化,汲取中华民族强大而温情的精神力量。

《傅雷家书》自出版以后,屡屡再版,充分说明其中的教子之道深得人心。傅雷为孩子制定的家规、家训随着时间的推移依旧具有可以借鉴的价值。长久以来,读《傅雷家书》是傅雷中学师生及家长的常规学习活动。学校利用假期组织预备年级家长广泛开展读家书、写读后感活动,家长们踊跃参与,深情撰写。令我印象深刻的是,班级中不少学生家长通过初读与再读,从字里行间感受傅雷夫妇对于孩子精神、人格成长上的循循善诱与悉心关怀,也在书中找到了自己的影子。初一年级的家长们继续《傅雷家书》后,迎来了新"任务":围绕"孩子名字的由来"行文,以传统的方式传递亲情、沟通心声。名字于每个人而言都有着不同的含义,在笔者的班级中,不少学生直至阅读书信的那一刻才真正知晓父母给自己取名字时的用意。在初一年级"遇见更好的自己"活动中,案例三中的余同学与余妈妈站在舞台上向全年级的同学讲述自己名字的故事。看着余同学在台上落落大方的表现、妈妈骄傲的目光与语气，想来她已经成长为父母理想中的女孩。父母们一笔一画写下的不只是名字的故事，更是孩子成长的故事，从真挚感人的话语中，学生们也更坚定了未来的目标与方向。在初二年级的主题班会展示活动中，我针对班级中男女学生交往过密的现象设计了一堂名为"花开应有时"的班会课。上课前，我邀请两位家长作为代表，以书信的形式给全班男生和女生一些爱情忠告。两封书信以优美的文笔和独到的见解赢得了热烈的掌声，也为培养学生正确的爱情观打下了基础。在初二年级"十四岁集体生日"的活动中，家长们收到了来自学生的一封家书。平时羞于言表的话语通过孩子们的语言跃然纸上，纸短情长，传递出子女对父母的感恩之情。

值得一提的是，2020年11月20日午夜，"接相关部门通知，浦东发现一例疑似新冠病例。按照国家有关规定，须进行集中隔离观察。请准备好生活用品、网课学习资料，隔离对象为学生，相关部门将马上上门接……"，来自学校的急促电话铃声打破了我班学生的平静生活。带着些许慌乱、些许害怕和些许迷茫，在半梦半醒之间，41名学生分别由家长陪护，住进了隔离酒店。为了安抚隔离酒店中彷徨与无助的学生与家长，我校教师立刻提笔写下《致隔离区学生和家长的一封信》，鼓励学生们在风波之后依然勇敢前行。隔离期间，学生们遇到了种种不如意，如与家长24小时待在一起缺少个人空间，思念隔离酒店外的亲人，因网络问题影响在线学习等，却也收获了满满的感动，如学校和书店给予的书本及文具馈赠、家中亲人的贴心物资投送、工作人员的暖心服务等。学生和家长也纷纷以家书的形式写下属于自己的"隔离日记"，家书承载着超越时空的精神力量，其非凡作用再一次得到了有力的印证。文化浸润、平等对话、亲情交融的家书文化，营造了家校共育的氛围，提升了学校的发展内涵。

（三）强化习惯引领，践行优良家风

家风建设需要践行在实际行动和生活中，只停留在父母的脑海中无法取得良好的效果。学校可以开展各类活动，将家风建设践行在形式多样的亲子活动中，以此带领家庭践行好家风建设，让父母及学生都能够养成良好的习惯。

1. **开展义卖活动，帮助学生塑造良好的品质**

学校利用特殊的节日举行公益义卖活动，鼓励学生和家长积极参与，将义卖筹得的善款捐给需要帮助的人。雷锋精神是中华民族传统美德的积淀，激励着一代代中华儿女学会助人为乐。为进一步弘扬中华民族的传统美德，传播良好的家风家训,我校在每年三月的学雷锋宣传月会组织学生进行义卖。每逢"学雷锋义卖日",我班的学生都情绪高昂,纷纷从家中带来义卖的小物件,热情叫卖,只为献出自己的一例爱心。案例一中的马同学最初对义卖活动并不感兴趣,为了培养他的集体意识和乐于助人的品德,我给他布置了协助班长筹划并组织义卖的任务。他积极动员班级中的同学参加活动,自己也从家中拿来了不少小物品进行义卖。在义卖时,他卖力吆喝,积极筹集爱心资金。班级内涌动的爱意如三月的细雨与和煦的阳光一般温暖人心,捧着爱心箱的他嘴角露出了纯真的笑容。

2. 开展劳动教育,弘扬中华民族的传统美德

艰苦奋斗是中华民族的传统美德,只有努力奋斗才能梦想成真。在寒暑假期间,我校积极开展"劳动创造美好"主题活动,教育学生用汗水浇灌心中的梦想,靠自己的双手创造美好生活。笔者班级中的学生纷纷响应号召,主动参与到家务劳动中,有的向父母学习做菜,有的自己整理房间,更有学生帮助爸爸洗车。学生们以图片、视频、文字等形式记录了自己学到的小技能和心得体会。其中一位性格腼腆的男同学,以短视频的方式记录了自己一天的劳动过程,后期又加上字幕与配音,作品的优秀程度远远超出了我的预期。该学生从早上和妈妈一起去菜场买菜开始记录。视频中他与卖鸡的阿婆砍价,最终以优惠5元的价格买下了一只母鸡。回家后在妈妈的指导下进行清洗、切块、焯水等,他眉头微皱,神情严肃,好像在做科研实验。直到他小心翼翼地盛起两碗鸡汤递给父母时,脸上才露出了灿烂的笑容。学生通过参加劳动,不仅加强了劳动观念,也培养了生活自理的能力,明白了父母劳动的艰辛,懂得了对父母要心存感恩;也能逐步养成爱劳动的好习惯,通过日常生活中的劳动正确认识到人生的重要意义。

3. 开展社会实践活动,鼓励学生走出课堂

为了丰富学生的学习生活,开阔学生的视野,提升其综合素质,学校要让教育走出课堂,引领学生开展各类社会实践活动和职业体验活动。在校期间,教师可以带领学生走近"智慧农场""果树园"、革命烈士纪念馆等地。学生来到田间地头观察自然生态,了解蔬菜等作物的种植知识,体验农耕劳作,可以锻炼动手实践的能力,在实践中获取真知。在假期,学生们在家长的带领下通过各种渠道参加职业体验活动,了解每一个职业背后不为人知的汗水和辛苦。在职业体验和社会考察等社会实践活动中,学生以主动积极的主人翁精神,体现了旺盛的青春活力,明白了肩负的使命担当。在活动后的总结中,不少学生更是立志要好好

学习,积累经验,努力充实自己。

三、反思与总结

习近平总书记在多次重要会议中强调要重视家庭建设,注重家庭、家教和家风,这进一步凸显了家庭教育在塑造幸福人生中的核心地位。家是最小国,国是千万家,家庭作为社会的基本单元,其家教和家风不仅深刻影响着学生个人的品德塑造,也广泛涉及社区乃至整个社会的精神文明建设。良好的家风如同一股清泉,对学生价值观念与道德品质的培养起着积极的滋养作用,家庭教育的重要性不言而喻,是构筑幸福生活的基石。

因此,学校在履行教书育人的神圣使命时,必须加强对家庭教育的指导,让科学的家庭教育理念和知识深入人心,走进千家万户。只有当家庭教育与学校教育携手并进,共同探索有效的家校共育路径,致力于构建良好的家风时,我们才能合力为孩子们绘制出一幅幅幸福美好的成长蓝图。

育人之本,在于立德铸魂,培养具有幸福感的人。学校应借助家校共育的多元化活动,在深化德育工作的同时,丰富学生的校园生活,滋养他们的精神世界,使孩子们的生活态度更加乐观向上,生活方式更加健康有益,生活信念更加坚定积极,生活情趣更加高雅多彩。这样的努力不仅能促进学生的健康成长,还能全面提升他们的综合素养,逐步营造出积极向上的班风和校风。家校共育的征程既光荣又艰巨,教育者将在不断的探索中稳步前行,在总结中持续进步,继续寻找并实践家庭教育的新视角、新方法,为孩子们铺就一条通往幸福未来的康庄大道,让他们的未来充满无限可能与希望。

参考文献

[1] 谢作俊.先守正再创新:中学展开家风建设教育的理念飞跃[J].天津教育,2019(9):3.

[2] 何平.倡导新型家风 探索家校共育[J].青春期健康,2019,309(18):16.

[3] 张尔.从《傅雷家书》看家规、家训[J].少年儿童研究,2006(1):37-38.

快乐学习，幸福成长

——尝试构建积极教育环境的探索

卫悦程

摘要： 本文围绕构建积极教育环境展开探索。作者反思过去以成绩为导向的教育方式，发现其无法让学生和自己获得幸福感。基于积极心理学中幸福人生的 5 个元素（PERMA）理论，提出培养学生幸福感的方法，包括培养积极特质、促进积极情感体验等。并分享了在教学实践中采用积极反馈（小奖状激励机制）和树立正面榜样（小讲师环节）的教育故事，证明这些方法能提升学生学习积极性和幸福感，作者表示将持续探索，打造幸福课堂，培养学生综合素养。

关键词： 积极教育环境；幸福感；PERMA 理论；积极反馈；正面榜样

习近平总书记在《求是》杂志发表的重要文章《培养德智体美劳全面发展的社会主义建设者和接班人》中强调了教育的重要性，文章指出："教育的首要问题是培养什么样的人。"

作为教师，国家需要什么样的社会主义建设者和接班人，我们就要为国家培养什么样的人，这是我们教育的根本任务，是教育现代化的方向目标。为了培养德智体美劳全面发展的社会主义建设者和接班人，一线教学的主要阵地——课堂，显得尤为重要。如何打造幸福课堂，提高学生的学习体验，成为一个需要深思的话题。

一、反思过去，何谓幸福

记得之前看过一个访谈节目，采访中有记者问教育学家顾明远：什么样的老师是好老师？我记得顾老这样回答：让学生感受到幸福的老师就是好老师。于是，我问我自己：我让我的学生感到幸福了吗？

刚工作的那几年，我觉得当老师就是要把学生的成绩搞好，这样学生、家长都会感激我，所以那时我每天想到的就是如何管纪律，如何配合任课教师提升学生的成绩。最终的结果是什么呢？班级各种突发事件层出不穷，副科教师投诉不断，学习成绩看似不错，但学生学得谈不上幸福，我自己也感受不到幸福。

这几年，我才发现，我努力的方向错了，越努力效果越差，实在是南辕北辙。

既然让学生感受到幸福的老师是好老师，那么我们的班级、学校就应该是让学生收获幸福的地方，正如学校的办学理念"让每个孩子在幸福中成长"。童年与青春是人一辈子最难忘的时光，是一段过了就永远回不去的时光。对教师来说，只是自己漫长工作生涯的一个阶段，但对孩子们来说，是他们唯一的初中四年。在这段美好的回忆中，不能只有狭义的"学习"，不能唯分数论，还应该丰富学生的在校学习生活，丰富他们这段青春时光。1936 年，爱因斯坦在纽约州立大学的一次演讲中说："如果人们忘掉了他在学校里所学到的每一样东西，那么留下来的就是教育。"新课标指出，我们要培养孩子的核心素养，教育成果应该是内化于心的，它支配着我们的行为，转化为我们的行动方式。孩子们走出初中校园，应该要学会怎么学习，怎么树立正确的世界观、人生观和价值观。教育的重要性在于，当孩子们在离开学校时，他们能拥有一个和谐的人格，而不是使他成为一个"标准"的人，况且也没有标准人，没有被定义的人生。

二、即时幸福，如何培养

积极心理学之父马丁·塞利格曼教授提出，实现幸福人生应具有的五个元素(PERMA)，能帮助人们检视并提升自己的幸福感。这五个元素都是真实的、可以培养的。每个元素都能促进幸福，都对幸福有所贡献。这五个元素构成了自由人的终极追求，并且能整体提高人生的蓬勃程度。它们分别是积极情感、投入、人际关系、意义、成就。

那么，我们在课堂上该如何培养学生，提升学生的幸福感？我有以下几点思考：

1. 培养学生的积极特质——发现并拥抱学生的闪光点

每个孩子都有自己的特长和魅力，作为教师，要积极发现他们的个人优势，如好奇心、团队合作、坚韧不拔等，帮助学生将这些优势应用到学习和生活中。要让学生发挥自己的优势，在学习和生活中觉得自己真的很棒！

2. 促进学生积极的情感体验——让快乐和感激成为日常

培养学生的积极情绪，如快乐、满足和感激。每天都能找到让自己开心的事情，去寻找那些能让人笑出声的瞬间，经常对身边的人和事说一声"谢谢"，这样的日子才温暖且有意义！

3. 提升学生的投入度——让学生沉浸在学习的乐趣中

创造条件让学生在学习中达到"心流"状态，即完全沉浸于某项活动中的体验，以至于忘记了时间、疲劳甚至是自我的一种状态。提高学生的参与度和兴趣。提供个性化的学习路径，让学生根据自己的兴趣和节奏学习，增强他们的投入感。

4. 增强人际关系和归属感——打造一个温馨的大家庭

班集体建设很重要，要营造一个具有支持性和包容性的班级环境，让学生感受到自己是班级的一部分；还可以通过团队项目和活动，培养学生的合作精神和社交能力。

5. 促进目标意识——帮助学生找到学习的意义和方向

学习不只是为了考试，是为了让我们更好地理解世界，找到自己的位置。教师可以带领学生一起探索学习的意义，共同设定目标，朝着梦想前进！比如可以指导学生设定短期和长期目标，并帮助他们理解这些目标对于个人成长的意义。比如通过假期中的假日小队志愿活动，让学生感受到自己的行为对社会的影响和价值。

三、我的故事，探索幸福

反思了过去，学习了理论基础，如今该应用于我的教学工作中了。

1. 积极反馈

要给予学生积极的反馈，强调他们的进步和努力，而不仅仅是学习成绩。要激发学生的自信心和学习动力，并促进他们的个人成长。

我的教育故事一：小奖状的魅力

这一届的学生从小学三年级开始经历疫情，实行线上学习，五年级时更是上海封城时期，小学的升学考也没有参加。还记得9月开学时，上课时他们坐得七倒八歪,有走神的,有眼神飘忽不定的,甚至有的连老师的口令都听不明白。这种类型的学生占据了三分之二,第一次考试的成绩更是直接垫底。想想他们最近的三年,有一半的时间在家里线上学习,现在在教室的状态全然是他们在电脑屏幕前的模样,想到这里就太能理解这一现状了。

我要把他们带回课堂,让他们在课堂上体验并收获幸福!可是光照本宣科地上课吸引不了他们呀。该如何激发他们的兴趣,如何给予学生积极的反馈呢?

回忆自己的学生时代,每每看到优秀的同学得到奖状时会羡慕不已,自己得到的奖状都会好好珍藏,反而物质上的奖励大多已遗忘。由此,我突然萌生一个想法,孩子们对于精神上的奖励或许是有强烈渴望的,但往往能拿奖状的学生都是最拔尖的那些,那其他学生呢,他们也需要这方面的激励,让他们觉得自己的学习是有意义的,有成就感的。如何能让所有学生都投入学习,产生积极的情感,感受到学习的意义和目标呢?

于是我找到了正面可写字、反面有背胶的小奖状,设定了一系列可以获得小奖状的机制,比如上课的发言很棒、作业表现进步、测验成绩进步等,符合条件的学生可以得到一枚小奖状。事实证明,孩子们为了得到小奖状,在学习上果真积极了不少,一张小奖状的魅力超越了"一颗糖"。

目前已经是施行奖状激励机制的第四个学期,两个班级的学习氛围明显有所提升,上课效率高,成绩有明显提升且稳定。相比六年级刚开学的状态,"线下课堂"终于步入正轨。

2. 正面榜样

以同学为榜样,利用同伴的影响力促进学生学习的积极性和行为改变。通过同伴互助,合作学习,促进知识和技能的传播。鼓励学生相互教学,让每个学生都有机会成为"小讲师",展现自己的长处,同时增强人际关系和归属感。

我的教育故事二:小讲师的作用

这一届学生是我的第三届学生,随着理论知识、个人经验的增加,我逐步认识到什么样的教学效果更佳。教学是教师组织、指导、帮助和促进学生学习的活动,课堂上要将教师的"教"转变为学生的"学"。我把课堂上更多时间交给学生,让每一个学生积极地投入课堂的学习,更有学生自己做课堂的"主导人"——小讲师的环节。这时,无论是台上的小讲师还是台下的小听众都会更加投入,更加积极。课堂上的小讲师,有优等生,也有基础较为薄弱的学生,只要对某一个题目有想法、有见解,就可以上台展示;上台的学生中,有用最优解讲题的,也有用极为复杂的方法解题的,都能大胆表述。这又何尝不是锻炼学生胆量、表达能力等综合素养的一种方法呢?

现在的课堂上,可以允许有笑声,有小插曲,教室就像一个温馨的大家庭,同学之间的关系更密切了,课上课下都能互相帮助,互相照顾。孩子们在这个大家庭中,一起探索学习的意义,一起收获幸福感,共同设定目标,朝着梦想前进!

我的教育生涯进入第九个年头,思考不止,学习不止。为了打造幸福课堂,提升学生学习的幸福感,培养学生各方面的能力,成就学生的综合素养,我将继续思考,继续实践。

参考文献

[1] 习近平.培养德智体美劳全面发展的社会主义建设者和接班人[J].求是,2020(1).
[2] 马丁·塞利格曼.持续的幸福[M].浙江人民出版社,2012.

幸福校园中的心理成长
——一个人际交往焦虑的干预案例

张蓓仪

　　幸福校园不仅仅是一个物理空间的概念,更是一个促进师生身心健康、情感发展和社会适应的综合性生态系统。在这个系统中,心理健康教育扮演着至关重要的角色,不仅关乎学生的学业成绩,更关系到他们的情感健康、人际交往能力和整体幸福感。本研究报告基于一个实际案例,深入剖析了初三男生小天(化名)因人际交往焦虑而引发的一系列问题,并展示了通过系统性的心理干预措施,帮助小天逐步走出困境,实现心理成长和幸福感提升的过程。我希望通过本案例的分享,能够引起广大教育工作者、家长及社会各界对初中生心理健康问题的关注,共同探索更多有效的心理健康教育方法,为孩子们营造更加幸福、健康的成长环境。同时,也期待本案例能够推动幸福教育理念在更广泛的范围内落地生根。

一、当事人信息

1. 基本资料
　　初三男生小天(化名),身高 175 cm,形象良好,性格敏感。主诉情绪不良,无法按照家长和老师的要求努力学习。

2. 家庭背景
　　小天出生于吉林,是独生子女。在他还不满 1 岁时,父母将他留在老家,双双前往上海工作。小天 6 岁前由外公外婆养育,极少与自己的父母相处。在小天 7 岁时,他离开外公外婆,被父母接到上海读小学。父母工作都忙,一家三口在学校旁就近租房。从小学起至今,他经常与父亲爆发激烈冲突。

3.学校表现及同学关系

班主任反映小天学习习惯差,上课不听讲,作业不做,导致成绩下滑。与同班同学间也没有共同话题,常常独来独往,同学关系很冷淡。

4.问题症状

小天刚上初三,因为学习态度和作息习惯问题,经常和父亲爆发激烈冲突。尤其是在叫小天起床上学的问题上,一度出现了肢体对抗。但冲突过后,无论是小天妈妈和班主任的苦口婆心,还是小天爸爸的打骂,均不能让小天有所改变。小天说自己道理都懂,就是做不到按时睡觉、按时起床。究其原因,是小天每天与网友聊天到深夜,耽误了晚上的睡觉时间。最后在班主任的建议下,小天同意约学校的心理老师进行沟通和咨询。

我运用了学校心理测评系统中的《中小学生心理健康测评量表(MHT)》对小天进行了测评。小天的得分情况如下:去除效度量表3分,全量表总分为35分。其中:学习焦虑量表3分;对人焦虑量表8分;孤独倾向量表0分;自责倾向量表0分;过敏倾向量表7分;身体症状量表3分;恐怖倾向量表1分;冲动倾向量表7分。就量表显示,小天的对人焦虑量表得分高、过敏倾向和冲动倾向量表得分略高,存在焦虑情绪,焦虑原因涉及人际交往方面。

二、简 要 分 析

通过与小天及其妈妈的沟通,我发现小天的问题与心理量表的测试结果较为吻合,评估为**一般心理问题中的人际交往焦虑**。综合所收集的资料分析,造成小天这一状况的原因,可能主要有以下三个方面:

第一,父母在成长关键期的缺位和专制型教育方式,让小天缺乏安全感,自我效能感低,缺乏内在自控力。

小天幼时被寄养在外公外婆家,与父母没有建立亲密关系。7岁时,小天离开了外公外婆,来到陌生环境,需要构建新的社交群。从小天对外祖父母的语言描述来看,小天是渴望和人亲近的。但在他遇到困难和情绪沮丧时,父母没能及时安抚他的情绪,父亲更是用严苛的方式向他施加压力,迫使小天屈服他的高要求,亲子关系恶化,使小天长期伴随着无助失望的情绪体验。

第二,人际交往能力培养的缺失,与同伴交往挫败引起的焦虑体验。

小天受隔代教养的溺爱娇惯,在幼儿期没有掌握好与同伴交往的技术。在小学和初中的学校生活中,他也没有得到同伴的认可来修补他破碎的安全感。小天的感受性很强,在和同伴交流时,有时会出现下意识的"攻击"和"反抗"。他的兴趣爱好,对问题的思考关注的点又和同龄人有所不同,让他觉得和周围的同龄人格格不入,这也给小天造成了心理压力。他感情细腻,渴望与别人亲近,但面对与家人和同伴的交流挫败,他只能把感情寄托于网友。

第三,青春期的烦恼增多和学业压力,采用逃避行为,作息紊乱的恶性循环加重了小天的焦虑情绪。

小天已处于青少年的烦恼增加期,面对中考的学业压力,使他无法处理好自己激荡的情绪,对于自己的学习也没有明确的目标,无法付出更多意志在学习上努力。而对于恶劣的亲子关系,挫败的人际交往体验,他以玩手机不睡觉、深夜与网友聊天来暂时缓解这些白天的现实压力。而这种牺牲了作息规律的逃避方式,又遭遇了父母、老师的反对,向他施加学业压力,加重了他的焦虑情绪,产生了如下恶性循环:

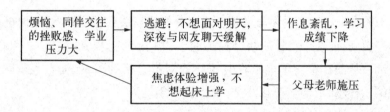

通过与小天及其妈妈的多次沟通后梳理情况分析,我与小天共同制定了以下咨询目标和干预计划

(一) 咨询目标

1. 近期目标

和小天一起理清他内心的想法。通过认知调整,使他加强正向的自我认识,缓解焦虑情绪。

2. 中期目标

(1) 帮助小天制订人际交往训练计划,通过行为训练提高小天的人际交往技巧和沟通能力,帮助结交 1~2 位可供聊天的班级同学。

(2) 学习时间管理策略,调整小天的作息时间。

(二) 咨询干预计划

就咨询目标,在耐心的倾听和沟通下,我与小天达成共识,制订了以下干预

计划:

第一阶段:遵循来访者中心原则,采用倾听、同感共情等技术,缓解小天的焦虑情绪,建立良好的咨访关系。

第二阶段:焦点解决短期疗法。

1. 运用倾听、探究、质询等技术客观分析当前面临的问题,了解和接纳自己的需求,共同制定咨询目标。

2. 通过认知调整技术,与小天一起梳理与同伴交往中的理性与非理性观念,用赞许、例外询问等技术澄清非理性观点。通过行为训练,学习人际沟通与问题解决技巧,改善小天在班级中的同伴交往现状。

第三阶段:与小天一起检讨行为训练的实际执行情况,明确下一阶段自身发展的主要目标,聚焦于调整作息时间。

三、过 程 记 录

第一阶段(一次):主要与来访者建立良好咨访关系,了解来访者情况。

第一次咨询,在班主任的协调和沟通下,和小天约好周四中午 12 点在学校心理咨询室见面。小天可能是吃完饭后立即赶过来的,看上去有点气喘吁吁。我给他倒了杯水,请他坐在沙发上,平静了一会儿。

咨询部分实录:

咨询师:"你好,是小天吗? 来,请进来坐吧。"

小天看了我一眼,说:"老师好。"又看了看来访登记表和知情同意书,说:"老师,我可以看一看再填吗?"

咨询师:"当然可以呀。你放心,除了这几条打破保密规定的内容外,我们的咨询内容在一般情况下都不会透露给心理咨询中心之外的人员。"

"哦,好的。"小天仔细地看了一遍,在上面签了字,坐在了沙发上。我也在上面签了字,坐在他侧边呈 90 度转角的椅子上。

咨询师:"听你们班主任讲,你最近情绪状态有点不佳,是吗?"

小天:"非常差!"

咨询师:"能告诉老师,是发生了什么事导致状态差,还是一直差呢?"

"嗯……"小天支吾了一会儿,"我觉得我所有的一切一直都很差,不知道我自己是不是有病。我和班级同学、和我爸都相处不好。"

咨询师:"能跟我说说,是从什么时候起,你和爸爸关系不好的?"

小天:"我以前是跟我姥姥姥爷在老家的。后来一年级,他们把我接来了。我爸就经常打我,他只要一打我,我就不开心。"

咨询师:"听到你说你从小就不开心的时候,老师似乎能感受到你非常失落和伤心。而且你现在初三,正是需要父母支持、呵护的时候,和你爸爸关系不好,和同学关系也不好,肯定特别难受。"我朝前拉近了椅子,和他离得近了一些。(同感共情技术,拉近与来访者的距离)

小天:"对的,每次我独处的时候,我就想到他打我,而且我觉得和周围的同学也聊不来。我觉得特别特别难受,我就闷着头哭。"

咨询师:"老师听你的讲述,想象着你的心情,也感到好心酸,好想给你安慰和支持。想必你妈妈看到,会更难受。你和你妈妈关系还好吗?"

小天:"我妈她要管我学习,所以我和她也吵架。"

咨询师:"那你说和同学的关系不好,是从什么时候开始?"

小天:"小学的时候,我偶尔会和同学打架。但小学之后,我再也没有和他们动过手了,他们说我,我也就忍着,尽量自己平复情绪。"

咨询师:"可是或许忍着比打架还辛苦吧?你有要好的朋友吗?"

小天:"现实生活中好像没有,网上有很多聊天的对象。"

咨询师:"嗯,好。为了更准确地对你的情况做一个判断,需要你做一份心理测试,可以吗?"

小天:"哦。"

小天做完心理量表后,他紧张地问我:"老师,怎么样? 我有病吗?"

咨询师:"放宽心,这不能叫病。如果可以,下周四这个时间把你妈妈带过来一起聊聊我们该怎么帮你,可以吗?"

小天:"好的,我回去问问她。"小天走出了咨询室。

第一次的咨询主要是运用倾听、共情技术引导来访者释放焦虑、不安的情绪,使他感受到有人关注他的感受,建立良好的咨访关系,并在电脑上做了MHT这个量表。

第二次咨询之前,小天的妈妈来到咨询室,详细描述了小天从小到大的经历和亲子冲突的具体情况。小天在 1～6 岁由外公外婆在老家抚养,父母在上海打工,基本很少回老家看他。7岁时,父母把小天接到上海念小学,小天非常抗拒。而小天爸爸的抚养方式很过激,经常打小天(小天是他爸爸亲生的儿子)。她妈妈表示,自己没法劝阻他爸爸的暴怒和行为,觉得小天爸爸可能因为压力大,情绪也有问题。我提议,是否可以让小天的爸爸去找专业人员评估一下情绪状态。我还和小天妈妈探讨了一些沟通的技巧,让她给予小天心理上的支持。

第二阶段(共两次): 1. 在第二次咨询中我主要运用了倾听、探究、质询等技术,客观分析了小天当前面临的问题,引导小天了解和接纳自己的需求。和小天及其妈妈共同制定咨询目标。

咨询部分实录:

咨询师:"你上次说小学时跟同学会打架吵架,但现在会忍着,但又不交流。我们再想想你在现实生活中真的不需要关系比较好、可以聊天分享的同伴吗?"

小天:"我最信任的人是一些网友。我经常和他们聊哲学、政治之类的。我们班同学都听不懂的,所以没办法,我只能跟网友聊。"

咨询师:"你用了'没办法'这个词,可见,如果有现实生活中亲密的朋友,你会更开心。你试着和班里的同学聊过吗?是否有可能他们不是听不懂,只是没和你聊过,或者暂时的兴趣点不在这上面?"(探究技术)

小天:"在我们班没有跟我思想在一个深度上的人,所以我也没办法。只有在网上有一大堆,所以我跟他们聊得很好。"

咨询师:"和他们聊天会影响你的正常作息吗?"

小天:"嗯……有点。"

咨询师:"上次你提到和你爸关系特别紧张。和你妈妈关于学习方面也会有点矛盾。他们最不满意的是学习的哪方面?成绩,态度?"

小天:"应该是学习态度吧。"

咨询师:"嗯,他们一般用什么方式和话语规劝你?"

小天:"也就是那些,你现在不好好学习,长大了怎么怎么样,也就那老一套。"

咨询师:"这个话也的确是我们常见的话,那如果你是你的父母,你有什么好的规劝方式呢?"(换位思考)

小天:"……嗯……"

咨询师:"我们现在了解到你和父母现阶段的关系紧张,主要是由于学习和作息习惯引起的。而你想改变,但又放不下和你聊天的网友,觉得和他们聊天,你能得到安慰。所以,你落实你父母的指令比较困难。如果老师能想办法帮你在现实生活中也交到好朋友,你愿意试一试吗?"(理清当前面临的问题)

小天:"嗯,好。"

这一次,我感觉咨询有了很大的进展,通过言语质询等方式,帮助小天建立合理的信念,小天理清了自己一团乱麻的烦恼。他开始有意愿逐一去解决。第一,认识到周围的同学可能有自己不了解的优点,有了去接触同龄人的意愿。第二,了解自己想努力的大方向,并且先制定一个容易实现的小目标,来缓解自己无法做到的焦虑。

我向小天介绍了焦点解决短期疗法,让小天了解自己的需求,并引导他发现其实事情并没有自己想得那么糟糕,引导他积极思考,寻求解决问题的方法。

第二阶段(第三次咨询):我建议小天聚焦当前的问题,通过认知调整技术,与小天一起梳理与同伴交往中的理性与非理性观念,用赞许、例外询问等技术澄清非理性观点。通过行为训练,学习人际沟通与问题解决技巧,改善小天在班级中与同伴交往的现状,并且指导他学会时间管理,鼓励他调整作息时间。

经过前两次的咨询,小天的焦虑情绪和对自我的认知偏差都有了一定程度的好转。接下来,我鼓励小天用实际行动做出改变。在这一次咨询中,目标重点定在发展同学关系、保持良好的作息习惯上。之后我们一起商议了主动交朋友、按时做作业和睡觉的行动方案。

咨询部分实录:

咨询师:"小天好,看起来你气色不错。这一周在学校有什么让你感觉不错的事情吗?"(引导来访者关注积极情绪)

小天:"嗯,还好。我在练跑步,体育委员让我在运动会上跑1000米。"

咨询师:"你说你和同学们关系很差,但你看体育委员愿意主动邀请你参加班级的体育项目,其实情况没你想得那么糟糕,对吗?"(引导来访者关注别人对自己的关心)

小天:"嗯,应该是的。"

咨询师:"有人关心的感觉不错吧?看来有时候你自己要采取主动的态度对待别人。我们换位思考,如果人家对着你说话,你不理人家,别人还会愿意继续

说下去吗？"（引发来访者思考自己在这样的事情中的积极作用）

小天："嗯，有道理。"

咨询师："那今天我们要学习用实际行动改变自己的现状，好吗？"

小天："那我遇到具体要做的事情的时候，我就很抗拒怎么办？就比如说我前面有个很难的东西，我看得特别严重，然后我都不敢去做了。"

咨询师："嗯，那我们现在设的难度先不要太大，如果你觉得自己做不到100%的努力，那我们先尝试花个80%的意志努力。或者说先不要这么急着定学习目标，先把作息调整规律，好好睡觉，按时起床就可以了。如果意愿太强，设定的目标太大的话，其实人人都会焦虑的。"

小天："嗯，好的。我试一下。"

"好的，希望下次来，依然能见到这么容光焕发的你。"

这一次我交给小天的"家庭作业"是：每天练习咨询中学到的与人打交道的技巧，并记录自己的感受。为了保证他真的能开始在生活中尝试，经过小天本人的同意后，邀请小天妈妈来做督促者，这在一定程度上也拉近了他们母子之间的距离。在母亲的帮助下，我们鼓舞小天尝试，给他情感上的支撑，开启了如下**行动方案**：

第一周：

任务1：在班级中找到愿意接触的同学，列出名单。

名字：

同学特点：

为什么愿意和他接触：

第二周：

任务2：每天主动和班上的同学聊十分钟以上，尽量面带微笑。

完成情况记录：

说了什么话？

感受如何？

同学反应如何？

第三周、第四周：

任务1：每天主动和班上的同学聊天至少10分钟。此外，若遇到困难，请同学帮助，自己也帮助其他遇到小困难的同学。以轻松的口吻询问同学自己的优缺点。

完成情况记录：

聊天的主要内容：

感受如何？

同学反应如何？

任务2：晚上11点30分之前睡觉，早上6点30分起床。

完成情况记录：

哪天没有按时执行？

为什么没有执行？

有什么改进空间？

第三阶段(两次)：第四、第五次咨询(每两周一次)。我对小天付出的努力和尝试做出了肯定，与小天一起检查行为训练的实际执行情况，明确下一阶段自身发展的主要目标，调整作息时间。学习时间管理策略，提高学习效率。

部分咨询实录：

小天的妈妈和小天都来到了咨询室。

咨询师："老师这两次看到你，都觉得你更精神，更帅了。你有按照计划和你的同学交流吗？"

小天："嗯，这是我的记录表。我发现和他们讲话，跟他们开玩笑的机会倒是很多，但他们还不太和我交心。"

咨询师："现在时间还短，交朋友是个慢慢相处的过程，还需要一定的技巧。我们可以不断练习一些人际交往的技巧。而且没有必要都让别人认同呀。和而不同不是更有个性吗？"

小天："嗯，也是。先体锻课上一起打球什么的就可以了。"

咨询师："哈哈，是呀，先一起打球，以后还可以一起聊天或吃饭。况且大家现在都可能把更多的注意力放在了准备中考上。等你们毕业了，有了新的朋友，你和同龄人交往的能力提高了，说不定到高中会找到志同道合的人。"

小天："嗯嗯。好。"

咨询师："你在上课和做作业方面怎么样了？"

小天："我现在上课是很专心听的，听得很认真。就是做作业做久了，会有点烦。"

咨询师："嗯，这是多大的进步呀！每个人做作业久了，或许都会有点烦。如果你想解决这个问题，老师希望你可以制订一个学习计划，不断增加自己的专注时间。"

小天:"嗯,我是每天提醒自己要做完,像英语这种我成绩很好的,没有问题了。但像数学这种,我觉得我只能花30%的精力。"

咨询师:"你也可以和你的任课老师、和妈妈一起制订关于数学学习的管理行动计划。当然,还是需要循序渐进,慢慢地增加难度。在以后,如果遇到别的什么难题,也可以尝试老师教给你的这个方法。"

小天:"嗯,好的。谢谢老师!"

经过了三个阶段的干预后,我和小天及其妈妈都觉得咨询和努力取得一定的效果。从晚上不想睡、早上起不来的作息习惯,转变为每天能按时上下学,交作业;从原本的独来独往,沉迷于和网友聊天,变得可以和同学开玩笑,一起打球,校园生活也有了一点乐趣,小天的焦虑情绪得以解决。小天为自己制订的其他发展计划也基本可以完成。在我的鼓励下,小天还主动思考时间管理策略的制订方法。因此,我和小天决定此案基本告一段落。

四、个 案 评 价

1. 效果评估

本个案历时两个半月,正式面询五次。总体来说,对于个案的情况了解比较全面,咨访关系建立成功。运用来访者中心疗法、认知行为干预、焦点解决短期疗法等技术,对小天的情绪问题、认知偏差、人际交往困惑和技巧、时间管理能力都起到了一定的调整作用。小天也开始主动和同学交流了,并能够安排好作息,也会多听听父母和老师的建议,先从中等难度的任务开始,用意志努力督促自己执行行为计划。在遇到其他困惑时,能运用我教他的实践方法迁移解决其他问题。

2. 个案反思

(1) 关系的建立

在此阶段,用倾听和同感共情建立良好的咨访关系是普遍采用的好方法。在这个过程中,我用开放式提问、重复、具体化等倾听技巧较为快速地对小天的情绪和问题症结做出了恰当的反应。通过第一阶段的咨询,我和小天建立了良好的咨访关系。

(2) 目标的商榷

小天的主要困惑来源于学业压力、亲子关系和人际交往焦虑,我把问题聚焦在人际交往焦虑上。和小天及其家长一同探讨并设定了咨询的总目标——学习人际沟通与问题解决的技巧,改善小天在班级中的同伴交往现状。目标设定得较为合理,将小天的问题解决落到实处,有效缓解了小天的焦虑情绪。

(3) 咨询技术的使用

在第一阶段中使用了倾听、共感技术,建立了良好的咨访关系。在第二阶段中,使用了焦点解决短期疗法,帮助小天调整认知偏差。在行为干预的实践中,效果也比较良好。第三阶段,针对他实际要面临的中考压力,提出有现实解决意义的时间管理方法,可操作性较强。

(4) 当事人的改变

第一阶段中,小天原本很担心自己是个"有问题"的人。我通过认真倾听和共情,对小天的内心世界做出梳理和解释,缓解了小天的焦虑。第二阶段和第三阶段,在小天进行了行为练习之后,感觉小天的情绪得到了缓解,并开始和同学有了良好的交往开端。在焦虑情绪得到缓解后,作息习惯和学习习惯都有了相应程度的改善。

(5) 咨询伦理的执行情况

我较为严格地执行了咨询伦理规范。在咨询前,和小天解释了保密原则,并在录音前,让小天签署了知情同意书,并取得了他的授权,用化名的方式撰写案例。在咨询前期小天描述到和父亲关系紧张,我原本希望通过小天的班主任来直接联系小天的父亲,以了解更多情况,并加固对小天的支持系统。但考虑到保密原则,最终没有联系。

在本案例的处理过程中,虽然小天的情绪和行为变化良好,但在整个咨询过程中我也认识到自己的不足之处。虽然短期聚焦疗法效果明显,但很多问题背后其实还有很多值得**挖掘和探讨**的地方。

第一,我认为小天问题的出现不是一朝一夕的事情。他小时候由于父母工作的关系,和父母异地分离。在童年期没有适合的游戏伙伴,导致错失了最初人际交往能力培养的契机。而来到父母身边后,父母也没有抓住机会,对小天进行合适的引导,尤其是小天的父亲用专制型的教养方式,忽视了小天的情感需求。小天进入青春期后,其动荡的情绪、自我同一性的混乱让他备尝艰难,个人的幸福体验感降低。长期的焦虑情绪得不到纾解,没有办法好好投入学习。以上也是让小天出现情绪和行为问题的原因。

第二,我从和小天及其妈妈的访谈中发现小天父母的夫妻关系疏离、小天与爸爸的亲子关系纠结而冲突。如果能得到小天父亲的支持,应该更能起到关键作用。但一方面出于咨询师伦理规范的考虑,另一方面由于学校心理咨询的限制,我在家庭治疗方面的经验不足,需要在这方面不断积累咨询经验。另外,我在听咨询过程录音、整理咨询实录时发现,我需要更快速地抓住个案问题的重点,使咨询更专业,更有章法,也力图更充分发挥自己的咨询个人特点。这些都是我未来需要认真学习和努力的方向。

小天的经历是一个缩影,它告诉我们,每一个孩子的心灵都需要被关注、被理解、被支持。通过科学的心理干预和温暖的人文关怀,我们可以帮助他们克服成长道路上的种种困难,实现自我成长和幸福感的提升。在幸福校园的建设中,我们不仅要关注学生的学习成绩和知识技能的培养,更要注重他们的情感健康、人际交往能力和社会适应能力的培养。只有这样,我们才能真正实现教育的终极目标——培养幸福的人。相信,随着幸福校园理念的深入人心和实践的不断推进,越来越多孩子将能够在充满关爱和支持的环境中茁壮成长,成为社会的有用之才和幸福生活的创造者。

心灵的迷雾与曙光

——一例初中生情绪困扰的心理咨询个案探究

周丹蓉

摘要：本文以一例初中生情绪困扰的心理咨询个案为切入点，详细描述了当事人小航（化名）在遭遇同学间不当语言刺激后，所经历的一系列显著情绪困扰，主要包括自尊心受损与自信心下降、学业压力增加及个人发展困惑。通过运用焦虑自评量表和抑郁自评量表进行初步评估，判断小航当前的情绪困扰属于一般心理问题范畴。咨询过程中，通过与小航及其母亲的多次沟通与倾听，共同制定了咨询目标，并采取了一系列针对性的咨询策略，如情绪调节训练、社交技能训练等。经过一系列精心设计的心理咨询干预，小航的情绪困扰得到了有效缓解，学会了如何正视自己的情绪，用更加成熟和理性的方式应对同伴的评价与学业的压力。本文的研究结果为青少年情绪困扰的心理咨询提供了有益的参考。

关键词：初中生情绪困扰；心理咨询个案；自尊心受损；自信心下降；学业压力；情绪调节训练；社交技能训练

在人生的旅途中，每个人都会遇到心灵的迷雾，这些迷雾可能源于生活的压力、人际关系的纠葛，或是自我认知的困惑。对于正处于青春期、心理发展关键阶段的初中生而言，这些迷雾可能更加浓重，会影响他们的情绪状态、学业表现乃至人际关系。本文将以一例初中生情绪困扰的心理咨询个案为切入点，深入剖析其心理问题的成因、咨询过程及效果，旨在探讨如何引导青少年穿越心灵的迷雾，迎接生命中的曙光。

一、基 本 信 息

(一) 当事人信息

1. 基本资料

初一男生小航(化名),身高 178 cm,身形高大,个性温和内敛,走路姿势略微含胸驼背。学习成绩优秀,年级排名前 50,班级排名前 10,但语文学科作业质量一般,不太重视。家住学校对面,走路 5 分钟,上学偶有迟到。喜欢画画、打游戏、制作电子音乐。

2. 家庭背景

独生子女,父母为企业双职工(新上海人)。父母下班时间通常在晚上 7 点左右,小航放学后会有一个半小时的独处时间。父亲管理家里的电信宽带,每周有限时,小航每天可以自由安排使用电脑时间。母亲工作也较忙,平时除了吃饭时间和小航聊上几句,周末基本没有家庭活动。父母对小航的学习成绩和自我管理能力较为认可,认为小航是比较自律的。

3. 学校表现及同学关系

小航为人温和谦让,在班里有较好的人缘,常和同学讨论游戏等话题。小航学习成绩优秀,预备年级初始,数学老师就让小航担任数学课代表,承担收发作业的任务,但小航常有拖拉的现象。班主任让小航担任劳动委员期间,小航也表现出畏难和较被动的情况。劳动值日工作中负责擦黑板的任务,出现过几次没完成任务就提早离开的情况。

4. 问题症状

2024 年 2 月中旬初一年级开学初,在新一轮班委竞选中,小航被同学推选为副班长,他感到非常高兴并且有信心做好。然而,好景不长,到了 3 月初,小航遭遇了同学们的负面评价。有位同学直言不讳地指出,他被选为副班长并非因为能力出众,而是由于班级同学的盲目跟风。此言一出,立即在班级内引起了不小的波澜,小航的自尊心和自信心因此遭受了严重打击。更让小航感到难过的是,还有一位同学也对他能否胜任副班长表示了质疑。这两次的负面评价像一块巨石压在他的心头,让他感到委屈、愤怒和伤心。

那段时间,小航在学校的情绪很低落;早上到校开始频繁迟到;在班级活动中,作为副班长的小航参与度和积极性明显降低,他不再主动提出意见,而是选择保持沉默;看到老师会避开眼神的对视,经常低头回应;面对老师和同学的评价,他的反应变得比平时更加激烈,容易感到被攻击并迅速回击。

他也开始挑战学校、班级的规则,比如在全校统一的午休时间,他不服从值日班长的管理,执意要在黑暗中写作业,当值日班长试图劝阻时,他与班长发生言语冲突,态度强硬。面对班主任的询问和教导,小航也表现出极大的抵触情绪。他认为班主任不理解他的处境和感受,他觉得自己没有做错任何事,班主任不应该找他。在那一次关于午休问题的谈话中,他与班主任针锋相对,甚至说出了"不做副班长"等气话。

在家里,家长也察觉到孩子的情绪变化,放学回家后小航不再像以前那么高兴,多次要求妈妈陪他聊天,并表达内心不悦,几次向父母提出想去医院看心理医生,但并没有得到父母的回应。

3月下旬的一天,小航主动找班主任诉说心境时还提到,他内心感到混乱,有时会坐立不安,担心自己的语文成绩无法提高,以及因学校课程繁忙而没有额外的时间画画和玩音乐而感到沮丧。他甚至开始质疑现在的学习内容是否对以后踏入社会有用。这些压力进一步加剧了他的心理负担,使他更加沮丧和迷茫。最后,在班主任的建议下,小航同意约学校的心理老师进行沟通和咨询。

5. 初步评估

近一个月来,小航同学正经历着遭遇同学不当语言刺激后的一系列显著的情绪困扰,主要集中在"自尊心受损与自信心下降""学业压力增加"和"个人发展困惑"这几个方面。核心问题是,小航深刻感受到了自我价值被他人质疑所带来的痛苦,还陷入了角色认同的冲突之中,对自己作为副班长的职责与同学们对其的期望产生了深深的迷茫与困惑。这一外部刺激直接触发了他自尊心和自信心的深刻受损体验。同时也触发了他学业压力、个人发展方面的困扰。这些内容相互交织、相互影响,形成一个复杂的情绪困扰。这些情绪困扰导致他在学校和家庭中的行为表现都发生了显著变化。

然而,值得注意的是,这种人际冲突并未显著影响小航在其他领域的思维活跃度和兴趣爱好。他仍然对制作音乐、画画等保持原有的热情和投入。在日常生活如睡眠、饮食、学习等方面,他也能保持正常。这表明,小航当前的心理困扰具有一定的局限性,主要集中在社交互动和情绪管理上。

我运用了焦虑自评量表和抑郁自评量表对其进行评价,得分情况如下:焦虑自评量表得分为54分,表明他目前处于轻微焦虑状态;抑郁自评量表得分为 46 分,说明其情绪尚未泛化到明显的抑郁情绪。因此,可以判断小航当前的情绪困扰属于一般心理问题范畴。他需要学习更有效的沟通技巧、情绪调节策略以及正确面对负面评价的方法,以减轻当前的心理压力并恢复良好的人际关系,重拾信心。

二、简 要 分 析

通过与小航、小航家人和班主任的沟通,对小航的在校表现和家庭状况有了更多了解后,笔者分析小航出现这些问题的原因大致有以下几个方面:

(一) 个体人格因素

1. 角色定位不清。小航对副班长一职相应的职责和义务并不清晰。他不清楚自己应该承担哪些具体职责,也没有意识到作为副班长需要有一定的自制力并起到示范作用。这导致他在实际生活中难以履行副班长的职责,产生了理想与现实之间的落差,容易陷入自我怀疑和否定的情绪中,进而产生挫败感和无力感。

2. 自我期待高与执行力不够高,造成了理想与现实之间的较大落差。小航当上副班长后开始感受到同学们对自己的认可,满怀信心。但在实际工作中,缺乏坚定的执行决心与毅力,虽有想法却难以转化为实际行动,所以逐渐产生了挫败感。就像小航所担心的语文学科成绩,据班主任告知,小航在语文学科上花的时间很少,不重视积累和平日作业的质量,只停留在理想中的计划,而无执行的决心和毅力,所以当面临眼前的情绪困扰时,他就更对这一薄弱学科耿耿于怀,负面情绪奔涌而出,很想解决却无从下手。

3. 对外界评价较为敏感。小航容易把同学的质疑或批评视为对自己能力的全面否定,倾向于过分降低自我评价,过分依赖并重视他人的看法进而产生了强烈的挫败感和负面情绪。

4. 个性中的内敛与压抑。小航平时与人交往是腼腆内敛的,但在和小航班主任谈话的过程中了解到,在一次班级活动中,小航意外地在讲台上向全班同学展示了自己制作的电子音乐并随着音乐的节奏开始打碟,全程热情奔放,并带动全班同学和他一起舞动。这种前后巨大的反差出现在小航身上,我感受到小航的个性中有充满激情与创造力的一面,他渴望得到认可和实现自我价值,但他害怕展示真实的自我会遭到拒绝或嘲笑,而内敛和腼腆的表现更符合社会期望,更能获得同伴的欢迎,他便习惯于隐藏真实的自己,然而这种长期的自我压抑和隐藏,使得他内心的真实情感和需求无法得到表达和满足,进而加剧了他的心理负担和情绪困扰的程度。

(二) 家庭关系因素

1. 家庭支持不足。小航的母亲在得知他在班里遇到的挫折之后,用"这种小事,你怎么还放在心上""真搞不懂这孩子怎么那么脆弱""啥事都没有"这样的回应,让他感到更加沮丧和无助,进而影响了他的自我认知。他会认为自己确实是小题大做了,他会认为自己的情绪是不合理的,最终将其归因为自己的无能,从而产生自卑、焦虑的心情。小航在学校遇到这些情绪困扰时,家庭未能成为他倾诉和寻求安慰的地方,那么他的负面情绪就得不到及时地缓解和疏导,进而加剧了他的心理负担。

2. 父母的教养方式出现偏颇。小航的父母更多关注小航的学习成绩,忽视了小航这一年龄阶段自律能力的局限性以及新的角色或身份带来的挑战。在和小航父母的沟通中发现,他们对小航的学习是非常重视且满意的,对他的自我管理能力是非常信任的,所以从预备年级开始他们就将电脑、手机和网络的使用权利交由小航自行安排。但他们却不知道小航在班里是最早一批和同学们谈论游戏心得、观看游戏视频的学生之一,并且间接影响了小航学习时间的安排。又因为小航一直以来学习成绩都不错,所以小航父母对他其他方面缺少关注。小航的父母未能充分认识到,初一的小航正处于从儿童向青少年过渡的关键时期,他的自律能力尚未完全形成,仍然需要一定的外部督促和引导帮助他面对新的角色挑战和成长,从而获得一定的应对学业和个人发展困惑的能力。

(三) 学校因素

1. 学生之间缺乏一定的同理心,且缺少一定的沟通技巧。个别学生没有意识到自己的言辞会对小航造成严重的心理伤害,缺乏对他人的尊重和理解。也没有掌握有效的沟通技巧,不知道如何用具有建设性的、温和的方式表达自己的观点和感受。他们更多地用直接而粗暴的方式发表负面评价。

2. 班级氛围营造不足。班主任可能未能有效营造一个包容、尊重、积极向上的班级氛围。在缺乏这种氛围的班级中,学生可能更容易产生负面情绪和不当行为,包括直言不讳的负面评价。

3. 情绪疏导不及时。在和班主任的交流中发现,因为小航从预备年级开始,就是人群中最高大威武的且性格温和,给人一种靠谱、有责任心的印象,外加各科成绩优秀,老师们对他的评价和期待都很高,却忽视了小航这一年龄的能力局限性。所以,当小航没有很好地完成班级任务时并没有给予他及时的帮助,包括没能及时、深入地了解小航的内心需求和困扰,也没有采取足够的措施疏导小航的情绪。如果班主任和其他各科教师能够更早地介入,及时发现并解决问题,或许能够避免小航的负面情绪的进一步扩大。

三、辅 导 过 程

(一) 咨询目标

通过与小航和小航妈妈的多次沟通与倾听,笔者与小航共同制定了以下咨询目标:

1. 短期目标

帮助小航缓解负面情绪。首要是帮助小航识别和表达当前的负面情绪,如焦虑、沮丧、愤怒等,引导他学会有效管理负面情绪,防止这些情绪进一步积累,影响心理健康。接着,创造一个安全、无评判的环境,提供情感支持,让小航能够自由表达内心感受,减少情绪压抑,让他感受到被理解和接纳。

调整不合理认知,比如对自我的全盘否定、过分在乎他人的想法等。通过肯定他的优点和成就,引导他认识到自己的价值和能力,从而逐渐恢复自信。

教授小航有效的沟通技巧,特别是减少或消除负面互动。学会用积极、理性的方式应对人际冲突,减少误解和矛盾。

帮助小航明确副班长一职的角色定位和职责范围,引导他逐步用具体行动履行责任。

与其他班委合作,为小航提供更多机会、资源和案例,支持他在班级中发挥更大的作用。同时,关注他各方面的进展和反馈,及时给予肯定和鼓励。

2. 中期咨询目标

帮助小航建立积极的自我认知,让他更加清晰地认识自己的优点、兴趣、价值观和目标,从而形成一个稳定、健康的自我形象。

鼓励小航继续发展自己的音乐、画画等兴趣爱好,提供相关的资源和支持,引导小航认识到个人兴趣与学业、职业发展之间的平衡关系,促进他的全面发展。

(二) 辅导过程

一共 6 次咨询,每次 40 分钟。通过分阶段的方法帮助小航缓解负面情绪、调整认知,并提升心理韧性。

1. 第一阶段(一次):了解个案的基本情况,建立良好的咨访关系,初步评估

对话背景:第一阶段,和小航的第一次咨询,利用倾听技术、情绪反应与表达共情,为小航提供一个安全的情感释放空间,允许他表达内心的痛苦与挣扎,减轻心理负担。继续深入建立咨访关系;深入了解小航自尊心受损的具体事件、感受及影响,探讨情绪困扰的原因;教授小航有效的沟通技巧,学会在当下表达自己的感受,减少误解和矛盾。

部分咨询实录:

咨询师:小航,我们就从副班长身份被质疑这件事开始讨论吧。首先,具体是怎样的情境下,有同学当着全班的面提出了这样的质疑呢?

小航:嗯,就是前几天的一个课间,有个同学突然站起来说,他觉得我被选上副班长并不是因为我有能力胜任这个位置,而是说同学们只是盲目跟风才选了我。

咨询师:小航,他说这话的依据是什么?你听了后心里怎么想的呀?(运用开放式提问,鼓励详细表达)

小航:他没说出什么原因。而且之前英语课上也有人说这种话。我听了心里很难受,觉得自己的努力被忽视了。

咨询师:他们这么说确实让你感到既难过又委屈。不过,我从班主任那儿了解到,你为班级做了很多事情,付出了很多努力,你对自己的学习也非常重视,我相信你是有能力胜任副班长这个职位的。(运用情绪反映和表达共情)

小航:谢谢咨询师,听到你这么说,我感觉好多了。

咨询师:小航,你觉得说这些话的同学,他们平时在班级里的表现如何?有没有可能是因为他们自己没被选上,所以有些不满呢?(引导自我反思,探索可能的原因)

小航:可能是这个原因。我可能想太多了,太在意别人对我的看法了,尤其是关于我的能力不被认可的时候。

咨询师:在意别人对自己的评价是很正常的,这证明你有很强的责任心和上进心。不过,我们也要学会区分哪些评价是建设性的,哪些只是出于嫉妒或误解。对于不公正的评价,你可以试着直接而礼貌地表达自己的感受,比如:"我听到你这么说,感到有些难过,因为我觉得我为班级做了很多,也一直在努力提升自己。"同时,你也可以通过实际行动来证明自己的价值,比如更加积极地参与班级活动和管理工作。(运用认知重构和提供应对策略)

小航：嗯,你说得对。我应该更加自信一些,不要那么容易被别人的话影响。我会试着去表达自己的感受,虽然我知道这对我来说不容易。

2. 第二阶段(三次):心理帮助阶段

(1) 在第二次的咨询中,我主要运用倾听和共情、认知重建、情绪调节技巧帮助小航调节负面情绪;利用苏格拉底式提问激发小航的自我探索与反思,认识到自身认知中的偏差与局限;运用重构认知的方法,帮助小航重构对自我的认知,学会用更加客观、全面的视角看待自己,提升自我价值感与自尊心。帮助小航明确副班长一职的角色定位和职责范围,引导他逐步用具体行动履行责任。

部分咨询实录:

咨询师:小航,除了之前提到的副班长身份被质疑的情况,我还听说你最近有几次早上上学迟到了。你家就住在学校对面,时间应该很好把控吧! 早上迟到有什么特殊原因吗?(运用开放式提问,探索行为背后的动机)

小航:其实,我也不知道为什么。可能是心里有点乱,觉得早点去学校也没什么意义,就故意拖延时间了。

咨询师:小航,我能理解你现在可能感到有些迷茫和挫败。但是,故意迟到并不是解决问题的好办法,反而可能会让情况变得更糟。这样的行为是不是可能会让其他同学和老师对你产生误解,甚至影响你在他们心中的形象?(运用现实检验,指出行为可能带来的后果)

小航:我知道,但我当时就是控制不住自己。我觉得好像只有这样,才能暂时逃避那些让我烦恼的事情。

咨询师:小航,你想通过积极的方式去消化这些负面情绪吗?(引导积极应对问题的态度)

小航:我也想过,但我不知道该怎么做。我觉得自己好像陷入了一个死循环,越是想做好,就越是做不好。越做不好,我就越不敢面对。

咨询师:小航,你已经迈出了很重要的一步,那就是意识到了自己遇到的问题并愿意寻求帮助。我们可以尝试一些放松和减压的方法,比如运动、听音乐或者和朋友聊天,来缓解内心的压力和焦虑。(提供具体的应对策略)

小航:嗯,我喜欢制作音乐,我会觉得那时候自己很放松。

咨询师:真好,你找到了自己的方式管理情绪。情绪平复之后,不妨再想想接下去可以做些什么,把它们写下来,是否切实行动起来后,情况会改善很多?

小航:老师,我想应该是的,我可以试试这么做。不过,如果有人可以在旁边帮我一把,我会比较容易一些。

咨询师:哈哈,看来你对自己挺了解的。有困难时,可以来找我。你也可以找你信任的老师,我相信他们一定愿意帮助你。

小航:谢谢你,老师!

咨询师:小航,你还有什么困扰要跟我分享吗?

小航:我还有一个困惑,就是我感觉其他班委和课代表已经做得很好,我作为副班长不知道自己还能做些什么。

咨询师:我能理解你的感受,作为一个有责任感的班干部确实会希望自己能做得更多、更好。那你有没有想过,同学们为什么会选你当副班长呢?(运用开放式提问,引导小航自我探索)

小航:可能是因为我学习成绩还不错,经常帮助同学解答问题。还有我和同学相处比较温和友善,不和同学争争抢抢,也很健谈。

咨询师:非常好,小航,你看到了自己的优点和长处,这是很重要的。那么,基于这些优点,你有没有想过在班级管理上如何更好地发挥它们呢?

小航:其实,我也有过一些想法,但总觉得不够具体,也不知道怎么解决。比如我觉得班级的课间纪律和学习氛围还有提升的空间,但我不知道该怎么做。

咨询师:这很正常,很多时候我们都会有这样的感觉。不过,你已经注意到了班级的问题,这就是一个好的开始。现在,我们来一起探讨一下这些问题的原因和可能的解决方案吧。

小航:我觉得课间纪律不好的原因和个别同学有关,他们没有意识到需要保持安静。至于学习氛围,可能跟大家的学习动力和目标设定有关。

咨询师:很有道理。你对这些问题的思考已经很深入了。接下去,你就可以思考具体对策了。你有没有什么具体的想法或者计划呢?(开放式提问)

小航:我想我们可以制定一些班级规则来约束课间行为,比如设立"安静时间";同时,可以组织一些学习小组,让大家互相激励,共同进步。

咨询师:非常棒的建议,小航!你已经有了很清晰的思路。我建议你可以和其他班委或者和父母一起商量,把商讨的想法和结果整理成一份计划,包括具体的实施步骤和预期效果。下次咨询时,我们可以一起讨论这份计划的可行性和如何进一步优化。

小航：谢谢，我会认真准备的，我们下次聊。

(2) 第三次对话背景：在小航班主任的述说中，提到了小航母亲对小航情绪的忽视。于是，在取得小航同意的前提下，我和小航母亲有了一次电话联系，小航母亲在电话中表示想来学校和咨询师直接面谈，于是有了和小航母亲在咨询室的这一次对话。

与小航母亲的咨询实录：

咨询师：小航妈妈，你好。感谢你愿意和我聊聊小航在家里的情况。

小航母亲：咨询师，你好。其实我一直觉得我家孩子挺懂事的，这次他跟我说他在学校不开心，我还挺意外的。

咨询师：嗯，小航一直不怎么让你们操心，他很懂事。那你觉得小航最近在家里有什么不一样的地方吗？

小航母亲：嗯，他回家后话变少了，也不太愿意跟我们聊天了。以前他很喜欢跟我们分享学校里的事情，现在问他他也不说。

咨询师：那他的情绪状态呢？有没有什么比较明显的变化？

小航母亲：我看他有时候挺沮丧的，我问他怎么了，他跟我说了在学校被其他同学质疑了，我跟他说没事，别太放心上。但是好像没用，他仍旧不是很高兴。我就想着孩子是不是太脆弱了，这点事还放在心上。

咨询师：嗯，其实，小航在这个年龄段遇到这样的事情，对他来说可能并不是小事。被同学质疑，尤其是关于他能力的质疑，会让他产生强烈的自我怀疑和挫败感。他可能会觉得自己做什么都不行，甚至开始质疑自己的价值。这种情绪对孩子来说是非常沉重的，所以我们需要给予他足够的理解和支持。

小航母亲：是吗？我一直以为他还是个小孩子，没想到他会想这么多。

咨询师：对啊，小航很有想法的，他现在上初中，快进入青春期了，这个阶段的孩子很在意他人对自己的评价。所以，我们不能再把小航当作小孩子看待了，而是要尊重他的感受，理解他的困惑。另外，小航与人相处很内敛，不善于表达心里的想法，也不喜欢和别人有正面的冲突，这样的话心里的负面情绪会越来越多，最后自己就消化不了！

小航母亲：那我现在应该怎么办呢？

咨询师：我建议你多换位思考一下，想想如果你是小航，面对这样的情况会是什么感受。多理解他的情绪和需求,而不是直接否定他的感受。你可以试着跟他一起聊聊他在学校遇到的事情,鼓励他表达自己的想法和感受。

小航母亲:嗯。我之前确实忽视了他的心理需求,没有积极地引导和宽慰他。我们平时更操心的是他的学习成绩。

咨询师:是的,学习成绩是重要的,但心理健康也不能忽视。你可以多给他一些支持和鼓励,让他知道无论发生什么,你都会站在他身边支持他。也可以告诉他如何面对这样的人际冲突,如果以后再碰到这样的情形,他就会应对了。这也是需要学习和练习的。

小航母亲:好的,我会试着去改变的。谢谢你,咨询师。

咨询师:另外,我也建议可以和小航一起制定一些目标,比如提高语文成绩、怎么做好副班长的工作等等,让他有目标可循,有动力去努力。

小航母亲:谢谢你,咨询师。我知道应该怎么做了。我会试着去理解小航,给他更多支持和鼓励。

咨询师:不客气,希望我们的努力能帮助小航在这件事情上得到成长。

在小航妈妈来访后的一个星期后,小航拿来了他写得满满的一页纸的班级管理计划。他让我提了一些建议并一起探讨了一些问题,最后在班主任和其他班委的共同努力下,他制作了一张班级班规的 excel 表格发在了他们班级的班委群里。

初一 11 班 班 规

班级负责人	近期主要的违纪现象		惩罚举措	奖励举措	陈述你们要做的事情
班长	总负责	分管	监督、反馈、治理	做好奖励、惩罚记录和具体实施	管理值日班长和所有班委,检查、补齐班级日志,记录课后服务点名册
副班长	课堂纪律、无故滞留教室	学习委员宣传委员组织委员	情节轻者:绕操场跑道跑 3 圈反复＋情节严重者:抄写《谁是最可爱的人》一遍叠加 面壁;	1. 针对违纪严重同学,有进步则奖励;2.一月评选一次"美言达人",即讲话有风趣、幽默者,学期末奖励(抽盲盒)	积极接受和记录同学的关于不文明用语上报,班级违纪、作业问题,联合各班委,进行管理和整治

班级负责人	近期主要的违纪现象		惩罚举措	奖励举措	陈述你们要做的事情
副班长	不文明用语,包括"就是"近期重点对象:	纪律委员生活委员体育委员	情节轻者:抄写《谁是最可爱的人》一遍;情节严重者:叠加操场跑操3圈;反复＋情节严重者:抄1、跑5、面壁一节课;	3.副科作业拿到A＋加3分	
	副科作业不做、作业不拿	劳动委员文艺委员心理委员电脑管理员	扣分作业不做:抄题目＋答案＋知识点		
纪律委员	1.课间打闹(对对方拳打脚踢)2.课堂在不合理时间大声起哄、哗众取宠(利用肢体以及奇怪声音等)3.上课说话积分组长先提醒,再说一句话扣一分		行规扣分、进办公室	在一个月结束或一学期结束后评选出班级行为规范优秀的同学,并颁发奖状,给予加分或奖励	积极接受同学的举报。在值日班长不在时,由纪律委员代为管理,轮流记录班级日志,情节严重者报告对应任课老师和班主任。在课堂以及排队吵闹时喊"安静",若不听从指挥者带去老师办公室或接受对应惩罚。
学习委员	1.作业抄袭2.作业不交、晚交3.作业不写、漏写、没带4.请假同学作业辅导		行规扣分	得到老师作业表扬,加3~5分	找班级学习的一些现象和问题,给出建议,以及给出学习方法的指导,进行主题班会、发家记、平日课代表管理同学作业上交情况收集和反馈关于作业问题的措施

150

班级负责人	近期主要的违纪现象	惩罚举措	奖励举措	陈述你们要做的事情
劳动委员	1. 乱丢垃圾。 2. 值日生:凡一周内有过一次翘班者本周劳动不加分并扣3分	扣分加捡起垃圾;情节重或屡教不改者,扣分加罚做1周值日	评选"卫生达人"	
宣传委员	故意破坏或改动黑板报	还原黑板报,并扣分	黑板报掉落捡起并告知和帮助恢复的,加分	黑板报是班级班分班貌的体现,我们应该通过对黑板报的保护维护班级的班风

(3) 第四次咨询背景:自从小航母亲和咨询师沟通之后,小航母亲在家与小航有了几次深入的谈话。在谈话过程中,小航母亲接纳了小航的情绪并给予他一定的心理支持;同时,也和小航一起思考作为副班长的职责,并一同写下管理班级的计划和建议。第四次咨询是小航主动前往咨询室,想要和咨询师分享他和母亲一起制订的班级管理计划。咨询师借此机会,给予了小航充分的肯定并鼓励他用同样的办法尝试用行动解决语文学科的学习困境。

部分咨询实录:

咨询师:小航,你制订的班级管理计划真的很全面,我看到了你的用心和决心。

小航:谢谢老师,你这么说我很开心。

咨询师:从你的表格中,我看到了你对班级纪律、学习氛围、团队协作等多方面的考虑,真的很棒。

小航:其实,在制订计划的过程中,我也学到了很多东西,比如如何与同学们沟通,如何协调各方面的意见。

咨询师:这些都是非常宝贵的经验。不过,小航,你知道吗,一个好的计划只是成功的一半,更重要的是要有强大的行动力去执行它?

小航:(点头)嗯,我也意识到了这一点。有时候,我会觉得计划很完美,但是执行起来却会遇到各种困难。

咨询师:是的,执行计划的过程中总会遇到挑战。但是,你要相信,只有行动起来,计划才能变成现实。你可以试着把计划分解成更小、更具体的步骤,每天给自己设定一些小目标,这样执行起来会更有动力。

小航:我明白了,我会试着这样做的。

咨询师:很好,小航。记住,提高行动力不仅仅是为了完成计划,更是为了培养自己的责任感和执行力。这些能力在你未来的学习和生活中都非常重要。如果我没记错,你对语文学习成绩没有提高也曾闷闷不乐,对吗?我觉得你同样可以行动起来,你觉得呢?

小航:我相信我也可以做到。谢谢老师!

3. 第三阶段:巩固与结束阶段(第6次咨询)

与小航一起回顾整个咨询过程,总结取得的成果和进步。在和小航面谈的过程中,感受到小航的内心情绪困扰已得到很大的缓解。于是,询问小航是否有其他新的心理需求或困扰,小航说暂时没有了。最后,以正面、鼓励的话语结束咨询关系,强调小航已经取得的成长和进步,并鼓励他继续保持积极的心态面对未来的挑战。因此,我和小航决定此案基本告一段落。

四、个 案 小 结

(一)效果评价

1. 小航自述:第三次咨询之后,明显感到内心轻松了,在家不再那么心事重重,在学校也觉得更轻松了,非常愿意为班级献计献策,出一份力。

2. 他人反馈:小航的母亲说小航在家脸上挂上了久违的笑容,小航对能和母亲开展一次深入的谈心感到高兴,并且表示希望以后还能有这样的机会,这让他感到很轻松。母亲也表示,在和小航一起讨论班级管理计划时,小航的思维很活跃和主动,只要在旁边小小的提醒或者引导,他就有很多想法。同时,班主任表示,小航会主动找老师反馈课堂情况,积极反映班级问题,主动找班长和其他副班长一起商量对策。

(二)个案中做得好的方面

1. 关系的建立与沟通:在咨询过程中,不断给予小航肯定和赞美,成功建立了与小航之间的信任关系。咨询师通过倾听和表达共情,让小航感受到被理解和被接纳,从而愿意敞开心扉分享自己的内心感受。同时,咨询师还鼓励小航表达自己的想法和需求,并积极与班主任、同学以及家长沟通,寻求支持和帮助。这种积极的沟通方式有助于增强小航的归属感和自我价值感。

2. 咨询目标的明确性:在初次会谈中就与小航共同明确了咨询目标,即改善其情绪困扰和人际交往问题。这有助于保持咨询的焦点,避免偏离主题。咨询目标还与小航的实际需求和期望紧密相连,这增强了小航参与咨询的积极性。

3. 咨询过程的互动性:在咨询过程中积极与小航进行互动,鼓励他表达自己的情感和想法,这有助于建立信任和安全的咨询关系;还通过提问、引导等方式,帮助小航深入思考自己的问题,并寻找解决问题的方法。

4. 咨询策略的针对性:根据小航的具体情况,制定了有针对性的咨询策略,如情绪调节训练、社交技能训练等。这些策略有助于帮助小航解决实际问题,改善他的情绪状态。还根据咨询进展和学生反馈,灵活调整咨询策略,确保咨询效果的最大化。

5. 家校合作的紧密性:积极与家长沟通,共同关注学生的情绪问题和学业表现;还向家长提供了家庭教育建议,帮助家长更好地理解和支持学生。这有助于形成家校合力,共同促进学生的健康成长。

(三) 个案中需要改进的方面

1. 家庭支持的深入性和持续性:虽然与小航的母亲进行了沟通,并建议她给小航提供更多家庭支持,但具体的家庭干预措施和后续跟进情况在案例中并未详细描述。家庭支持对于青少年的心理健康至关重要,因此需要更具体、更持续的家庭干预计划,如定期的家庭会议、共同制定目标等,以确保家庭环境与咨询目标相一致,形成合力。

2. 学校环境的改善与班级氛围的营造:原因分析中提到了学生之间缺乏同理心和沟通技巧,以及班级氛围营造不足等问题。然而,对于如何改善这些问题,并没有提出具体的措施或计划。可以进一步与班主任合作,共同制定班级规则,开展同理心和沟通技巧的培训活动,以营造更加包容、尊重、积极向上的班级氛围。

(四) 改进方式和计划

1. 家庭支持的深入性和持续性

为了加强家庭支持,可以制订以下计划:指导家长安排定期的家庭会议,每月至少一次。共同制定家庭目标,确保家庭成员都明确自己在支持小航心理健康方面的角色和责任;提供家庭干预手册,其中包含实用的沟通技巧、情绪管理方法等,帮助家庭成员更好地理解和支持小航。

2. 学校环境的改善与班级氛围的营造

为了改善学校环境和班级氛围,可以采取以下措施:与班主任合作,共同制定班级规则,强调尊重、包容和同理心的重要性。这些规则将在班级会议上讨论并通过,确保学生都能理解和遵守。协同开展同理心和沟通技巧的培训活动,通过角色扮演、小组讨论等形式,帮助学生提高同理心水平,学会有效的沟通技巧。鼓励班级开展积极向上的活动,如团队建设游戏、志愿服务等,以增进学生间的友谊和信任,营造积极向上的班级氛围。

作为心理咨询师,还需要不断学习和探索新的心理咨询技术和方法,通过阅读专业书籍、参加线上课程、订阅专业期刊等方式,提升自己的专业能力。我也会积极参加相关的培训和研讨会,与同行交流经验,拓宽视野,为更好地服务个案做好准备。

五、结　尾

经过一系列精心设计的心理咨询干预,小航的心灵之旅逐渐迎来了曙光。他学会了如何正视自己的情绪,能用更加成熟和理性的方式应对同伴的评价与学业的压力。更重要的是,他找到了自己内在的力量,这份力量源于对自我价值的深刻认识和对未来无限可能的坚定信念。

小航的故事,是每一位在成长道路上遭遇困境的青少年的缩影。它告诉我们,心理困扰虽然如影随形,但并非不可战胜。通过专业的心理咨询与家庭的温暖支持,青少年能够学会如何驾驭内心的波澜,勇敢地面对生活的挑战。

作为心理咨询师,我们不仅是青少年成长的引路人,更是他们成长路上的同行者。让我们携手并进,为每一位在心灵迷雾中徘徊的青少年点亮一盏明灯,照亮他们前行的道路,陪伴他们迎接属于他们的曙光。在未来的日子里,愿每一位青少年都能怀揣自信与希望,勇敢地追寻自己的梦想,绽放属于自己的光彩。

参考文献

[1] 刘益民、张旭东、程甫.心理学概论[M].北京:科学出版社.2006.

[2] 赵雯.自我同情对寻求专业心理帮助态度的影响[D].海南师范大学,2024. DOI:10.27719/d.cnki.ghnsf.2024.000250.

［3］林桂香.初中生青春期情绪困扰疏导成功案例[J].好家长,2023,(42)：59-61.

［4］赵丹.低情绪调节能力初中生的情绪注意偏向及其对心理健康教育的启示[D].新疆师范大学,2021. DOI:10.27432⁄d.cnki.gxsfu.2021.000396.

［5］高敏超.心理辅导如何帮助学困生走出困境？[J].青春期健康,2023,21(18)：86-87.

［6］霍瑞.认知控制在情绪调节过程中的作用分析及应用初探[D].天津师范大学,2020. DOI:10.27363⁄d.cnki.gtsfu.2020.000646.

重建理性信念，支持幸福人生
——由一例考试焦虑学生的个案辅导引发的思考

赵忠华

摘要：综合收集来访者的资料作成因分析，是一般心理问题内的考试焦虑问题，属于可以进行心理咨询的范围。把缓解烦恼、焦虑的情绪，减轻自卑感，作为咨询的近期目标。把完善个性，帮助形成正确的自我观念，作为远期目标。并分三个阶段实施干预计划。主要使用了理性情绪疗法，帮助来访者改变不合理信念。当合理信念重新建立，情绪问题有明显改变，总体咨询效果比较良好。

关键词：考试焦虑；自我观念；理性情绪疗法；合理信念

案例的当事人是初二女生小唐(化名)。她小学时学习成绩很好，没想到进入初中后成绩却越来越不理想，她内心十分焦急。每次考试前她总有些莫名的恐慌，总感觉又要考砸了，慢慢地就有些不想面对考试了。但想到以后初三还要参加中考，她又不想放弃。所以，她心烦意乱，注意力难以集中，学习效率也更低了。近两周来，发展到过了双休日星期一她都不想到学校来了。

根据综合收集来访者的资料做**成因分析**，我认为小唐同学出现的是一般心理问题内的考试焦虑问题，属于可以进行心理咨询的范围。小唐同学的消极情绪——她的烦恼、焦虑、情绪低落，是由经历多次考试后自认为失败引发的。但她的个性没有发生明显、根本的改变。她有自知力，为自己陷入的心理状态担忧，并且对解除烦恼、焦虑有比较迫切的愿望，因而能接受班主任的建议寻求心理救助。

通过耐心细致的倾听和沟通，我与小唐同学达成了共识，决定把缓解烦恼、焦虑的情绪，减轻自卑感，作为咨询的**近期目标**。希望能帮助小唐改变"考试成绩是评价学生的唯一标准"这样一个非理性观念,引导她正确认识考试的价值与意义,增强她认真学习应对考试的自信心。

作为**长远目标**,希望能完善小唐的个性,帮助她形成正确的自我观念,提高有效处理各种生活挫折的能力,增强其自信和社会适应能力。

干预计划设想分为**三个阶段**实施:

第一阶段:采用理解、共情等技术,设法改善小唐的负性情绪,建立良好的咨访关系,客观分析小唐当前面临的问题,共同制定咨询目标。

第二阶段:应用理性情绪疗法,通过理性分析,改变小唐的非理性信念,帮助她解决情绪和行为上的问题。

第三阶段:巩固小唐的理想信念,增强自信心,进一步帮助她认识自我,探索未来的发展道路。

总的咨询时间,每周 1 次,每次 60 分钟左右,共 4 次。

咨询的**第一阶段,**也就是第一次咨询时,通过共情、理解等技术,与小唐同学初步建立良好的咨询关系,使其感到被尊重、被理解。根据实际情况,与小唐一起确定咨询目标,制订干预方案。

小唐**第二次**来访,进入了咨询的**第二阶段**。根据理性情绪疗法引导小唐同学进行自我审查,使她认识到因为考试而形成的一些信念是不合理的。是信念引起了情绪和行为后果,而不是考试。小唐应该对自己的情绪和行为反应负责。

为了帮助小唐同学认识到不合理信念对我们情绪的影响,我做了如下的启发引导——

师:在日常生活中,我们对事物都有一些自己的看法,有的是合理的,有的是不合理的。不同的想法可能会导致不同的情绪结果。如果我们能认识到,现在的情绪状况是我们脑海中一些不合理的想法造成的,那么,或许就能控制好自己的情绪了。

访:会是这样的吗?

师:我们举一个例子。假如你学习了一上午,已经非常疲乏了,中午你在教室里卧着休息。这时进来几个同学高谈阔论争论不休,引起教室里不小的骚动。他们的声音打扰了你午休,你会有怎样的反应?

访:我当然会很生气!在教室里就应该保持安静,大家要休息!要讨论问题到外面去,别影响我。

师：现在如果我告诉你,是我们有同学发生意外,需要巨额的医疗费用,团队向全校同学发出了爱心捐款倡议。你的同学正在讨论这件事,并且想组织一个更有效的捐款仪式,发动更多人参与。你又会怎样想呢?

访：哦……原来是有同学发生意外需要帮助啊。那么,我应该表示同情,并且还会捐款。

师：你看同样一件事——同学们在教室里的声响影响了你的休息,但是你前后的情绪反应却截然不同。

访：是,因为看法不同,所以态度不同。

师：(赞许地)嗯! 很好。这正是我下面要说的。事情是客观存在的,它们本身无所谓对错好坏,也并不是事情本身让你高兴或不高兴,而是你对事情的看法和评价左右了你的情绪和行为。因此,你对自己产生什么样的情绪是有责任的,是不是?

访：(点头)

…………

第3次咨询,主要帮助小唐同学寻找和确认了关于考试的不合理信念。协助修正小唐原有的非理性观念(考试成绩好坏是评价学生的唯一标准),并代之以理性信念。

第4次咨询进入**第三阶段**,巩固前两个阶段所取得的成果,帮助小唐进一步摆脱原有的非理性信念,使新的理性信念得以强化,提高她的心理健康水平。

咨询效果评估：结束咨询时,小唐表示心情好转很多,认识到以前的很多想法是非理性的,现在感觉轻松多了。她相信家人会理解和支持自己,老师和同学也不会因为考试成绩对自己有特别的看法。

咨询过程中,主要使用了**理性情绪疗法**,帮助小唐认识什么是不合理的信念,使她认识到自己在考试问题上的不合理信念,并引导她尝试改变自己的不合理信念。当合理信念重新建立,小唐的情绪问题有了明显改变,总体咨询效果良好。

在学生群体中,考试焦虑是比较常见的心理问题,会影响学生的学习实效与成长体验。如果不及时发现并给予适当的疏导指引,将会存在进一步加深并且恶化的可能,甚至会给他们的幸福人生留下扭曲的阴影。

如果可以加强对班主任开展心理健康教育能力的指导,使我们的班主任能尽早觉察学生的考试焦虑,并且能够把它从其他因素导致的反常行为中梳理出来,及时予以心理疏导,从中排摸出需要转介处理的对象,我想就可以帮助更多学生健康幸福地成长。

参考文献

[1]阿尔伯特·埃利斯.理性情绪行为疗法.重庆:重庆出版社,2005.

[2]戴维·迈尔斯.社会心理学(第8版).北京:人民邮电出版社,2006.

[3]罗伯特·索尔所.认知心理学.上海:上海人民出版社,2008.

孩子，你怎么看

——幸福作文教学的理念探寻与实践

闵　玥

摘要： 当传统作文教学过度依赖教师预设的弊端，同幸福作文教学的理念冲突时，通过以学生为主体的评价模式，引入自评与互评，鼓励学生以小组形式挖掘作文亮点与不足，逐步培养其鉴赏与批判能力。继而调整评价顺序及分组互补策略，帮助学生明确写作优劣势，激发自主创作热情。教师需转变角色，利用学生"说话"和"求知"的本能，推动学生成为学习主体，深化多元评价机制，细化鉴赏维度，落实"以生为本"理念。

关键词： 幸福教学；初中语文；作文

在踏上一线语文教学之路并上下求索的过程中，我逐渐发现写作是长期困扰师生的难题，学生抓耳挠腮苦不堪言，教师望文兴叹自愧无能。我在《语文学习》2023年第五期中读到王栋生的《作文评价，多让学生说》一文时，顿时如遇救兵，满心欢喜。在我的预想中，语文名师的作文教学，一定既规范实用，又效果显著，那么日常教学只需要照搬现有的成功模式，就能解放师生困境。但是在实际阅读文章的过程中，我的预想被王栋生朴实且真实的文字打破，我的思想随着名师从教一生所遇的遗憾回归现实，以至于读完文章之后，在我心中盘旋不止的不是获得"万能模板"的轻松，而是重寻"秘药良方"的紧张。从"老师，我的文章该怎么改"的课堂模式，转变为"孩子，你觉得这次的作文写得怎样"的课堂模式，王栋生以让学生"会学"的理念打破了我对作文教学的成见。

王老师在《作文评价，多让学生说》一文中，对其在退休之前的作文教学工作中所遇的遗憾和矛盾进行了罗列，发现自己明明认真地教，事无巨细、面面俱到，但反而让学生感到作文要求太多而无所适从，违背了他的教学初衷。根据学生的不同情况，一部分学生"正在学，也在思考"，教师只须静待树长；大部分学生"正在学，但不会思考"，那么教师应当运用自己的作文经验和问题意识，尊重并鼓励学生的个人意见，"让他解释，让他分辨，让他自我评价"，教师再及时提出有针对性、建设性的意见，这样才不违背"作文是个人思想感情的表达，作者是个活生生的人"的教学初衷。

我们的作文教学研究始终停留在评价教师如何教的层面，对于学生，我们想当然地觉得他们系统地学完"这一篇"的写作思路和写作方法，就能够学会所有作文的写作。事实上，这是将学生放在被动接受的位置上，每一篇作文看似经过草稿、初稿、终稿的多轮修改和誊写，能够展示出学生的语言文字水平，但其实每一篇作文最终都是教师预设操纵的结果，学生并不知道为什么老师会建议他这样的详略安排或选择那样的题材，也不明白什么样的语句才是老师口中的富有文采，因为写什么、怎么写都被老师架着，所以学生的课堂作文呈现出"题材脱离学生生活经验，语言超出学生能力水平"的矛盾，这也直接导致了学生并没有真正掌握写作方法和技巧，更无法独立写出优秀作品。

所以，王老师关于作文评价有"学生能写出来，能有自我评价意识，也知道要修改了，目的达到了"的见解使我深有感触。作文教学现有的环节中，只需要加上"学生自评/互评"的环节，就能增加学生主体意识的参与度，并且用同龄人的现有水平相互取长补短，提高学生对作文审美意识的提高，进而训练其自主修改作文的能力。

巧用"说话"的力量

但是，在日常教学应用中，学生评价作文的环节又会出现限于学生作文审美能力而产生的障碍，学生不懂范文为何是范文，在他们眼中，千篇一律，平淡无奇，因此所写的评价自然只能是"文章错别字少，语句通顺，情节合理，某某修辞手法写出了什么，运用贴切"等万能评语。学生真的在评价过程中思考了吗？这样的作业真的有意义吗？会写的文采飞扬，不会写的依旧原地踏步。我在本学期第 N 次批改到这样态度敷衍、字迹潦草的评语作业后忍无可忍，将几个学生叫到办公室，质问他们作业质量为何总是达不到标准。我面无表情地看着他们拘谨地站成一排，他们的沉默让我更加生气，一连追问了几遍，才有一个学生唯唯诺诺地发出声音:"老师,我不会写……"我反问他:"我上课没有指导过可以通过哪几个维度评价同学作文吗?"他点点头,说他已经一一对应着写了,但还是想不出评价些什么。其他学生也都表示同感。

把他们"遣返"回教室后,我心情沉重地翻看几本连点评都写得洋洋洒洒的作文本,试图通过这样的方式缓解一下自己的心情,可是眼前一直回忆起"文字困难户们"无助且委屈的表情。一个学生订正数学作业后嘟囔着"哎呀,我怎么没想到"的声音启发了我,一瞬间我好像能够理解孩子在学习困境中的无力感了,本就写作能力不佳的他们,评价别人的作文又谈何容易呢? 在他们的认知里,可能每篇作文的诞生,都已经极为不易了,所以遵循其狂野粗放的自然美,浑然天成的样子是无须修改的。

于是,我又把他们叫回了办公室。孩子们在办公室里站得很局促,我搬来椅子,让他们围着办公桌坐下,拿出一本点评写得可圈可点的作文本,我慢慢地开口:"孩子们,老师知道你们非常善于保护同学的自尊心,想要用鼓励夸奖的方式让同学保持现在作文中的闪光点。但是,小作者们经常反馈,他们很期待看到同学的评价,因为想看看自己的读者能不能发现自己在作文中埋下的小巧思,文章里有闪闪发光的宝藏,同时也埋藏了不安好心的地雷,就看你们能不能找到啦!"此时,我看到学生的眼神里透着跃跃欲试的光。于是,我带着他们一起读了范文,我鼓励他们几个组成探险小组,七嘴八舌地分析文章中的亮点和缺点,随后对照着点评,学习如何不惜溢美之词夸奖,学习如何委婉但准确地批评。虽然有些理由有点牵强和重复,但看着他们绞尽脑汁,一副用尽毕生所学认真思考的样子,我觉得他们已经在心里树立起认真"欣赏作品、点评作文"的意识了。

从那以后,我也将作文点评的环节从纸面换到课堂,将原本我来分析作文结构的机会交给学生。一改将学生不合格的作业归结为态度问题而气急败坏,我开始用鼓励的态度让他们说出自己做题时的思考过程,听听孩子的声音,也让孩子教教老师不一样的思考角度。在阅读了王老师的经验分享和反思后,我心中也明确了让学生用表达学会学习的信念。

善用"求知"的渴望

很快,几次作文互评后,我发现学生的"探险小组"人员似乎趋于固定,这与我期望学生通过不同的作文互评达到多读、多评、多学的教学目标相违背。正当我苦恼之际,某次偶然间批阅到某组学生的作文及其作文互评给了我莫大的启发。这两位学生显然事先共同讨论,对本次作文题目进行了初步的剖析和构思,使得二人选择了相似的作文题材,但行文的遣词造句和谋篇布局都颇有各自的语言风格,在互相的评语中不乏基于各自作文的优点或缺点对彼此文章的建议:

"哇,这篇作文真的写得太美了!……我特别喜欢作者用'雨后的彩虹'来比喻人生中的困难与希望,既生动又贴切,让我一下子就能理解文章想要表达的中心。作者还巧妙地运用了颜色来描绘彩虹,每一种颜色都像有生命一样,在彩虹桥上跳跃,让我仿佛能看到那幅美丽的画面,真是太棒了!而且,作者通过引用诗句'不经历风雨,怎么见彩虹'来加深主题,让我更加深刻地感受到了挫折与希望之间的紧密联系。……我在自己的文章中也诉说了自己被彩虹的美丽所吸引的事例,除了彩虹象征着奇迹、感动、勇敢,我眼中的彩虹是七种颜色相互融合形成了一幅和谐美丽的画面,所以我想到了这可以象征着不同个体或群体之间的和谐共处与团结协作,彼此并不相同,但又紧密联系。彩虹也可以作为警示,提醒我们应该相互尊重、包容,共同创造美好的未来。"

我发现他们有意识选择同样题材的方式,更有利于他们比较和评价中的有的放矢,这也恰恰可以给其他学生在评价过程中建立"同样的内容,我俩分别是怎么写的?谁的更好一些"的支架进行比较和思考。

因此,受《作文评价,多让学生说》中王栋生老师在文末呼吁教师改变作文教学思路的启发,我调整了原先互评在先、自评在后的顺序,让学生在完成作文后先进行自我评价。通过自我评价,学生可以先初步审视自己的作文,总结自己本次作文中的尝试或优点,并提炼目前写作过程中存在的困境。这既能帮助我按照学生习作优劣势互补的原则进行分组,让学生能快速捕捉到解决困境的方式,又解决了学生鉴赏习作风格固化的矛盾。重复积累多次后,甚至有个别有心的学生开始进行"旧题新作",大家都很欣喜彼此的变化。

至此,《作文评价,多让学生说》这篇名师退休后的回忆与反思之作为我提供了一种新的作文教学方法,并启发我以此路径继续行之有效的深化。在未来的教学中,我计划尝试让学生更多地参与到作文评价中来,通过不同分组标准,如以同材异构为标准划定更多人数成为同小组进行流水评价,各自选择擅长鉴赏的角度,如修辞、句式、结构等维度,对同组内的作文进行细评,让他们在评价的情境中提高自己的写作水平和鉴赏能力。同时,我也会在实施过程中注意保护学生的自尊心和自信心,确保评价方式的科学性和有效性。我相信,这种评价方式可以更好地促进学生的全面发展,培养出更多具有创新精神和实践能力的人才。

在新课标理念的推行过程中,作为教师的我们已经意识到学生的主体性和对学生的素质教育,但是宏大的教育理念要真正落地到日常的教学设计中,真正关注孩子的自我意识,我们还有很长的一段路要走。王栋生老师将自己退休后对过去教学的反思书写出来,让更多一线教师看到的意义,远比他想谈的作文教学中的问题更重要,从鼓励学生对作文进行评价,到逐步鼓励学生分享阅读、做题过程中的感悟,指导教师从根本上转变教学观念,让教师多引导几句"孩子,你怎么看这个问题",给孩子多几个"老师,我觉得这样想会更好……"的机会。

参考文献

[1] 王栋生.作文评价,多让学生说[J].语文学习,2023(5).

[2] 赵淑凤.新课改背景下初中语文作文教学教法[J].新课程教学(电子版),2023(15).

以学生成长为核心的思政课程探索

张孙伟

摘要：在义务教育普及的背景下,如何实现从"有学上"到"上好学"的转变是关键。《义务教育道德与法治课程标准(2022年版)》强调明确育人关键问题。结合教学实际,总结出结合学生生活实际,通过校园活动、家庭交流等让学生有话可说,增强课堂参与度;跨学科创设学习资源,如利用语文素材、心理游戏等丰富思政教学;注重多元化评价反馈,促进学生持续发展,以提升教学效果,培养时代新人。

关键词：道德与法治;学生生活实际;跨学科学习资源

随着中国改革开放的不断推进,义务教育已经普及大江南北的各个城市和乡村,有学上的目标早已实现。中国特色社会主义进入新时代,如何将"有学上"转变为"上好学",《义务教育道德与法治课程标准(2022年版)》做了正面回应,必须进一步明确"培养什么人、怎样培养人、为谁培养人"的关键问题。我在六、七年级任教的三年间,对学生的基本科学素养和数字素养甚为惊叹,但相应地,学生即使已经完成了义务教育小学阶段的学习,仍然对学习的意义充满困惑,一味地传授课本上的内容已经不足以让学生认同,更无法使其内化于心、外化于行。道德与法治课程作为一门德育课程,肩负着引导和培育正确的政治思想、道德规范和法治观念的任务,是培育时代新人的思想根基。在实际的教学过程中受限于教学设备及旧式教学方式方法等,未能充分调动学生学习的积极性,也没有将时事新闻表现的社会大课堂与学校的思政小课堂相联系。基于此,笔者在研读相关新课程关键词后,结合已有教学实际,总结了以下经验:

一、结合学生的生活实际

六、七年级的学生正处于从具体认识至抽象认识的关键阶段,将学生参与的校园活动和校园经历与课程内容相结合,会让学生更具有亲身体会之感,更敢于发言,有话可说。

学校和家庭是初中生在青春期生活和学习的主要场所,通过引导学生采访教师,了解教师的职业特点,与父母谈心,进一步认识青春期身心变化的他人内心感受,通过结合不同学生对于教师的不同风格的分享以及与家人面对面的交谈体会,让学生不仅仅机械地了解互联网和书本所了解到的青春期知识,而且能够将所谓的实际生活分享和评论作为学生间的互动交流的重要方式,学生在参与课堂时能够分享自己的身边事,能够和同学共同讨论,感受到青春期给自己和他人带来的变化。《珍惜青春时光》单元的学习可以通过共同设计学习任务单的形式,由学生自主设计问题,采访周围的同学、家长和老师来换位思考,客观认识青春期给自己和他人带来的不同变化,体会他人的感受。

六、七年级的学生处于青春期早期,通过了解学生的实际生活,能够有效地活跃课堂氛围,激发学生参与课堂学习的兴趣,从而营造乐学善学的思政学习氛围。

二、跨学科创设学习资源

初中阶段相较于小学阶段,课程的分科教学更加明显,原本的综合学习逐渐过渡为综合学习和分科学习。在该阶段,利用好其他课程的学习资源进行思政课程的德育是一个非常有效的教育手段。

以《师长情谊》为例,该单元的教学目标是了解教师的工作,认识不同教师的教学风格,学会理解、体谅和关心教师,构建和谐的师生关系;掌握与父母沟通的技巧和处理亲子冲突的方法,体会父母对自己的关怀之情,增强家庭意识。在学生语文学习的过程中,存在众多德育资源,如古诗词、现代文及综合学习部分。在实际教学中,可以选用语文教学中学生熟悉的现代文课文和古诗词,通过诵读、续写等方式,引导学生成为课堂的积极参与者,而教师作为教学素材的提供者则处于观察员视角,在合适的时间评析学生的不同观点即可。同时,也可以以卫星地图较为直观地呈现春运的广阔场景,让学生理解家的意义,了解父母对自己的关爱之情。

在《珍惜青春时光》的第二课时中,可以与心理、科学等学科建立联系,通过创设心理小游戏、科学小实验的环节,引导学生探索青春期情绪情感的变化。同时,可以将科学和心理的学科知识作为教学知识的补充,形成心理、科学和道德与法治的联通,引导学生从生理及心理的不同方面了解自己产生的身心变化,通过与同伴交流、知识补充、情境小游戏的方式灵活运用。在后续的学习中,学生可以借助所学的情绪情感的调节方法合理调试自己的心理状况,更好地开展校园学习和生活实践。

通过与不同学科的联系,构建跨学科的学习场景,学生对所学知识有了更多的实践方式,有利于他们培育道德修养和健全青春期的人格,同时也能让他们对学科知识产生更浓厚的兴趣。

三、注重评价反馈,促进持续发展

建立多元化、发展性的评价体系,不仅关注学生的知识掌握情况,更注重学生的道德情感、行为习惯等方面的评价。要通过学生自评、互评、教师评价等多种方式,及时反馈学生的学习情况,激励他们不断进步。如在合作完成的采访等小组活动中,组长组织小组成员对各项活动的参与情况进行互评,明确不足,互相督促参与集体实践活动,促进了学生自主学习的积极性。

参考文献

[1] 中华人民共和国教育部.义务教育道德与法治课程标准(2022 年版)[S].北京:北京师范大学出版社,2022.

[2] 刘本涛.增强初中道德与法治课育人成效四维探析[J].中学政治教学参考,2020,43:86-88.

[3] 肖涛.立德树人在初中道德与法治教学中的实践研究[J].中学政治教学参考,2021,02:88.

板块三
幸福课堂的"双减"实践探索

聚焦于教学实践,特别是在"双减"政策下,如何构建幸福的课堂氛围,提升教学质量。

五育并举,协同育人,共创幸福课堂
——以水仙花节系列活动为例

宋家琪

摘要：本文通过介绍上海市傅雷中学举办的"向美而生,雅韵随行"水仙花节系列活动,展示了如何将"五育并举"的教育理念融入实际教学中,旨在培养学生的德智体美劳全方面发展。文章首先概述了"五育并举"的重要性及其在国家教育政策中的地位,随后详细介绍了该校水仙花节系列活动的具体内容和效果,包括通过水仙花养护促进德育、利用水仙花为主题开展跨学科融合教学以拓宽学生思维、通过集体照料水仙花等活动强化体育和团队精神、通过创作水仙花相关艺术品提升审美情趣以及通过实践活动增强学生的劳动技能。文章强调,通过这样的活动,学生不仅能够在实践中学习和成长,还能深刻理解自然之美、传统文化和生态文明的重要性,从而成为全面发展的社会主义建设者和接班人。

关键词：水仙花系列活动;五育并举;幸福课堂

幸福是什么？不同的人有不同的见解。有人认为幸福即为得到,实现儿时的梦想,实现财富自由等;也有人认为知足常乐即是幸福,不求生活得轰轰烈烈,但求平平淡淡过完一生。所以,幸福本身就被赋予了不同的含义。那么教师的幸福是什么？或许就是每堂课都能给予学生一次不同的人生体验。当然,幸福课堂应是师生都觉得幸福的课堂。幸福课堂应使教师提升职业幸福感,使学生收获学习的喜悦和探究的乐趣。

那么,如何打造幸福课堂？基于"五育并举"的大环境下,仅作为案例分享我校举办的"向美而生,雅韵随行"水仙花节系列活动。本届水仙花节以预备年级水仙花雕刻课程为原点,携手多部门资源力量,组织开展水仙花"养、赏、画、斗、颂"等系列活动。在活动过程中,通过学科与学科的融合,引导展开学生丰富想象,激发学生的创新潜能,让德、智、体、美、劳在雅韵芬芳中相遇流转,师生共创幸福课堂。

一、以花向德,培养学生的道德品质

"五育并举,德育为先。"品德是指个体依据一定的道德行为和准则行动时所表现出来的稳固的倾向与特征,主要依靠人们自觉的内心观念来维持,外化为人们的行为举止。

就初中生而言,好玩、好动是天性,随着青春期的到来,学生的自我主见不断发展,课间休息时的走廊就如同菜市场般热闹非凡,学生们你追我赶,打闹嬉戏,甚是欢脱。但于班主任而言,更多的是担心意外事故的发生;于任课教师而言,休息时间未能得到有效保障。

事情的转机出现在 11 月上旬,学校组织举办水仙花节系列活动,为每班发放水仙花球 5 颗,为每位学生发放水仙花球 1 颗,为每位教师也发放了 2 颗水仙花球。从此之后,课间走廊的声音变小了,学生们的脚步好似放慢放轻了一些。因水仙花需要经常晒太阳的缘故,各班都将水仙花放置在走廊的书柜上,走走停停间多的是驻足在各班门前观察水仙花生长情况的学生,讨论的话题也从打游戏、因小事拌嘴转变为探讨为何我班的水仙花还在"装蒜",而别班的已长出嫩芽,诸如此类。日复一日,学生们不知不觉间发生着变化,他们学会了耐心等待,不急不躁,大家都期盼着水仙结出第一个花苞,绽放第一朵小花。教师与学生之间的关系似乎也更亲近了,谈及的内容不再仅围绕紧张的课业,时不时还会探讨养护水仙花的技巧等。

走廊内增添了一丝丝绿色,水仙花架起了一座又一座沟通的桥梁,这绿着实提升了学生的道德素养,也促使师生、生生间的关系更为融洽、密切。

二、以花促智,拓宽学生的思维纬度

智育指文化科学知识的教育。中国社会主义学校智育的基本任务是:向学生传授系统的现代化科学基础知识和技能,大力提高学生的科学文化水平并培养科学态度,为学生奠定比较完全的知识基础;积极发展学生的智力,尤其是创造性思维能力和勇于探索的精神,发展学生多方面的兴趣和才能。朱光潜先生在《谈美感教育》中说:"智育叫人研究学问,求知识,寻真理。"

图1 关于初学者对于水仙花的雕刻是否
能增加开花成功率的实验报告

图2 关于水仙花的培养小知识

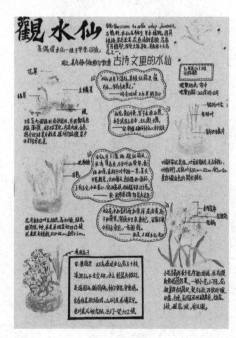

图3 古诗文中的水仙

养护水仙花原是预备年级劳技课程中的一环,但随着水仙花节如火如荼地开展,各个学科围绕水仙花开启了融合教学。如生命科学学科,学生自绘水仙花科普小报,总结水仙花培养知识。更有学生就关于初学者对于水仙花的雕刻是否能增加开花成功率进行实验,通过观察、记录、分析实验数据,综合得出结论:简单雕刻的水仙花不一定会增加水仙花的开花成功率,未雕刻的水仙花也不一定不开花。

再如语文学科筹办了水仙花书法展,并鼓励学生效仿所学古诗词尝试自创关于水仙花的诗词,将课堂分析诗词中习得的知识,融会贯通于写作中,把握水仙花的意象及其特点,结合自身培育水仙花的经历,佐之以情感体验。学生们积极响应,收效甚好。

附词一首:

卜算子·咏水仙

寻香还春归,春来百花到。朵朵黄花缀满梢,亭亭玉枝俏。　　传香脉脉尽显情,好把春来报。好似凌波仙子,纤纤弄波涛。

图4　学生书法作品

可见这次活动既有效引导学生学会观察生活,又激发学生思维品质,全面发展学生思事、处事、行事的能力。

图 5　学生诗歌作品　　　　　　图 6　培育水仙讲座现场

三、以花推体,铸造学生强健的体魄

体育育人不单单是让学生逐步养成体育锻炼的习惯以达到强身健体的功效,其目标还在于培养学生的团队合作精神、坚韧不拔的意志和顽强拼搏的精神。

我校执行各班共育水仙花的策略方案,即希望学生能在这一活动过程中培养团队合作精神。要知道,培植 2 颗水仙花球是一份沉甸甸的责任,重点不在于哪个班先开花,而是在于培育过程中的收获。因水仙花周期较长,又需要每日搬进搬出晒太阳、隔三岔五换水、时不时检查生长情况等,故班内学生要分工明确,以小组为单位,每周轮流照看。当然,组内成员也需要细化职责,如 A 同学早晨清洗水仙花并将其放置于走廊书柜上;B 同学课间留意天气变化,若降温下雨,则需要将花搬回教室内,或根据太阳的移动而移动盆栽的位置;C 同学负责记录当日的情况等。在面对别班领先一步时,切不可气馁,要相信花有各自的花期,静待花开,芳香自来。在整个过程中,水仙本身的坚韧不拔与倔强也能教会学生热爱自然,敬畏生命。

四、以花尚美,提升学生的审美情趣

2020 年,国务院办公厅印发《关于全面加强和改革新时代学校美育工作的意见》,并指出:"把美育纳入各级各类学校人才培养全过程,贯穿学校教育各学段,培养德智体美劳全面发展的社会主义建设者和接班人。"美育作为一种培养良好人格品质和启迪智慧的育人活动,注重提升学生确立自我、展现自我、创造幸福的意识与能力,越来越受到学校教育的关注。

水仙花展示活动以水仙花为载体,激发学生以不同形式呈现对美的独到见解,并为其创意盆景作品取名释义,构成美育实践的表达模式。每一个作品都是学生智慧和辛勤劳动的结晶,集想象力、动手力、学习力、欣赏力于一体,不同造型的水仙花盆景济济一堂,形态不一,姿态高雅,韵味十足。相信在创造美、欣赏美的同时,学生的心性也同样得到了沉淀。

特色办学少年邮局为此届水仙花节设计了邮资机戳,由局长作为学生代表向师生解说,图案由 10 朵盛开的水仙花组成,寓意着欣欣向荣、蓬勃生机、努力向上。

图 7、8、9　学生水仙花创意作品

图 10　少年邮局水仙花邮资机戳设计

五、以花代劳,增强学生的动手能力

劳动教育作为一种使受教育者树立正确劳动观以形成良好劳动习惯的教育,是帮助学生更好地投入未来工作与生活的关键基础性教育,近年来越来越被学校教育所重视。劳动教育是一种"提高技能水平,塑造精神面貌、价值取向"的教育过程。从学校教育层面来看,实施劳动教育的过程,最根本或最基本的环节在于引导学生养成不怕吃苦、勤劳勇敢、迎难而上的意志品质。

养护水仙花是一个漫长而艰辛的过程,磨炼着学生的意志,也锤击着学生的心志。具体的实施过程包括清洗、换水、光照、施肥、修剪,颇有讲究,而且能使学生不禁自发思考:怎样才能使水仙花的根部最大可能地吸满水?水培水仙花的器皿有什么讲究?多长时间换一次水?出现烂根、黄叶怎么处理?为何叶子会耷拉下来?……学生们提出各种各样的问题,而后寻求答案,或向任课教师咨询,或借读图书馆辅助材料解决疑惑,最终得出结论:换水不用太勤,但一定要多晒太阳。在这为期一至两个月的时间里,学生每天主动搬运水仙花,更换纯澈清水,不嫌苦,不喊累,认真记录水仙花的生长情况,可谓兢兢业业,费得一番真心思。劳动意志便在潜移默化中融入了学生的日常行为中。

图 11、12、13、14、15　学生培育水仙花现场及观察日记

培育水仙,观察水仙,记录水仙,改造水仙,学生在水仙花节系列活动中一步步了解水仙。水仙花在这腊月寒冬里独自挺立,历经风霜与磨炼,散发出不屈的魅力,令人惊叹。学生也在这堂大课中变得有耐心、善于观察且乐于观察、懂得团队协作、发挥想象力,他们是自然的发现者、研究者、探索者,在实践中进一步培养了尊重自然、顺应自然、呵护生态、美化家园的生态文明意识,与此同时,也提升了科技创新意识,培养了科学探究能力,感受到了生物之美,探索之乐。

在此系列活动中,"五育并举"结合打造幸福课堂三步走:第一步为教师落实课堂目标的巧妙设计;第二步为学生大胆展示的舞台合集;第三步即发挥教师的主导作用,引领学生学习探讨,激发学生的好奇心和求知欲。学生在教师的引导下,发现各学科间关联,做到有目的地自主学习,发现问题,商讨问题,解决问题,获取知识,享受愉悦。这样的课堂就是幸福课堂吧。

参考文献

[1] 中华人民共和国中央人民政府.习近平出席全国教育大会并发表重要讲话[EB/OL].(2018-09-10)[2023-09-16].

[2] 中共中央国务院关于深化教育教学改革全面提高义务教育质量的意见[N].人民日报,2019-07-09(1).

[3] 习近平.高举中国特色社会主义伟大旗帜为全面建设社会主义现代化国家而团结奋斗[N].人民日报,2022-10-26(1).

[4] 中华人民共和国中央人民政府.中共中央办公厅国务院办公厅印发《关于全面加强和改进新时代学校体育工作的意见》和《关于全面加强和改进新时代学校美育工作的意见》[EB/OL].(2020-10-15)[2023-08-15].

[5] 中华人民共和国教育部.劳动教育,教劳动技能、育奉献精神[EB/OL].(2020-04-30)[2023-12-05].

充分利用文本"以读促写"的幸福课堂实验

周　燕

摘要：文章探讨了"以读促写"在英语教学中的应用，强调阅读与写作技能的相互促进关系。文章指出，阅读理解的复杂性以及写作技能的难度，使得学生在写作时常常遇到困难。通过分析阅读材料，学生可以学习如何构建文章的主旨句、支持性观点和具体细节，从而提高写作能力。文章还介绍了具体的教学设计和反思，包括如何通过阅读理解来指导写作，以及如何利用思维导图等工具帮助学生进行写作迁移。最终目标是通过模仿和内化阅读所学，使学生能够灵活运用所学知识进行写作。

关键词：以读促写；写作技能；思维导图；写作迁移

一、以读促写之为何

英语阅读是一种涉及多种因素、多向交流与反应的极其复杂的综合心理语言活动过程，"读者一开始接触的是作者选择的一串语言符号，来表达作者要表达的思想。当阅读结束时，读者理解了与自己有关的那一部分旨在传达的意义。所以说是作者把意义变成语言，读者又把语言转换成意义"（马丁·韦德尔，1996）。这种复杂的解码过程牵涉文字、语言、语用、常识等多方面的知识。影响阅读理解的因素可分为知识性障碍和非知识性障碍。

阅读中的障碍让学生焦虑、自卑、兴趣减弱，从而造成了读不深、吃不透的困扰。这个环节的难度增大也导致了下一个重要技能——写作能力的缺失。在听、说、读、写、译五大语言技能中，写作技能一直最为复杂，是语言学习者感到最难掌握的一项技能，也是衡量学习这一语言习得能力的重要标志。写作有助于学习者检验英语句法结构和词汇的使用,促进语言运用的自动化,不断巩固和内化相应的英语知识。

写是语言输出的重要途径,能客观地反映学生语言综合运用的能力。尽管英语教学整体水平不断提高,然而,就学生学习现状、教学现状和评价现状而言,写作一直是学生头疼和教师烦恼的问题。学生写作时,常会出现无从下笔、内容空洞、语法错误和事例单调的情况。再纵观教师日常的写作教学,随意性较强,写作教学时间有限,较少对学生进行系统的写作技能指导与训练,或是由于没有很好的教学方法,很难激发学生的写作兴趣。

在实践过程中,越来越多教师发现:读和写是相辅相成、互相促进的关系。由于初中生的语言积累和生活体验有限,"以读促写"的写作教学路径比较切合实际,即开展从读到写的指导性写作和模仿性写作。阅读的深化即可以促进阅读理解能力的提高,更能带动写作课以课本中的阅读材料为载体,以写作技巧为依托,使学习者写作的习得和运用自然而然地渗透于文本的解读过程中。在课堂中开展多样化的活动进行写作练习,帮助学生挖掘阅读语篇中的写作素材,从语言知识、语篇连贯、内容立意和问题结构等方面提高学生的书面表达能力,可以使学生从认识到理解,再将其灵活运用于写作中,以达到"Reading to write"(以读促写)的目的。

二、课堂"以读促写"初探

《义务教育英语课程标准(2022版)》指出:听、说、读、写语言技能在语言学习和交际中相辅相成、互相促进。但实际上,学生课堂阅读的时间往往没有保证,课外阅读量有限;反思性阅读较少,应试性阅读训练题较多。"以读促写"的核心是强调在学习过程中,把读和写视为一个不可分割的整体,在课堂上,通过教师创设的双方互动的情景和途径,让学习者可以通过目的导向去阅读欣赏、分析写作技巧、处理各种语言信息,实际感受和体验读写的魅力的生产过程,进而把阅读的过程转换为写作的过程,把写的体验融入新一轮的阅读活动中,从而在自主参与课堂的过程中获得读、写能力的和谐发展。

下面先结合《牛津英语》(上海版)8B Unit 6 "France is calling"的第一次教学设计,看看如何进行课堂设计才能真正实现以读促写的教学目标。学生在课堂上的反馈会如何?

Teaching Plan

Material: 8B Unit 6 France is calling

Teaching objectives:

By the end of the lesson, students will be expected:

1. learn how to find out supporting points, topic sentences and specific details through reading;

2. learn how to develop a title, draw a mind map and write an article including supporting points (topic sentences) and specific details.

Teaching procedure

Steps	Learning activities	Teaching Purposes
Warming-up	Review the title of the text.	To elicit the topic about how we develop the title
Preparing for writing	Skim the whole text and try to find out supporting points.	To help students know what supporting points are
	Scan Para. 2 – 4 and try to find out the topic sentences and specific details.	To have students spot the topic sentence and learn what specific details are
	Practice on the text: Scan Para 5, 6, 7 respectively and complete different tasks.	To help students grasp the difference among supporting point, topic sentences and specific details and put what they have learned into practice
	Practice on supplementary reading: Read and complete Task 2.	To help students consolidate what they have learned with more practice
	Brainstorm on the topic "Shanghai is calling". In pairs, talk about Shanghai with the help of target patterns in Unit 6.	To have students talk about Shanghai with the language points in Unit 6
Writing	Choose one of the supporting points and write 2 or 3 sentences to introduce part of Shanghai.	To help students apply what they have learned to the description of one of the attractions in Shanghai
Assignments	Oral: Read your group members' passages and share your suggestions	To consolidate students' understanding of how to develop a title through reading

Steps	Learning activities	Teaching Purposes
	with each other. Written: 1. Read' Supplementary reading B' and complete Task 5. 2. Complete the draft.	

三、首次教学之后的几点反思

教学过程中,单元设计不合理,教学目标不明确,课型定位不清楚,导致教学重点不突出和教学时间分配不合理。

1. 对写作微技能停留在指导基础上,由于对支撑点(又称"支持性观点",SP)、主旨句(TS)、具体细节(SD)(下同)进行具体的操练,使学生缺乏写作结构和内容的铺垫,写作任务没有迁移,未能体现以读促写。

2. 学生在找 Paris 部分的 topic sentence 时出现了混淆,原因在于对 supporting points 和 specific details 的区别不清楚,在今后的改进中需要在课堂上进行事先说明或举例。

3. 对于结构的指导与操练比较充分,但语言上只是给了一些课文中的重要句式,语言的铺垫输入不够,所以当学生脱离指导,写作的输出因此受到了影响和局限。

所以,从第一次教学环节和教学反思后得出:教学是一种选择,需要反思精进。第二版教学设计主要以模仿作为语言学习的基本途径之一。仿写是一种基础而有效的写作训练形式,是内化阅读所学并为写作服务的有效迁移。在对课文有了深入的理解之后,学生仿写练习也能够水到渠成。仿写训练可以分成"仿结构""仿句子""仿段落"等。通过第一版的教学实践,我将着手于"仿结构"以读促写。教师通过分析文本结构带领学生了解文章的谋篇布局,引导学生在思维中建立写作框架。以读促写的最终目标是让学生能通过模仿,将所学所知内化为自身的认识,具备灵活运用的能力。通过写语篇的学习任务,提高学生的综合运用能力。

四、反思后再次出发

首次阅读课达成的目标是：阅读微技能的提升。而在写作课时，再次利用课内文本，可以根据相应的写作教学目标进行文本再构，补充适当的信息，使写作微技能的训练与文本相结合，使学生在通过阅读掌握写作结构的同时，语言知识也有所操练，为学生完成写作迁移做好语言结构与语言知识的铺垫。

1. 读为先，找寻规律

(1)以 8B U6"France is calling" Reading,根据学生的实际语言能力对其进行改编，充分利用课文文本，深入阅读。在本堂课的第一次阅读之后，找到与文章相一致的"supporting points"(论点)。

通过阅读，完成了图表后，学习者对文本内容的理解有了进一步的认识：Supporting points must be related to the main idea of the article and it makes the article unity. (支持性观点必须和文章的主旨有相关性，并保持内容的一致性。)

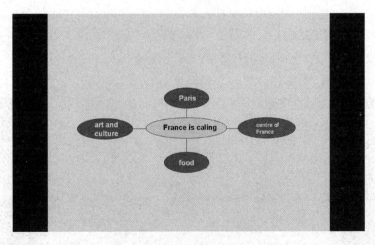

图1　寻找论点

(2) 鼓励学生在找到支持性观点之后，学会去发现每一个支持性观点后主题阐述的引领句，即为主旨句。

在第二遍阅读之后，给予学生一些相关任务，找寻每一个论点后的主旨句，主旨句往往是以段落开始句的状态呈现。学生会在寻找主旨句的过程中，清晰地发

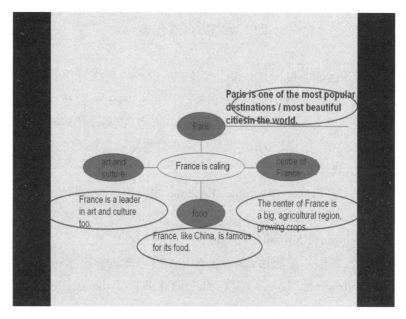

图 2 寻找主题句

现一个规律"Supporting points usually begin with a topic sentence",这一规律的习得是第二次阅读后的一大收获。主旨句既是对论点的深入阐述,又是后文中论据的概括句,所以它地位特殊,重要性不言而喻。

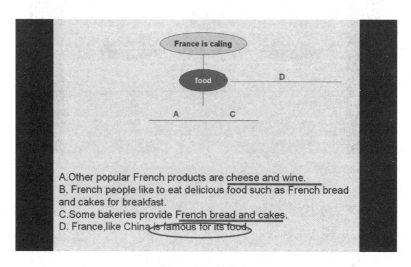

图 3 扩写前准备

(3) 在批阅学生作文并且做了一次小范围的作文写作调查后发现：学生在写作时对于"supporting point"和"specific detail"容易混淆,常常是逻辑关系欠妥,通常出现前后颠倒、文序错误等情况。在第三次有目的性的阅读过程中,需要了解此文写作过程中论据和论点的关系。

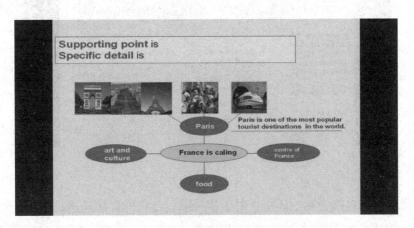

图4　扩写前准备

学生在找 Paris 部分的 topic sentence 时出现了混淆,原因在于对 supporting points 和 specific details 的区别不清楚,需要进行说明。通常,supporting points(论点)应该是更概括的,简明扼要,一击即中,是每一段的重要之处;而 specific details(特定信息)应该更具体,是将前面的论点展开,进行与文章一致性的扩写,使读者清晰地明确法国是一个如何吸引人的适合旅游国家,是一个如何在食物方面有特色的国度。

2. 通过阅读后对文章进行扩写

对 8B U6 "France is calling"的文章进行三次阅读后,教师对于文章的写作微技能的指导与训练从示范到自我寻找训练,帮助学生对 SP, TS, SD 三个写作元素进行辨认,为学生了解和实现写作内容的一致性搭建写作技能的支架。在接下来对文章扩写的过程中,教师对于法国的特色进行深入挖掘,将法国的咖啡文化和时尚之都文化作为两个论点,让学生进行主旨句的探讨并半开放式地进行论据的框架式构建。

对于使写作内容一致性的两个重点进行讲解：SP(TS)/ Title, SD/ SP 两两之间的关系,以及 SP(TS)和 SD 的区别,学生理解度提高。

教师通过提供图片和 pattern discussion 让学生进行语言复习与操练,这对

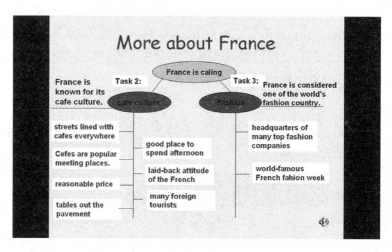

图5 扩写

于写作的产出有很大帮助。学生对于这种图表结构的层层递进,在半开放式写论据时想法很多,但由于涉及语言知识的迁移和一些语法障碍,操练时学生反馈较慢。

3. 运用思维导图进行阅读后的写作迁移

写的递进式输出分为学习迁移和灵活运用两个层次。无论是通过什么方法、依靠什么策略去读,目标都是帮助学生提高写作能力。学习迁移的实质是原有知识在新的学习情境中的运用。原有知识的性质决定了学习迁移的大小和方向。学习迁移是检验原先的学习或教学质量最可靠的指标。"泛读—研读—精读"递进式阅读使得语言输入更为有效,为迁移输出奠定了基础。有效的语言输出离不开有针对性地写作训练。对初中生而言,能自由写作并非一蹴而就,所以需要采用思维导图的形式指导学生进行阅读后的写作迁移。

思维导图又叫心智图,是表达发散性思维的有效的图形思维工具,简单却极其有效,是一种革命性的思维工具。思维导图运用图文并重的技巧,把各级主题的关系用相互隶属与相关的层级图表现出来,把主题关键词与图像、颜色等建立记忆链接。思维导图充分运用左右脑的机能,利用记忆、阅读、思维的规律,协助人们在科学与艺术、逻辑与想象之间平衡发展,从而开启人类大脑的无限潜能。在 AI 条件下的思维导图具有类似人类思维的强大功能。

思维导图是一种将放射性思考具体化的方法。所以,在写作设计时,我也突发奇想,将思维导图作为一篇文章迁移的框架图。在教学中,我将作文题目定为一个思考中心,并由此中心向外发散出 N 的关节点,每一个关节点代表与中心主题的一个连接,而每一个连接又可以成为另一个中心主题,再向外发散出 N 的关节点,呈现出放射性立体结构,而这些关节的连接是文章的完整性框架,然后形成一篇完整且关联性很强、逻辑缜密的文章。

8B U6 中的文章是"France is calling",而学生最有感触的就是生活在上海,对上海的文化和历史都有深刻的认识,将最后开放式写作的话题定为贴近学生生活的"Shanghai is calling",辅以思维导图和基本框架的引导,配备相关图片的启示,再加之前面阅读课程教学中的重点句型反复操练和输入。在以上的基础上,学生以四人为一组,边讨论边写作。在用思维导图作为写作之前的预设,对于各个关节点进行一个连接,让学生们对 supporting points, topic sentence 和 specific details 之间的关联性有了强烈的意识,解决了学生在写作过程中"无处下笔,下笔后又是随便为之"的难题。这种联结体现了英语写作中一环紧扣一环的缜密性,使得学生写出的不再是毫无头绪的文章。

通过一次教学反思和小型的教学写作试验,并加上后期引入的思维导图的写作指导,学生们逐渐明了基本的写作框架;通过课堂上多方位和多层次的阅读输入教学,同时指导学生学会在阅读中带着思考去分析作者的写作方法和结构。很明显,学生后期的语言输出丰富了,层次清晰不少。作为教师要明白,不是所有的阅读素材都适合进行以读促写活动,此篇文章胜在整体的谋篇布局,故可以在设计中紧抓这一个点,阅读是输入,写作是输出。在这次教学活动后,我在上课的过程中,多了一份反思和精进,通过写语篇的学习任务,提高了学生的语言综合运用能力,使他们能够从容应对新的习作任务,并在上课中不断调整。在与学生的互动中寻求最优解,让学生收获成长最快,我想就是幸福课堂最重要的意义吧。

参考文献

[1] Widdowson H G. Teaching language as communication[M]. Oxford: Oxford University Press, 1978.

[2] Krashen S D. The input hypothesis: Issues and implications [M]. London: Longman, 1985.

[3] Swain M. The output hypothesis: Theory and research[J]. Handbook of research in

second language teaching and learning, 2005.

[4] 盛一英. 以读促写读写结合: 一项英语写作教学实验研究[J].南昌教育学院学报, 2005(2).

[5] 杨永林,董玉真. 以读促写,以写促读: 体验英语视角下的教学模式新探[J].中国外语,2010(1).

打造幸福课堂
——以指向读写贯通的《女娲造人》微项目化学习为例

计沈帆

摘要: 随着现代教育理念的不断更新与发展,如何在初中语文教学中营造出幸福、高效的课堂环境,使学生在轻松愉悦的氛围中体验学习的乐趣,成为教育工作者积极探索的重要课题。本文深入探讨了如何通过《女娲造人》这一经典文本的微项目化学习实践,实现读写能力的有效贯通,进而缓解学生对写作的畏难情绪,激发他们的学习兴趣,并最终构建一个充满幸福感的语文课堂。

关键词:《女娲造人》;幸福课堂;微项目化学习;读写贯通

第一章 引 言

1.1 研究背景与意义

随着教育改革的深入和新课程标准的实施,如何在中学语文教学中提高学生的阅读与写作能力,成为教育工作者关注的焦点。传统的教学模式往往忽视了学生在学习过程中的情感体验,导致学生对写作产生畏难情绪,缺乏学习的积极性。

《女娲造人》是一篇根据古籍《风俗通》中相关记载改写的神话故事,作者以大胆新奇的想象,在原有故事的基础上对女娲的形象进行了富有人性化的扩写,生动再现了女娲造人的具体过程,使得这个古老的神话传说充满生活气息,焕发出迷人的色彩。作为部编版教材中一篇富含想象元素的自读课文,为培养学生的阅读兴趣和写作能力提供了良好的素材。因此,探索如何通过《女娲造人》这一文本,打造一个既能提升学生阅读与写作技能,又能让学生感受到学习快乐的"幸福课堂",具有积极意义。

1.2　研究目的与问题

本研究旨在设计并实施一套以《女娲造人》为核心的微项目化学习方案,通过多次比较阅读的形式,激发学生的阅读兴趣,提高他们的快速阅读能力与理解能力。同时,通过当堂练笔活动,促进学生将阅读所得有效应用于写作实践,实现读写能力的贯通与提升。本研究旨在解决以下问题:

(1) 如何利用《女娲造人》这一文本,提高学生的快速阅读能力?

(2) 如何通过比较阅读的方式,帮助学生深入理解文本,并激发其想象力?

(3) 如何设计当堂练笔活动,促使学生将阅读与写作有机结合,提升写作能力?

(4) 如何通过微项目化学习模式,构建幸福、高效的课堂环境?

1.3　研究方法

本研究采用文献分析法、案例研究法及教学实验法等多种研究方法相结合的方式进行。首先,通过文献回顾与分析,梳理中学语文阅读与写作教学的现状与挑战。其次,以《女娲造人》的教学实践为典型案例,深入剖析微项目化学习模式在实际教学中的应用效果与优势。最后,通过教学实验的方式收集数据与信息,对实验结果进行统计分析,以验证该教学模式对学生读写能力提升的实际效果与影响。

第二章　理论框架与教学模式构建

2.1　幸福课堂的理论基础

幸福课堂的概念源于积极心理学与教育幸福感的研究领域。它强调在教学过程中应充分关注学生的情感体验与心理健康需求,致力于创造一个充满积极情感、高度参与、良好师生关系、富有学习意义与成就感的教学环境。根据著名心理学家马丁·塞利格曼(Seligman)提出的 PERMA 模型理论框架,幸福课堂应包含积极情感(Positive Emotions)、投入(Engagement)、关系(Relationships)、意义(Meaning)与成就(Accomplishments)五个核心要素。在语文教学中构建幸福课堂意味着教师需要精心设计教学活动与内容,确保学生在学习过程中能够获得丰富的情感体验与心理支持;同时鼓励学生积极参与课堂活动,与他人建立良好的合作关系,引导他们发现学习的意义与价值所在,最终实现个人成长与自我实现的目标。

2.2 微项目化学习在幸福课堂中的有效应用

微项目化学习作为一种以学生为中心的教学模式具有显著的优势与特点。它通过设计一系列小型而集中的项目任务来引导学生主动探究与深度学习,强调在真实或仿真的语境中应用所学知识解决实际问题,并通过反思与评价来深化学习成果与提升自我认知。在幸福课堂中引入微项目化学习模式可以进一步激发学生的学习动力与创造力,促进他们之间的合作与交流,增强他们的自主学习能力与问题解决能力。这种教学模式也有助于构建一个更加高效、互动性强的语文课堂环境,让学生在参与项目任务的过程中体验到学习的乐趣与成就感。

2.3 读写贯通教学法的理论依据

读写贯通教学法认为阅读与写作是两个相互促进的认知过程。通过阅读,学生可以接触到丰富的思想内容与表达方式;而这些内容与方式又可以在写作中得到有效应用与发展。因此,该教学法鼓励学生在阅读过程中积极思考与质疑,在写作过程中勇于表达自己的见解与创意。此外,它还强调语言的交际功能与真实语境下的语言实践对于提升学生读写能力的重要性。在《女娲造人》的教学实践中,我们可以充分借鉴读写贯通教学法的理念与方法,通过设计科学合理的读写结合活动来促进学生语文核心素养的全面发展与提升。

第三章 《女娲造人》微项目化学习方案设计

3.1 方案设计的总体思路

本方案旨在通过《女娲造人》一文,结合微项目化学习模式,创建一个读写结合的教学环境,以提升学生的快速阅读能力和写作技巧,同时营造充满幸福感的课堂氛围。教学目标如下:

(1)学习快速阅读的方法,整体把握故事情节。

(2)体会神话想象丰富的特点,发挥想象进行写作。

(3)激发想象力和探求未知领域的欲望。

通过引入快速阅读策略,帮助学生高效获取信息,完成从简到难的阅读第一步,继而利用比较阅读法,通过品读关键词句,引导学生体会神话想象丰富的特点的同时,深化文本理解和批判性思维,辅以通过想象力训练活动,激发学生的创造潜能,结合当堂练笔环节,即时应用所学方法,实施项目化学习任务,在40分钟的课堂中实现对写作难题的击破,构建学习信心与幸福感。

3.2 读写贯通在《女娲造人》教学中的应用与实践

首先,本篇课文篇幅适中,文字通俗易懂,加之其作为神话在文体上的特殊性质,学生对于课文内容早已滚瓜烂熟,七年级学生能够快速且轻松地把握文章大意。然而,也正是因为对于神话故事的熟悉与兴趣,往往会导致学生忽视文本的细节部分,忽视如何从文本的写作中汲取有用的养分。同时,七年级学生尽管对于万事万物拥有强烈的好奇心和旺盛的求知欲,但往往缺乏一个推进自主探究的契机。

此外,尽管文本简单,但简单文本的魅力可以运用比较阅读进行挖掘,《女娲造人》是一篇根据古籍《风俗通》中相关记载进行改写的神话故事,且中国的神话故事数不胜数,无不映射着远古先民对于万物始初的无限畅想。那么,自然而然地通过"联读"——从这一篇课文生发开去,我们可以找到具有相同主题的、相同题材的若干资料进行阅读补充,在拓展教学的广度与深度之际,帮助学生真正地自主探究,走进文本,感受想象,继而当堂练笔,实践想象。

考虑到教材的编写意图与学习要求——本课作为部编版教材初一年级第一学期第六单元的一篇自读课文,在阅读方法上,本单元重点训练快速阅读的能力,要求学生提高阅读速度,把握关键语句,梳理作者思路;在写作手法上,则主要引导学生学习如何运用想象来丰富文章内容,同时激发学生探求未知领域的欲望。

因此,教师需要做的便是将学情与文情作为出发点,抓准文本特点,有机结合学生所需,引导学生体会神话想象丰富的特点,发挥想象进行写作。故本节课重在以比较阅读的形式,引导学生深入文章、自主探究想象的作用,并学以致用,通过当堂练笔将课堂所学真正投入有效的实践中去,使学生的兴趣和能力在潜移默化中得到提升。

3.3 部编版教材对读写贯通指向的辅助——以《女娲造人》为例

部编版教材中从教读到自读再到课外阅读的三维体系,使得自读课成为教读课到课外阅读的衔接和过渡,自读课通过其特有的阅读提示引导学生读有所思、读有所悟。

那么,教师在自读课的授课过程中,更需要注意如何充分发挥自读课的衔接过渡作用,《女娲造人》一课便是做到了紧扣想象这一点,通过一次自读、三次比读,引导学生感受神话想象丰富的特点;更进一步,通过一次课堂练笔、一次课后创作,引导学生发挥想象进行创作。这便是自读课即使在课后同样前行不辍的特点,而如何将这条学生课后前行的路铺得更宽、更长、更有趣,继而从幸福课堂转向幸福课程,也是我需要继续思考的。

第四章　教学实施与评价

4.1　实施前的准备工作

在正式实施《女娲造人》微项目化学习方案之前,我们进行了一系列的准备工作,以确保教学活动的顺利进行,包括制订详细的教学计划、准备教学材料、设置课堂规则和评估标准。同时,教师参加快速阅读和写作教学法的专业发展培训,确保能够有效地指导学生。此外,还对学生进行了预测试,以评估他们的初始阅读速度和写作能力。

4.2　教学效果评价与反馈

在《女娲造人》微项目化学习中,为了评估教学效果,采用了定量和定性的评价方法。定量评价包括课中对学生速读效率的统计分析,以检验阅读效率的提升情况。定性评价则通过课堂观察、学生访谈和"运用想象,扩写《山海经》中'夸父逐日'的相关记载"这一课后学习任务的练笔评价量表(表1)来进行,以精准评估学生表现、提供个性化反馈、促进学生自我反思、优化教学设计和增强课堂互动性,了解学生的学习体验和幸福感的变化。

表1　《女娲造人》课后练笔评价量表

评价项目	评价标准				得分
	优	良	合格	不合格	
中心与材料(15分)	13~15分 1. 审题准确,中心鲜明,感情真挚; 2. 对夸父的人物形象有自己的见解; 3. 选材典型,契合《山海经》中"夸父逐日"的相关记载,有新意	10~12分 1. 审题正确,中心明确,感情真实; 2. 对夸父的人物形象有自己的见解; 3. 选材与《山海经》中"夸父逐日"的相关记载相符,能表现主旨	7~9分 1. 审题基本正确,中心较明确; 2. 对夸父的人物形象的表现欠细致,认识欠准确; 3. 选材基本能为中心服务	7分以下 1. 文章中心不明确,没有表现对夸父的人物形象的见解; 2. 选材不能表达中心	

评价项目	评价标准				得分
	优	良	合格	不合格	
语言 (10分)	8～10分 1. 语言自然流畅,能准确表达自己的思想; 2. 能够融入丰富的想象、运用贴切的词语来塑造人物、表情达意	6～7分 1. 语言通顺,能较清楚地表达自己的思想; 2. 能运用一定的想象和词语来塑造人物、表情达意	4～5分 1. 语言基本通顺,思想表达基本清楚; 2. 用语基本正确	4分以下 语言不通顺,用语不恰当	
思路与结构 (15分)	13～15分 1. 要素清晰,叙事完整; 2. 能够按照《山海经》中"夸父逐日"的相关记载叙事,条理清晰; 3. 结构安排有特色	10～12分 1. 要素较清晰,叙事较完整; 2. 能够按照《山海经》中"夸父逐日"的相关记载叙事,条理清晰; 3. 结构合理	7～9分 1. 要素基本清晰,叙事欠完整; 2. 条理基本清晰; 3. 结构基本合理	7分以下 1. 叙事结构混乱; 2. 详略不得当	

4.3 反思与改进建议

教学实施后的反思表明,虽然大部分目标已经达成,但仍有一些方面需要改进。例如一些学生在快速阅读时过于关注速度而忽视了理解深度,未来需要在两者之间找到更好的平衡点。此外,对于部分学生来说,想象力训练仍具有一定的挑战性,教师需要考虑更多的差异化策略来满足不同学生的需求。针对这些问题,建议在未来的教学中更加注重个别化指导,增加互动式和游戏化的元素,以提高学生的学习动力和整体幸福感。

第五章　结　论

将《女娲造人》这一经典文本与微项目化学习相结合,不仅可以提升学生的读写能力,还能让他们在参与和体验中感受到学习的乐趣。幸福课堂的构建是一个持续的过程,需要教师不断探索和实践,以学生为中心,创造更多符合学生需求的教学模式和学习活动。

多次比较阅读的形式可以显著提高学生的快速阅读能力,能够使他们更好地把握关键语句和理解作者的思路。同时,学生的想象力得到了有效激发,写作兴趣和写作能力有了明显提升。微项目化学习模式促进了学生的自主学习能力和团队合作意识,增强了他们的探究精神和创新能力。此外,学生在幸福课堂中展现出更强更高的学习动力和满意度。

参考文献

[1] 谢琳.统编初中语文教材自读课教学设计[J].上海课程教学研究,2021,(S1):101-106.

[2] 康敏.核心素养:幸福课堂的本质回归[J].新课程研究(上旬刊),2016,(01):33-35.

[3] 夏雪梅.指向核心素养的项目化学习评价[J].中国教育学刊,2022,(09):50-57.

[4] 欧阳缚龙.丰富语文活动,培育核心素养——以《女娲造人》教学为例[J].语文教学与研究,2020,(16):36-38.

指向核心素养的物理情境化教学实践

邱倏蕙

摘要：指向核心素养的物理情境化教学实践,旨在通过创设真实、生动的教学情境,激发学生的学习兴趣,培养其科学探究能力、问题解决能力和创新思维。该模式强调将物理知识与生活实际紧密结合,引导学生在具体情境中主动发现问题、分析问题并解决问题,从而深化对物理概念和规律的理解。这种教学方式注重学生的主动参与和体验,促进知识的内化与应用,为培养具有创新精神和实践能力的综合型人才提供了有效途径。通过情境化教学,学生不仅能够掌握学科知识,还能提升科学思维、实践能力和社会责任感,实现核心素养的全面发展。

关键词：核心素养;物理情境化教学;真实情境;创新精神

一、探索背景

(一) 概念界定

义务教育课程方案和课程标准(2022 版),凝练了各门课程需要培养的核心素养。以核心素养为大纲的义务教育课程对教学提出了新要求,明确提出"倡导情境化教学,突出教学问题"。

情境化教学是把核心素养融入教学过程的主阵地,是提升学生核心素养的重要环节之一。随着"双新"教育改革的深入进行,强调体验式学习、研究性学习、项目化学习,物理的实践性课程学习增多了,这就给新时期的教师提出了更高的要求,在教学过程中,教师与学生、学生与学生积极互动,让学生在轻松的教学氛围中,完成教学任务。当然学生的主动建构需要一定的方法或技能,这些方法或者技能并非与生俱来的,也并非直接靠教师口头传授就能使学生学会的,而是需要学生在学习的过程中通过教师创设情境,贴近学生的真实经验,学生在亲身体验中主动学会这些方法和技能,解决情境中的碎片化问题,系统地优化对物理的认知结构,培养解决问题的能力。

(二)现状分析

由于长期受应试教育的影响,在很大范围内物理实验教学仍然处于"讲起来重要,教起来次要,考起来不要"的状态。实验教学因长期没有受到重视而成为物理教学中的薄弱环节。原来的实验大部分是以讲代做的实验教学方式,导致教学中真正做实验的时候,设计会脱离学生的实际情况。有的实验过于简单,学生无须动脑思考就能解决,缺乏学习动力;有的实验设计的问题难度较大,学生思考后无法解决,失去了学习兴趣。学生普遍认为物理难学,不愿意学。很多学生开始自动屏蔽教师讲的内容,导致教师上课效率极低,不能让学生主动积极地学习,难以引起学生的共鸣。课内知识都处理不好,涉及的知识拓展和综合能力就更不用提了。针对现状,要从学生的学习动机、学习需求、兴趣和体验入手,创设教学情境,培养学生的物理实验探究能力。实验探究能力涉及物理实验观察能力、物理实验思维能力、物理实验操作能力,是三种能力的综合。实验操作能力是物理实验能力的核心部分。物理情境教学是初中生认知活动的基础,正确培养、牢固树立实验研究的思想方法是教师的基本责任。强化情境实验教学,是优化教学效果、实现教学模式转变的基本手段。精心设计课堂情境教学活动,充分利用物理实验的动眼、动耳、动口、动脑、动手的要求,放手让学生观察实验、参与实验,在情境过程中得到深刻、明晰的物理知识。给学生创造更多的动手机会,既可以让优秀学生施展身手,又可以为操作能力较差的学生提供锻炼自己的机会和提高实验能力的场所。让学生在实验室亲自动手做些自己设计的小实验,学生既可以复习已学的实验操作,还可以极大地增强学习物理的兴趣,使他们在情境实验中自主设计实验方案,得出实验结论,并对实验结果进行分析等,培养学生的创造能力、探究能力。

二、初中物理实验能力培养目标

物理实验能力目标		发 展 目 标
一级要素	二 级 要 素	
确定目标的能力	1. 观察能力 2. 猜想能力	在能力目标中通过观察与实验,培养学生初步的观察能力和提出问题

物理实验能力目标		发 展 目 标
一级要素	二级要素	
确定目标的能力	3. 提出问题的能力 4. 研究问题的目的	的能力,经历探究过程,有初步的探究意识
科学设计方案的能力	1. 实验的计划 2. 设计能力 3. 科学实验设计方案	创设情境,自主探究实验。安排更多的边学边实验,使学生在学习理化生知识的同时培养了实验操作能力
实验操作能力	1. 动手能力 2. 演示实验变为学生实验 3. 各类型的实验教学中要从不同角度有计划地进行培养	
分析归纳问题的能力	1. 认真分析实验数据 2. 通过实验事实归纳出物理规律性认识和方法 3. 实验要理论联系实际	用数学方法和逻辑方法等进行加工整理,归纳出各物理量之间的内在必然联系,使学生的创新思维和操作能力得到锻炼和提高,进而提升学生的物理科学素养
交流合作评论的能力	1. 实验分组 2. 让课本演示实验变为学生实验 3. 让物理实验走进生活	

三、实 施 途 径

(一) 注重培养学生的问题意识,创设情境提升学生确定目标的能力

爱因斯坦说过:"提出一个问题,往往比解决一个问题更重要。"首先,根据学生的知识点层层深入,提出问题。例如在讲光的色散时候,我设计了如下情境问题:一只手捂住发光的手电筒,会看到什么现象? 手指周围为什么是红色的? 在讲重力势能一节中,也向学生提出问题:当你从教学楼下走过,一盆盆栽有一小半的底部漏在窗台外面,你会感到紧张,而盆栽放在路边,你就不会感到有什么危险,为什么? 再如讲串联电路的特点时,提出这些问题:亮度可以调节的台灯,其亮度与什么有关? (与电流大小有关。)改变电流大小有哪些方法? (改变电压和电阻。)改变电阻有哪些方法? (改变长度、横截面积、温度、材料种类。)哪些仪器可

以改变电流?(滑动变阻器。)滑动变阻器要串联在电路中,然后分析电压电流如何改变。这样的问题设计,能引导学生对照所学知识进行分析辩论,收到的效果也比较理想。总之,教师要创设情境,鼓励学生发散思维,引导他们向正确的思维方向发展。

其次,设置情景引起争论,激发思考,提出问题。上新课时,利用一些争论,可以让学生的思维一直处于活跃状态。通过争论,提出一些他们想知道的和解决的问题,而且有争论的问题,学生印象往往会比较深刻;而容易引起争论的问题,通常是生活中碰到的现实与物理原理相矛盾的问题,或者在平时形成的概念与严格定义的物理概念不一样的问题。创设一些情景,能让学生通过自主探究,自己发现问题,确定目标,有利于培养学生的问题意识。

案例一:做凸透镜成像实验时,教师把器材发给学生,不要有过多的约束。教师只提出两个要求:(1)看谁能找到凸透镜(很简单)。

(2)看谁能把这些发现加以概括,总结出一些成像规律(很难)。

(因为教师并不多加限制,学生的思维、实验方法是自由无边际的。所以,他们探究的结果令教师大吃一惊,仔细一想,又极为合理。)

当教师提出第一个要求时,话音刚落,几个组的学生就兴奋地高呼:"老师!老师!我们组先找到了!"很快每个组都找到了像,同学们在黑暗的实验室里前后左右地比较,发现自己被大大小小、倒倒正正的像包围着,兴奋得眼睛都发亮!感叹凸透镜成像比平面镜成像丰富得多。其中,有几个小组的学生的发现令我终生难忘,他们叫我过去,指着凸透镜的表面,说:"老师,你看,我们的像是这样的!"顺着他们指的方向,我没在光屏上发现什么,却意外地发现了两个与众不同的像,竟然是那么清晰,那么突出!一个倒立的像,另一个是正立的像!关于这两个像,教学基本要求及课本中只字未提,解释这两个像并不难,可悲的是:探究的问题由学生提出,而教师熟视无睹!我如实向学生坦白:"我教学十几年从未看到过它们。"学生诧异地望着我,言外之意是:这么清晰,老师怎么看不到?下课之后(正好是课外活动时间),这几组学生强烈要求继续他们的问题探究。我们的"临时科研攻关小组"就这样诞生了。他们攻克的是"老师都熟视无睹的难题"。学生干得可带劲了。毕竟,学生知识有限,还得教师暗地里引导:"来,想想看,它们是虚像还是实像?这个像的位置在哪里?成像原理是什么?"同学们沉浸在探究的兴奋中,在讨论……,在争论……,在实验……,善于动手的学生立即拿着光屏去打捞像,善于思考的学生凝视、思索,善于表达的学生在画图……。有的学生说:"像在凸透镜的玻璃里面。""不,像在凸透镜的玻璃外面。""不,像在凸透镜的玻璃表面上。""那个正立的像是虚像,因为平面镜成的像是正立的,且是虚像。""不对,平面镜成的像是等大的,可它是缩小的,肯定不是平面镜成的像,像在凸透镜后面。""不对,像在凸透镜前面。""咱们用光屏承接。""好的,把光屏变小点,若太大,会挡住所有光线的。"由学生发现,由我暗暗引导,再由学生团结协作,思维处于激发状态,探究一直在进行中……

根据学校的实际情况和学生的能力水平,教师要积极组织学生利用课余时间进行一些实验专题研究。在进行实验专题研究的过程中,教师应该自始至终积极参与到学生之中。在研究方案的确定、如何查找资料、安全操作措施的防范等方面给学生具体的指导和帮助,组织学生利用课余时间针对这些问题进行专题探究,使学生在探究活动中学到课堂上无法学到的知识。

(二) 运用"实验"情境启发学生的科学思维和科学探究能力

为了适应新的教育理念和提高学生科学思维和探究能力的需要,在课堂教学中要注意引导学生围绕相关物理现象与问题,尝试进行自主探究和实验设计。

首先,引导学生从熟悉的事例出发,结合实验情境进行猜想,明确问题后进行实验设计。即让学生自己提出实验方案,决定用什么方案进行实验,验证自己的猜想,并组织学生对设计方案进行交流。

其次,由于学生刚刚开始学物理,教师需要根据情境设计的实验方案对学生进行较多的指导,并在与学生交流的基础上,给予适当的评价、归纳和总结。

案例二:平面镜成像

(一) 导入

视频:"水浇不灭的蜡烛"。提出问题:平面镜后的蜡烛为什么在水淋之下不会熄灭? 并给出原因分析,从而引出课题"平面镜成像"。

(二) 新课

1. 学生实验:探究平面镜成像的特点

(1) 猜想

教师:镜中像(小猫照镜子);水边的倒影(美丽的湖光山色,平静的湖面像一块镜子一样倒映出旁边的山林);玻璃橱窗的景象(橱窗是一块块平的玻璃板,既能看到窗外的景象,又能看到屋内的景象在玻璃板上成的影像)。镜子、平静的水面、平玻璃板、抛光的物体表面都可以看作平面镜。

平面镜可以成像,所成的像有什么特点呢?

根据平时自己照镜子的实例和图片"花瓶",请大家猜想平面镜成像的特点:

a. 像与物的形状、大小相同。

b. 像和物到平面镜的距离相等。

c. 像和物的连线与平面镜垂直。

d. 像和物左右反向。

教师:刚才我们大家猜想了平面镜成像的一些特点,这些特点必须通过什么的检验呢?(学生答:实验)为了让大家能顺利完成后面的实验,我们先来讨论一些问题。

(2)问题讨论

问题1:如何确定像的位置?

教师:既然我们研究平面镜成像的特点,首先我们要知道像的位置,如何确定像的位置呢?

桌面上现在都放置了一面镜子,大家可以把它竖放在桌子上,在镜子的前方放一个蜡烛,蜡烛所成的像的位置,你能找到吗?(教师先演示,学生再操作)

教师:大家不能很好地确定像的位置,那怎么办呢?(用玻璃板替换镜子)。像的位置又怎么确定呢?(教师启发学生,通过"蜡烛不灭"的视频获得启发,教师演示。在蜡烛像的位置及附近,共放置3根相同的蜡烛)

师生小结:用玻璃替换镜子,用相同的蜡烛替换物与像。在玻璃板前放一支点燃的蜡烛A,在玻璃板后放一支没有点燃的同样的蜡烛B。移动玻璃板后的蜡烛B,直到从玻璃板前面不同的位置看去,板后的蜡烛B好像点燃了似的。蜡烛B所在的位置就是蜡烛A的像所在的位置。

问题2:如何比较像与物的大小?

教师:刚才同学们猜想像和物大小相等,那么在实验中,我们如何比较像与物的大小呢?

使用另一个与物完全相同的物体,放在像的位置上,若能完全重合就能说明像与物的大小相等。

问题3:如何比较像与物到平面镜的距离?

教师:刚才我们也猜想了像与物到平面镜的距离相等,在实验中,如何比较

201

像与物到平面镜的距离？

学生：先记录像、物、镜面等的位置，再使用刻度尺进行测量比较。

教师：如何准确记录像、物、镜面的位置呢？（师生讨论并得出具体方案）

问题4：在实验中，通过一次实验是否就可以得出结论？

教师：在实验中，通过一次实验是否就可以得出结论？

（提问再表述）需要进行多次比较，每次测量的位置与之前不同。所以，我们选择下面这些器材。（展示幻灯片）

让学生阅读活动卡的实验步骤，再完成实验，并记录相关数据。

（3）学生实验

通过记录的实验数据，归纳得出实验结论。

（4）合作交流

各组交流。

教师：实验步骤3，试一试，并讨论。（像的位置没有光线射出，因此称之为虚像）

结论归纳。（展示幻灯片）

教师：前面我们刚刚学过了光的反射定律，我们可以利用它来说明平面镜成像原理。请看屏幕。

【点评】本案例是在课堂教学的氛围中实施探究性学习的一次有益的探索，通过创设情景，激发学生探究问题的兴趣，由此引发他们的种种猜想，让他们主动参与探究性学习活动。在活动中教师充分关注探究性学习与教学目的的结合。实践证明，只要给学生足够的时间和空间，且组织引导得法，学生是乐于进行探究性学习的。通过情境学习，学生不仅学到了知识，更重要的是在整个探究过程中，体会到了知识是怎样获得的，优化了学习方式，提高了科学素养。

（三）通过创设真实实验情境教学，培养学生解决问题的能力，促进物理核心素养目标的达成

创设教学情境是教学活动永恒的主题，开展探究性学习，从根本上改变学生的学习方式，更好地培养学生的创新精神和实验能力，通过创设情境和教学内容相结合，让学生在教师的指导下，自主发现问题，探究问题，获得结论，而不是把已有的结论直接告诉学生。首先，我们从创设问题情境、引导学生探究

开始,让学生在一定的问题情境中,借助已有的材料信息,围绕问题收集,加工,处理信息。其次,通过探究合作学习和自主学习等方式,最终找到解决问题的正确途径。

案例三:在九年级《液体压强》的教学设计中,首先想到的是教学过程的开放,在这一节课的导入中,发现可以带领学生自制实验器材做小实验。通过小实验可以形象直观地展现液体内部存在压强,且随着深度的增大而增大,从而体现探究性。

第一环节,通过创设情景导入课题,感受液体内部有压强。

学生动手自制实验器材,观察到橡皮膜凹陷进去,思考:该现象说明了什么?

第二环节,通过演示实验和学生实验,探究液体内部压强的初步规律。

活动目标:探究液体压强随着深度的增加而增加的规律。

学 生 活 动	指 导 要 点
◆ 各小组在桌上放上塑料瓶,瓶的不同深处开三个出水孔。先猜测:瓶中灌满水后,三个出水孔同时流水时,水流喷出的远近。(可操作、有意义) 实践的结果与猜测的是否一致?为什么? 拓展:同一深度的三个出水孔同时流水时,水流的远近?	◆ 水流喷出越远说明压强越大,表明水体越深压强越大。海水每深 10 米,就增加 1 个大气压。深潜器在万米洋底将承受 1000 个大气压。而地球上的人所承受的只是 1 个大气压。人类徒手潜水的极限是 105 米(言语信息)。随着潜海技术的发展,深潜器已经能下潜到 10 916 米的海底进行考察。(需要播放图片或视频增强学生的感性认识)

实验结果表明:大多数学生观察到的现象和教材上的图片一样,学生会得出液体压强随深度的增大而增大的结论。

【点评】让学生独立完成实验,有利于培养学生的创新意识和实践能力,学生的情境实验实践活动并不是按照教师预先规定好的程序来操作,但得出教师预计的实验结论。为了保证学生体验探究活动的自主有效,现在的实验探究更加注重引导学生思考研究方法、设计研究方案、交流研讨探究的结果,让学生体会到观察和实验在物理学习中的重要性,领悟科学研究方法,经历科学探究过程,提高学生的综合科学素养。

(四) 应用生活化情境教学,注重理论联系实践

要让学生在活动中体验,进行探究性学习,用自己的探究来解释各种自然现象和社会现象中的众多知识,了解如何将所学知识应用到日常生活中去。让学生通过实验操作,体会到该"如何做",探索的过程可以用"想、做、说"三个字来概括。想是针对问题情境,首先提出观察、思考与假设,制订计划和方案。做是设计出方案,进行探究,通过分析归纳得出结论。说就是针对情景探究过程,进行亲身体验,拓展学习领域,引发学生的思辨。

案例四:间歇泉成因的探究

(创设情境,引出问题)

同学们一定知道天然喷泉的物理成因吧!

(学生积极回答)

天然喷泉利用的是连通器原理。在连通器内注入同种液体,在液体静止时,液面在同一水平面。

(继续启迪思考)

闻名世界的美国黄石公园的"老忠实喷泉",每隔 70 分钟就喷发一次,间歇喷出温水,成为间歇泉,已有近百年历史,你们知道这又是为什么吗? 运用了什么物理知识呢?

(学生积极思考,分析猜想。陷入了困惑之中)

(引导设计创新实验,启迪创新思维)

取一个圆柱形大水槽,里面装入三分之二的水。取一只玻璃漏斗,口朝下置于水槽内,漏斗口处液面内外相平。再取一个乳胶管,一端开口处置于漏斗口的下面,另一端拉至水槽外,如图所示。然后从乳胶管的上端开口处不停地吹气,并仔细观察现象。

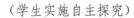

(学生实施自主探究)

学生去实验室进行实验,鼓足气吹乳胶管,不一会儿,一股水流从漏斗口喷射出来。又过了一会儿,又有一股水流喷射出来,实现了间歇喷水。这究竟是为什么呢?

(引导分析,启迪思维)

通过乳胶管向漏斗里吹气时,空气会变成气泡往上升。随着气泡往上冒,漏斗里的圆锥容器的上端气压增大。随

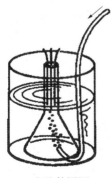

实验装置图

着吹气的进行，当气压增大到一定程度，圆锥容器上方的水就会被快速往上推，从而冲出地面形成喷泉。喷水后，漏斗里圆锥容器上端气压骤降，短时间停止喷水。随着继续吹气的进行，当气压再次增大到刚才的程度，又有一股水流喷射出来，实现了间歇喷水。前述间歇泉就运用了这个物理原理。间歇泉就是一种能呈喷发状态的温泉，而且这种喷发是断断续续的，因此叫间歇泉。在有间歇泉的地方，往往也是火山地区。地下水被高热岩浆加热后，水蒸气的气泡上升。当这些气泡上升到漏斗形状的狭窄地方时，形成的巨大压力会把那里的水也往上推，从而冲出地面形成喷泉，这就形成了间歇泉。在这个探究中，只要不停地吹气，水就会不停地喷射出来。而间歇泉则不是这样，它要在水蒸气的压力足够大时才会喷发。当这股高温水流的"脾气"发作完了，它的温度和压力也就下降了，于是喷发就停止了。下次再发"脾气"的时间要看管子的深浅、大小、地下水与岩浆的作用程度和距离等。

【点评】这个实验非常有趣，可以培养学生的观察能力、分析综合能力。带着学生到实验室，让他们实施自我探究，亲身感受，在观察实践中学习物理知识，将使物理学变得更加亲切。联系生活实际的问题，往往是学生特别感兴趣的问题，能激发学生更加强烈的好奇心和求知欲。通过对问题的自主探究，可以使学生感受到探究的乐趣，从而激发学生对物理学的热爱，使他们更有兴趣投入物理学科的探究学习中，更有利于学生核心素养的全面提高。

在实验探究中，创设物理情景，制造问题悬念，自然导入，紧接着让学生联系他们极为熟悉的现象，利用所学知识解释生活中、自然界的一些现象，会使学生认识到生活中无处不蕴含着物理知识，极大地激发学生学习物理的兴趣。在教学上，教师要重视实验探究能力的培养，表达出学生在探究过程中的思想上的发展过程，把所学的知识运用于解决实验的问题中，让学生通过实验探究拉近物理和生活的距离，感受物理与社会、物理与日常生活的联系，获得许多和课堂上完全不同的体验，既拓宽了视野，感受到成功的快乐，又增强了学生所学知识的实际应用能力、动手能力和创新能力，让他们体验到物理学习的乐趣。

教师要在不同视角下切入，根据具体教学要求灵活地创设各种各样的教学情境。情景化教学可以引导学生高效地学习物理知识，提升教学质量，有利于培养学生的学习兴趣，提高学生分析问题和解决问题的能力。在实际教学中，教师要立足物理学科核心素养的目标发展，拓展学生思维的深度和广度，以便他们能更加适应未来的社会发展。

参考文献

[1] 教育部.义务教育物理课程标准(2022 年版)[M].北京：北京师范大学出版社.

[2] 郭玉英,张萍.(2018).基于核心素养的物理教学情境创设研究.《课程·教材·教法》,38(12),89－94.

[3] 王晶莹.(2020).初中物理情境化教学的设计与实施策略.《中学物理教学参考》,49(3),12－15.

打造幸福课程，让学生感受学习的快乐

——浅谈提升学生写作的幸福感

沐钦圣

摘要： 在新时代教育改革的背景下，新课程标准强调以学生的核心素养为统筹，注重提升学生的实践和创新能力。六年级语文教学作为基础教育的重要阶段，面临着如何有效提升学生写作能力的挑战。当前，六年级学生在写作方面表现出明显的分化现象，多数学生对写作任务存在消极情绪，优秀学生也感到压力重重。因此，探索如何提升学生写作的幸福感，成为当前语文教学亟待解决的问题。

本文聚焦于六年级学生在写作过程中幸福感缺失的问题，深入分析学生面对写作任务时的消极情绪及其成因。研究发现，学生在写作方面缺乏自信和兴趣，对写作目标不明确，个性化表达不足，难以自然地说出心之所想，是导致幸福感缺失的主要原因。

针对上述问题，本文提出了一系列提升学生写作幸福感的策略。通过引导学生建立清晰的写作目标、展现个性发展以及在写作中能自然地说出心之所想，旨在改善学生对写作的态度，提升写作兴趣和自信，使他们在写作过程中获得成就感和幸福感。通过教学实践验证，这些策略有效减弱了学生对写作的厌恶情绪，提升了他们的写作能力和幸福感，为六年级语文写作教学提供了新的思路和方法。

关键词： 六年级写作；幸福课程；教学策略

新课程标准提出语文教学要以学生的核心素养为统筹，根据学生的生命发展需求，围绕学习任务群的教学设计引导学生进行广泛且有深度的学习，提升学生的实践能力和创新能力。我在六年级上学期的写作教学中进行了一些尝试，希望在提升学生实践能力和创新能力的同时，也让学生在课程学习中收获满足感和幸福感。

在六年级的语文教学中，我们观察到学生在写作这一关键环节上呈现出较为明显的分化现象。多数学生在面对写作任务时，表现出较为消极的态度。当我携带作文纸进入教室时，这种消极情绪尤为明显，教室里迅速弥漫起抵触和不满的情绪。那些不擅长写作文的学生，对于课堂作文表现出强烈的抗拒感。他们往往用哀求的眼神期望能够将作文作为家庭作业，以争取更多时间和空间去构思和撰写。这种心态反映出他们在写作方面缺乏自信和兴趣，可能需要更多的指导和鼓励帮助他们克服写作难题。

即使是语文学习上相对优秀的学生，在面对作文课时也显得颇为紧张，仿佛即将面临一场严峻的挑战。这种"如临大敌"的表现，说明他们虽然具备一定的语文基础，但在写作方面仍感到压力重重，需要进一步的指导和提升。

然而，值得注意的是，班级中仍有一小部分学生对作文课表示出积极的态度。这部分学生善于写作，对作文充满热情，他们的存在为班级营造了一种积极向上的学习氛围。但同时，这也提醒我们，激发更多学生对写作的兴趣和热情，是当前语文教学中亟待解决的问题。

综上所述，六年级学生在写作方面存在明显的差异和分化。为了提高学生的整体写作水平，教师需要针对不同学生的实际情况，采取差异化的教学策略，既要关注那些在写作上遇到困难的学生，帮助他们树立信心、克服困难；也要进一步激发优秀学生的写作潜能，引导他们向更高的水平迈进。同时，教师还要通过丰富多样的教学活动和实践机会，逐步培养学生的写作兴趣和习惯，使他们在语文学习中取得更加全面的发展。

如何在提升学生写作能力的同时，让他们在写作中获得幸福感和满足感，而不是把写作当成被迫完成的困难任务呢？我主要围绕三个方面展开，分别是引导学生树立清晰的写作目标、在写作时能展现自己的个性发展，以及在作文中能自然地说出心中所想。

一、树立清晰的写作目标

我为六年级的学生设计的第一个作文题目是"这次尝试很值得"。在这一题目中，有三个关键点需要引导学生特别注意：首先，"这次"一词明确限定了作文叙述事件的单一性与具体性,提醒学生聚焦于一次特定的经历;其次,"尝试"则要求学生选取自己亲身实践、探索或挑战的新鲜事物作为写作对象,强调行动的过程性与体验性;最后,也是至关重要的,需要将"值得"这一情感评价巧妙融入对尝试过程的叙述与反思之中,让读者能够感受到这次尝试所带来的正面价值、收获或成长,无论是心灵上的触动,还是技能上的提升。这一作文题目的设定,旨在锻炼学生的审题能力,只有明确题目的意义才能树立清晰的写作目标。

我对两个班的学生看到作文题目后是否有明确的写作目标进行了统计。在布置"这次尝试很值得"这一作文题目后,我先分发了一张草稿纸,让每位学生简要地写一下写作思路。当天来校的学生有 90 人,其中在提纲中提及"尝试"的有 83 人,占比 92%;提及"值得"这一关键词的有 41 人,占比 45.5%;在提纲中明确"这次",即"这次尝试"为一件事,而非多件事拼凑的学生仅有 19 人,占比 21.0%。由此可见,在看到作文题目后,绝大部分学生可以把握大概要写什么,不会出现太过明显的偏题情况;但是对于如何更准确地把握文章的中心主旨,符合题目要求的学生只有 45.5%;能更进一步把握文章的详略,选择一次尝试进行写作的学生只占总人数的 21.0%。由此可见,当前年龄段的学生对于写作目标的把握程度还有待进一步的提高。

为了改善学生对于写作目标的理解与认识,我在进行写作教学前,先对写作目标进行了强化训练,引导学生在写作前对作文题目进行一系列的思考。高尔基曾言:"我在提笔写之前,总要给自己提出三个问题:我想写什么,如何写,以及怎么写。"高尔基所言给了我教学上的启发,我对于写作目标的练习也以自我提问的形式进行,比如:这个题目需要我们写什么? 有没有什么特别需要注意的要求? 等等,帮助学生树立一个清晰的写作目标。明确写作目标后,再让学生进行小组讨论与分享交流,最后落实到写作中去,把语言表达与写作实践更好地结合起来。

经过一节系统性的写作目标训练课后,于第二节作文课中,我向学生分发了作文用纸,任务是完成一篇题为"这次尝试很值得"的作文。在分发作文纸之初,我便观察到一个显著的现象:相较于上一节课仅提及写作文并分发草稿纸时众多学生表现出的痛苦与厌恶情绪,本次明确具体写作目标后,学生的反应明显更为积极,慌张与排斥情绪大幅减弱。

在收上来的 90 份作文样本中,有 73 份(占比 81.1%)能够准确围绕"一次尝试"这一主题进行写作。进一步分析这 73 份作文,发现有 64 份(占比 87.6%)能够清晰传达出"这次尝试很值得"的核心观点。这一数据有力地支持了本研究的初步发现：学生在写作过程中表现出的厌恶情绪，在很大程度上源于对写作任务的不明确及由此产生的自我效能感低下，他们担心写作失误可能导致的重复工作。

通过本次教学实践，可以推断，学生对于写作的主题、目的及如何展开写作有了清晰的认识后，更有可能在写作过程中获得成就感。这一发现不仅为改善学生的写作态度提供了实证支持，也为在后续的写作教学中如何提升学生的写作自信和兴趣指明了方向。

二、展现自己的个性发展

每个学生的个性都是与生俱来的，因此学生在写作上的情感体验和认知是丰富多样的。写作最基本的功能是抒情达意，每个学生的基础情况和写作风格都不尽相同，为了更好地实现这一基础功能，教师在阅读和写作教学中应该给每个学生的个性发展以自主性、生长性、灵活性、真实性，也要为学生提供一个新的自由的、充满活力的空间。

在"这次尝试很值得"之后，下一单元我设置的作文题目是"一次难忘的经历"。首先同样有一个次数上的"小陷阱"，"一次"和"这次"都明确了事情的次数，另外"难忘"的经历和"值得"的尝试，需要注意的地方比较接近。值得高兴的是，大多数学生都能够根据题目顺利地确定写作目标，两个班级一共收到94篇作文，其中能够达到以上要求，完整地叙述一件事情，并且尽自己所能去描述"难忘"这种感受的有83篇，占比88.2%。可见第一节作文课帮助大家对于写作目标有了基本的认识和了解。

但是这次作文呈现出的问题是个性化不足。从选题上看，写作内容是"骑车"的作文有31篇，占所有作文的33.0%；写运动会跑步的有21篇，占比22.3%；写关于"拔牙"的有9篇，占比10%；不仅如此，在31篇骑车题材的作文中，所有作文都聚焦在学车的经历上，甚至其中28篇都是不会骑车—勇敢尝试—摔跤后爬起的思维模式。即使有些作文文笔不错，语句优美，但雷同的题材不免会让阅卷教师感到审美疲劳，不仅对学生的作文评分非常不利，而且会影响学生在作文中个性化选择的发展。从客观的角度分析，学骑自行车和拔牙两件事更多来源于学生小学时候的生活经历，所以存在一定的套用之前所写文章的可能性。

这些题材的重复出现也让我对于写作教学有了新的思考,如果在现在六年级的写作教学中就急于告诉学生一篇优秀的作文是什么样的,展示那些优秀的范文,那极有可能出现一个题目中很多学生套用同一篇作文的情况。尽管短时间内会让学生写作文更加轻松,但是从写作能力和个性发展上来看对学生是不利的。为了促进学生个性化表达能力的提升,我在写作教学策略上进行了细致考量与调整。具体而言,我摒弃了传统写作教学中过度依赖"模板化"教学模式的倾向,转而聚焦于作文构成的基本框架与要素,如文章结构的合理分段、开头与结尾的精练度建议等,以此作为写作的基石。然而,教学的核心更侧重于深化写作技巧的传授,诸如详略安排的艺术性、首尾呼应的逻辑构建,以及比喻、拟人等常见修辞手法的灵活运用,旨在为学生提供一套丰富多元的写作工具箱,而非仅仅满足于叙述事件的"流水账"式记录。

在此基础上,我引入了作文佳句赏析环节,通过分享经典与创新的表达方式,培养学生的审美鉴赏与模仿创新能力。在作文批改过程中,我特别注重识别并标注每位学生作文中的个性化亮点,利用课堂分享平台,鼓励学生展示自己的创作思路与灵感来源,形成积极正向的学习共同体氛围。这一做法不仅促进了学生之间的相互学习与启发,还有效拓宽了他们的写作视野与思维路径。

以"一次难忘的经历"为例,在作文分享环节中,我首先选取了"骑车"与"拔牙"这两个高频主题进行深入剖析,引导全班学生共同挖掘这两个看似平凡的题材下隐藏的丰富细节与情感色彩。对于"骑车",我们不仅讨论了骑车主题中的高频选题——学习过程中的挫折与成功,还引导学生探索更多维度的情感体验,如初见新车时的兴奋、骑行途中的自由与风景欣赏、自行车的维护经历等,以此丰富叙述层次,激发个性化思考。同样,在探讨"拔牙"主题时,我鼓励学生跳出单一的医疗场景,思考牙齿松动时的复杂心理变化、拔牙前后的日常细节,乃至牙齿脱落的瞬间记忆等,以此展现更为细腻与真实的个人经历。这两个高频选题的分析,促进了学生文章中个性化的展现。

在激发学生对于作文题材的不同思考后,我的下一个教学环节设置是为学生提供良好的表达空间和写作环境,即对写作课堂氛围和情境的创设,让学生能够进行沉浸式的写作,并从中体会到写作的乐趣。在平常的写作训练中,我很少限制学生写作的体裁和题材,而是让学生尽情选题,随心发挥,用自己喜欢的文本样式进行写作,用自己擅长的方式去表达,不断拓展自身的写作思维。这不仅能使学生的写作水平得到提升，也能体现教师以生为本的教育思想和因材施教的教学方式。

我相信如果教师关注每一个学生的生命发展，着力培养身心健康、情感正向、能够持续发展自己的学生，那么更多学生就能通过个性写作，表达出自己独特的个性情感。我希望通过写作教学培养学生保持积极思考的习惯，让学生在写作技能提升的同时，也能丰富每个阶段的精神文化，促进学生寻找属于自己的独一无二的特点，实现学生技能学习和丰富精神相融合的自我追求，从而真正在写作中获得满足感和成就感，更幸福地写作。

三、自然地说出心中所想

在对于清晰的写作目标和个性化的写作思路有了进一步的练习和强化后，我设计了一些比较特别的教学环节，比如设计了几次场景表演，一同观看了几个动画片段，旨在培养学生的观察能力、感受能力及表达能力，让他们自然地说出自己心中所想。

比如在《最好的礼物》的写作教学中，我设计了让学生围绕《最好的礼物》进行情景剧表演的活动，学生在课堂表演中慢慢磨砺了表达能力和感受能力，避免了呆板的写作教学。首先，我播放了两分钟的影视片段：《宁安如梦》中女主过生日，许多人准备礼物的情景，观看后提问："女主人公最喜欢哪个礼物?"通过视频加提问的形式激发学生的兴趣，调动学生表达的积极性。然后请学生围绕"最好的礼物"进行一次表演，可以选择自己创作，也可以选择视频片段配音。我事先预设了多种情况，比如能够有声有色地为视频配音，能感受到"最好的礼物"赠送礼物一方和收到礼物一方各自的情感态度等。同时，我也对学生不同的表现进行了评价，例如对于配音仅仅是以任务形式完成，双方互动并不积极；自行创作能够符合"最好的礼物"这一主题进行一些简单的表演的；自行创作但是会有些偏离主题的。我区分了不同情况并对学生进行了引导。最后让每位学生进行课堂片段写作，确保表演和配音能够促进学生思考，让学生对于"礼物"赠送和收到的双方有一定程度上的认知。在学生的表演中发现每一个学生的闪光点，使每一个学生都能在快乐的学习环境中成长，通过不同的学习方式培养学生的思维能力和表达能力。在教学完成后，我对学生作文进行了统计，一共收到91份作文，其中写出收到礼物的欣喜的有82份，由此可见有九成学生会表达收到礼物时的情感。其中写出赠送礼物一方准备礼物时所花费的心思和精力的有 45 份，表明近半数学生能够意识到送出礼物的一方也是饱含情感的。

另一方面，我希望学生能自然地写出心中所想。所谓的自然，就是教师不能揠苗助长，不能为了拔高学生的写作成绩，而强迫学生记忆、背诵大量文学作品名句与套用各种写作技巧、材料，这样的方式是不可取的。教师更应充分重视学生的自我感受，在写作与阅读没有达成预期教学目标时，教师的理解也始终不能代替学生的理解，因为学生在课堂中的成长与收获皆应是出自真实自然的体验与学习。

除了表达能力，感受能力也是写作必不可少的一部分，为了让学生更好地感受世界，理解同一个形容词，我在"一次难忘的经历"的写作教学中，还利用课余时间组织两个班的学生观看了电影《寻梦环游记》。电影介绍了 12 岁的墨西哥鞋匠家庭男孩米格，他向往音乐却遭家族禁止。米格秘密追梦时触碰吉他，意外进入亡灵世界。亡灵节时，家人回人间团聚，但无人去过亡灵世界。米格被亡灵世界的绚烂震撼，并重逢逝去的太爷爷和祖辈。他们共同努力，将米格送回人间。之所以选择这部电影，一是因为电影画风可爱，内容有趣，可以引起更多学生的共鸣；另一个主要原因是电影中不仅主角，即使配角也有很多难忘的经历。在观看后我让每位学生在记忆最深刻的时候写一篇随笔，选择一个角色，以这个角色的视角入手，写出其难忘的经历。最后，我让学生根据课堂所学和自己的经历完成"一次难忘的经历"的二次创作，因为学生的生活同样能成为创新写作思维的源头活水。学生把写作课上所学的内容与自己的生活相结合，以一颗活跃的灵魂，获得灵感之后自主地想要创作，而所学习的写作技巧也能为其表达心中所想提供指导，进而激活写作灵感，写出独抒己见的、有创造性的、活的作文，真正做到在写作课中获得独属于自己的幸福感。

通过对于写作教学的探究与实践，我们深刻认识到在写作教学中，提升学生写作的幸福感不仅关乎学生写作能力的提升，更关乎其学习过程中的情感体验。本文从引导学生树立清晰的写作目标、在写作时展现自己的个性发展以及在作文中能自然地说出心中所想三个方面入手，系统探讨了提升学生写作幸福感的有效途径。

首先，清晰的写作目标是学生高效完成写作任务的前提，通过引导学生自我提问、小组讨论与分享交流，能够帮助学生更好地理解题目要求，把握文章中心主旨,从而提升写作质量。其次,激发学生的个性发展是培养学生写作兴趣的关键,通过避免模板化教学,提供自由创作空间,鼓励学生表达自己的独特情感和见解,不仅能够提升学生的写作水平,还能培养其审美鉴赏能力和创新思维。最后,自然地说出心中所想是提升学生写作幸福感的核心,通过情景剧表演、观看动画片段等教学方式,激活学生的感受能力和表达能力,让学生能够在写作时自然地抒发自己的感受,使写作成为一种愉悦的体验。

综上所述,以提升学生幸福感为导向的写作教学设计,不仅能够增强学生的写作兴趣,提升其写作能力,还能够让学生在写作过程中感受到学习的快乐与成就感,让学生在幸福中成长。这一教学理念不仅符合新课程标准的要求,也是促进学生全面发展、实现终身学习的有效途径。未来,我将继续深化这一领域的研究与实践,为学生的写作学习提供更加科学、有效、幸福的指导。

参考文献

[1]桑洪梅."文学阅读与写作"任务群视域下的"绿色作文"教学研究[D].贵州:贵州民族大学,2023.

[2]马亮明.初中议论类任务驱动型作文教学的行动研究[D].太原:太原师范大学,2023.

[3]李进祥.初中语文"四维两型"作文教学模式运用的基本策略[N].凯里学院学报,2023-8.

[4]凌洋.立足学生身心,深挖幸福教育新内涵[J].教育家,2024(8):36.

网络模式下的"幸福心理课堂"项目化学习探索

张蓓仪

摘要：本文以"我是心理健康的倡导者"项目案例为蓝本，探索了网络模式下初中心理健康活动课的项目化学习路径。通过网络平台的灵活应用，项目化学习不仅强化了对学生核心素养的培养，还有效促进了学生的心理健康，为构建幸福校园开辟了新途径。此教学模式的创新实践，旨在为学生全面发展提供有力支持。

关键词：项目化学习；心理课堂；网络模式

中小学阶段，心理健康教育课程在培养学生健全人格、自我管理能力、珍爱生命意识及勤于反思、乐学善学等综合能力方面扮演着关键角色。这些能力的培养，既是学生核心素养发展的需要，也是其未来个人成长与发展的重要基石。然而，面对信息技术的飞速发展，传统心理健康教育模式逐渐显现出局限性，难以满足学生日益多元化的需求。

一、网络心理课堂模式的尝试价值与转型需求

初中心理课堂的核心目标并非单纯传授心理知识，而是通过设计基于心理学理论的心理活动，让学生在实际参与中获得心理调适技能，形成正确的价值观和核心素养，并能将这些能力应用于现实生活。这包括帮助学生调节情绪、应对压力源，以及表现出符合年龄特征的亲社会行为。但随着心理支持需求的激增，传统教学形式(依赖于纸质书籍和面对面互动)已难以满足当前的需求，促使笔者转向基于网络使用的线上团辅形式。这一转型意味着师生间的交流需要通过计算机或手机屏幕进行，数字化应用的普及为此提供了有力支撑，加速了在线教

育的发展。

心理教师在团队辅导活动课的设计中要做出适应"互联网＋"时代教学要求的转型,这不仅是技术层面的转变,更是教学理念和方法的深刻变革。尽管项目化学习模式在其他学科中已有广泛应用并取得显著成效,但在初中心理课堂中的应用研究尚显不足。特别是在网络环境下,如何有效实施项目化学习模式,成为笔者愿意深入探索的重要课题。期望这一尝试能够进一步丰富初中心理健康教育的教学手段,提升教学效果,为构建幸福校园贡献力量。

二、网络项目化学习的应用场景

心理课堂的网络项目化学习设计(以下简称在线 PBL)包含建设项目共同体、确定项目主题、制定驱动性学习任务、设计和实施网络化的项目任务、开发网络项目学习资源和开展项目评价。其中驱动性学习任务的制定与实施是核心环节,直接影响此次实践探索的结果。

1. 建设网络项目学习共同体

教师与学生一起明确参与此次心理活动课的目标,在线学习的规则、用到哪些互联网工具,确定小组之间的分工,这些构成了学习共同体。成员异质、资源共享、成果共建的学习共同体能为学生营造更好的交流、协作环境。

2. 确定网络项目主题

在线 PBL 中取得学习效果的关键是制定明确的学习主题和目标。当学生在网络情境中缺乏结构时,教师需要先设定明确的、有针对性的学习目标。这种清晰将是减轻学生可能出现的担忧的第一步。

3. 制定驱动性学习任务

制定项目的驱动型学习任务以促进合作和保障活动有效性是极其重要的。教师需要从学生的现实心理需求出发,收集学生参加心理课实际需要解决什么问题,得到原始数据后进行分析和总结,确保设计的学习任务是学生真正需要和处于真实情境中想去解决的。

4. 开发网络项目学习资源

腾讯会议、钉钉在线课堂、视频剪辑软件、WPS 录制工具等可用平台的功能可以帮助在线课堂的实施。数字白板还可以用于创意图、概念图的展示,以促进心理课堂在线 PBL 中的协作。

5. 实施项目任务

创建在线项目的任务进度计划作为屏幕上和屏幕外活动的混合,可以平衡项目中多个任务的完成内容。例如阅读资料、撰写报告和实践活动等个人元素可以在屏幕外完成,而创意展现、汇报等集体元素可以在视频会议平台上完成。

6. 开展项目评价

在心理活动课开始时需要定义一个评估规则,以明确学生的期望,并为他们在 PBL 上的成功提供方向。一旦规则被定义,学生就知道教师的期望是什么,并且能够有针对性地付出努力而不会迷失方向。形成性和总结性评价可以通过钉钉系统中的统计功能来处理。评分可以用来奖励群体行为,而不是个人的能力或贡献。反馈是保证在线 PBL 成果的另一个重要方面。通过视频或社交软件在课程中引入在线实施反馈,也可以帮助学生表达他们的不快或积极情绪,有利于共同解决目标。

三、应用实践过程

依照上文所提出的常规化实施路径,笔者设计并实施了以"我是心理健康的倡导者"为主题的在线项目学习案例,以期为在线模式下的心理课堂项目化学习提供参考案例。

1. 确定项目的学习共同体

在本校 6~8 年级中通过班级摸排的形式,选出有一定情绪适应不良的学生,再通过问卷星形式发放 MHT 量表,选出效度 7 分以下,总分在 56~64 分的学生,共 15 人。进入钉钉在线培训群,组建在线项目学习小组,分 5 组,每组 3人。笔者在这个过程中向参与的学生强调,在整个在线学习中他们可以在发布的任务中选择自己能够参与的分工。组员之间都应该尊重别人,应该让别人按照自己的意愿参与进来。

2. 确定项目主题

此项目学习共同体的目标设定为心理一级干预。通过以技能为基础的心理健康方法,提高这 15 位参与者的心理健康素养、心理健康知识,建立和维持积极的心理健康的态度和技巧,寻求适当帮助所需的技能。因而确立主题为"我是心理健康的倡导者"。

3. 项目学习目标

笔者在设计项目驱动问题和推进任务环节前,先设立以下三维目标:

(1) 识别自身和他人的心理健康迹象和信号。

(2) 当识别出自己需要改善心理健康时,可以找到改善和支持策略,鼓励他人参与促进、改善、维持心理健康的行为。

(3) 认识到心理健康方面的挑战是我们人生必备体验的一部分。

4. 项目驱动问题

为完成驱动任务,笔者将驱动任务分解为可操作的问题:"如果你发现你的朋友被诊断出患有精神疾病,你会怎么做? 如果你在学校看到有人取笑一个精神疾病患者,你会怎么做? 当一个人在与他们的心理健康问题做斗争时,我们该怎么办?"

给学生提供一些当他在面对心理健康问题挣扎时可以获取和使用的资源(如心理教师、学校心理树洞、自身的导师等)。对于不同的资源,请有经验的学生分享为什么这是一个好资源,并解释它是如何起作用的。例如如果选择接触心理教师,接触时期望是什么,让他有了什么改变。

5. 准备网络学习的资源

确保每位参与的学生准备好:互联网连接,可视化屏幕、能视频和语音的硬件设备、项目开展所需要安装的软件,钉钉、腾讯会议、WPS等。

6. 项目实施与推进

笔者在项目开始前通过问卷星的形式收集信息,设定了团体协议和共同期望。在任务实施前,让所有参与者一起阅读审查协议规范。提醒学生,每个人都会有不同的理解,尤其是一些情绪不良或精神疾病经历(确保是自愿分享)。

审查关键协议:说出真相(根据自己的经验说)—团体保密协议—实践同理心—尊重和肯定他人的行为和语言—自我照顾和"需要支持"的规范等。

任务一:了解并且正视自己心理健康和不健康的因素。

分享学习资料,自主阅读"什么是心理健康"的相关资料。笔者给出筛选过的网址信息,让学生在规定时间内去网上搜索关于心理健康和精神疾病的信息,然后让小组回答笔者事先根据学生阅读到的内容准备的问题。正确回答最多问题的团队将是赢家,会赢得奖励。(运用钉钉小班课模式上的功能)。在比赛结束时,总结积分,并指出哪个队赢了。

提问学生:"今天学到的关于心理健康的信息,哪些是学习开始前不知道的?"让学生运用所学的知识,模拟在以下情况下会如何行动:如果你发现你的朋友被诊断出患有精神疾病,你会怎么做? 如果你在学校看到有人取笑一个精神疾病患者,你会怎么做?

在实施这个环节中,笔者发现一开始学生倾向于回答他们认为老师可能想听到的回答。这就需要引导他们思考,他们真的会做什么或不会做什么,为什么做"正确"的事情并不总是那么容易。另外,有的学生建议"袖手旁观,不采取行动",可以更深入地调查,看看为什么他会忽视同学是被欺凌的受害者或不想与被诊断患有精神疾病的朋友在一起。询问学生是否这种反应与耻辱有关。找出那些正在犹豫是否要改变行为的学生需要什么。

任务二:练习说服他人的技巧和策略。

当学生进入在线课堂时,要求他们组内投票,认领以下他们在真实情境中可能有过的相关经历。选项有:"试图说服朋友看一部特定的电影;说服父母买一个新的电子设备;说服同学借你一件衣服或者和你一起练习一项运动。"然后确定自己在小组的分工。最后,由小组总结和分享每一位组员口中最可能有效的策略。为开展任务三做铺垫。

任务三:成为宣传心理健康的"倡导者"。

笔者先给出定义:倡导是指支持一个事业或建议的行为;倡导者是指促进或支持一个利益团体发挥作用的人。

笔者提供可以宣传的类型,让每个小组分配任务(图1):

选择一:代表自己进行自我倡导。比如告诉父母自己的感受,如悲伤或担心,需要他们提供支持。

选择二:帮一个处于危险境地的朋友寻求一个安全的成年人的帮助,或者鼓励同伴采取减少焦虑感的应对策略。

选择三:致力于改变校园政策或社区规范。提醒学生这种形式的倡导是以最大变化的形式产生的,并将最终影响到最多的人。

任务四:展示交流成果并总结。

以小组为单位,讨论一个倡导者所具备的特质和一个好的倡导者所需要的技巧。设置问题:"如果有人试图说服你做出开展有利于心理健康的行为,什么样的方式会影响你? 该如何试图成为一个有影响力的人呢? 积极的特点是什么,需要避免什么行为,技巧是什么?"

表1 给小组展示可供选择的任务

告诉朋友你太累了,不能聊天,而是早点睡觉。	倡导提供更多社区服务来支持青少年的心理健康。	向老师解释,你的小组需要帮助,并要求具体的支持。
开展宣传活动,以促进健康的人际关系。	给学校校长写一封信,解释为什么学校的项目对支持心理健康很重要。	向父母或值得信赖的成年人寻求帮助。

积极的特点:
- 倾听他人的需求
- 做好功课,了解事实和反驳意见
- 根据有效和可靠的信息,制定您的信息
- 要充满热情(或相信)你所倡导的信息
- 与他人合作,最有效地实现改变
- 了解受众,设计信息以满足受众的需求
- 如果第一次失败,愿意"重试"
- 有创意
- 良好的沟通能力
- 在传达你的信息时要尊重

- 成为一个"知道一切"的人
- 骂人或辱骂或侮辱他们
- 当你第一次试图影响改变时,你期望一切都会改变
- 使用虚假或具有误导性的信息
- 试图"独自做"——我们都需要别人的支持

技能提示

I-确定和研究一个相关的和有意义的健康问题
C-创建一个促进健康的职位或相关的健康信息
　　有面向观众的事实和证据支持,行动充满激情和信念
R-向你的听众传递你的促进健康的信息
E-检查宣传工作的有效性

图1 部分小组任务成果

任务五:提倡心理健康的自我倡导。

邀请学生写下"自我倡导"是什么,以及"自我倡导"与心理、情绪健康之间的关系,作为最终对自己内心的审视。鼓励学生将这种技巧应用于日常的心理健康维护中。

7. 项目学习评价

笔者在此项目开展过程中制定了每一个驱动问题的评价表,用于引导学生完成在线任务的进度和质量。如图 3 所示(由于篇幅关系,其他评价表省略)。

表 2　部分驱动性问题的评价反馈表

"当一个人在为他们的心理健康而挣扎时该怎么办"评价表

内容/评价	满 足 期 望	有待满足期望	不符合期望
提供的示例	提供 3～5 个准确的例子,当人们在心理健康问题上挣扎时,他们可以获得和使用的资源,如教师、学校辅导员、短信等	提供了 3 个例子,当他们在与心理健康问题做斗争时,人们可以访问和使用的资源,如教师、学校辅导员、短信等。它可能包含微小的不准确性	提供两个或更少的资源的例子,一个人可以访问和使用时,他们正在与心理健康问题,如教师、学校辅导员、短信等。所提供的例子是不准确的或不适当的
每个示例的解释	给出每个例子的两个理由,当这将是一个很好的资源访问	给出 1～2 个原因作为资源访问,它可能包含一些次要的不准确或错误的消息	没有提供足够的例子,说明这将是一个好的资源访问
解释一个资源	彻底解释每个资源,以及它是如何发挥作用的	充分解释了其中一个资源。它可能包含轻微的不准确	不解释其中一个资源或解释中含重大错误或不准确

四、应用的挑战与反思

互联网新技术带来了教育传递方式的变革,但有限的同伴互动、信息技术的不成熟(依赖网络和设备性能)和学习动力减弱(容易分心),其实也证实了在线学习不能完全替代线下课堂学习,尤其是初中心理活动课这种需要以体验为主的辅导方式。笔者总结了以下三个在实施过程中可能遇到的障碍:

1. 技术挑战

如何确定项目相关的驱动问题,对项目在网上进行具有重要意义,也在很大程度上取决于教师对学生的引导能力。如果无法有效地吸引学生合作和形成他们的驱动性问题,不能与学生面对面交流,也可能导致教师难以有效监控学生工作的进展。教师不得不依靠小组报告和学生陈述来评估他们的学习情况。另外,因为没有正确设置任务的进度和评分规则,学生可能会失去注意力。而大多数时候,由于技术上的困难阻碍了学生的进步和完成项目,我们也很难评估、反思和监控学生的进步。

2.学习共同体的反兼容性

学生形成小组团队合作是项目化学习的必要条件。线下环境中,在小组人际互动中进行合作并迈向同一个目标,在这个过程中容易碰撞出新的想法和观点。但是在网络PBL环境中,由于学生对同伴即时反应了解有限,人际互动上就面临着困难。让学生自己选择,学生可能想挑选有共同兴趣和共同行为或相似背景的学生。然而,小组之间的某些共性会导致先入为主的观念和冲突,影响任务成果的丰富性。

3.伦理考量

网络项目化学习中的伦理考量由于网络学习的运行环境完全不同,势必会产生一定的挑战,如技术获取的不平等可能是决定总体在线学习参与的关键因素之一。学生在各种形式的技术接入方面存在差异。互联网连接的质量、智能手机的可用性、进入安静工作场所的机会各不相同,因此,学生体验在线学习的能力受到不同方式的限制。教师在设计在线学习和项目时需要确保尽量平衡好这些技术差异。

参考文献

[1]李达通.核心素养培育视角下初中心理健康教育课设计[J].中学课程辅导,2022(15):24-26.

[2]张瑜,朱春辉.依托数据驱动的信息科技线上精准教学[J].基础教育参考,2022(10):47-49.

[3]谢幼如,黎佳.智能时代基于深度学习的课堂教学设计[J/OL].电化教育研究,2020,41(5):73-80.DOI:10.13811/j.cnki.eer.2020.05.011.

[4]ALWI A, HUSSIN R. Becoming Socially Responsible: The Implementation of Project-Oriented Problem-Based Learning [J/OL]. International Journal of Contemporary Educational Research, 2018, 5(2):103-112. DOI:10.33200/ijcer.478973.

[5]程菊,张启森.新课标背景下地理课程跨学科主题学习的项目化设计[J].中学地理教学参考,2022(15):9-14+2.

[6]VELUVALI P, SURISETTI J. Student Engagement Through Project Based Learning in An Online Mode Amidst The COVID-19 Pandemic-An Enquiry[J]. 2022.

精研作业设计,成就学生的幸福学习体验

郑雪莹

摘要: 本文基于"双减"政策背景,深入探究了优化作业设计对学生学习效能与幸福感的提升作用。通过教学案例,分析了兴趣激发、自主探索、减负优化、能力匹配、过程赋能等策略的实施与效果,旨在增强学习效果、提高学生成就感与幸福感。同时,强调了及时反馈的重要性,以保障学生学习持续进步。各策略协同构建了一个全面多维的作业设计体系,为学生的综合素养与全面发展提供了实践指导。

关键词: 作业设计;双减政策;幸福体验

作业是教学过程中不可或缺的环节,是课堂教学的自然延续和重要补充。"双减"背景下,教师在设计作业时不但要关注作业的数量,更要关注作业的质量,使作业既有趣味性,又有助于学生学习能力的提高,以此提升学生的学习效果、成就感和幸福感。如何让作业充分发挥对课堂教学效果的巩固、诊测、提升作用,使师生在愉悦的氛围中共享教育的快乐,实现共同成长是教师亟须思考的问题。通过深入学习和领会新课标理念,并结合近两年的课堂实践经验,笔者认为可从以下几个维度进行作业设计改革与探索,以期进一步优化课堂教学质量,促进学生全面发展。

一、兴趣激发,实践深化

新课标强调,课程内容的组织以主题为引领,以单元的形式呈现,通过紧密联系现实生活,引导学生在学习过程中逐步构建对单元主题的认知,发展能力,从而形成素养。作为教师,我们应将兴趣激发与实践深化有机结合,为学生创造充满挑战与机遇的学习环境,从而帮助学生在实践中深化理解、提升能力、形成

价值观。下面以牛津英语 6B Unit 9 的单元为例(表1),探讨如何通过将主题探究作为线索,设计有关联性的分课时作业,层层递进,对单元主题进行逐步探索,最后设计整合性输出任务,实现对单元主题的深度学习。

表1　牛津英语(上海版)6B Unit 9 Sea and water 单元教学目标

单 元 教 学 目 标	语　篇
本单元学习后,学生能够: 1. 根据思维导图,介绍海洋、海洋生物以及海洋对人类的重要性,复现课文	1. 配图说明文 The Oceans (阅读 1 课时)
2. 两人一组,各采访两位不同职业的亲属或朋友,了解其家庭与工作用水情况,并汇总完成一份调查报告	2. 配图说明文 What will happen if there is no rain? (阅读 1 课时)
3. 四人一组,反思自己、同学或家人的用水习惯,汇总节水妙招,制作海报	3. 配图海报 "Save water! Don't waste it!" (听说 1 课时)
4. 作为节水组织的成员,独立完成呼吁节约用水的一封倡议书	4. 在前三课时学习的基础上,进行写作训练 Let's save water! (写作 1 课时)
5. 四人一组,以珍惜水资源为主题,制作一则 1～3 分钟的创意短片。需撰写脚本,配以旁白或拍摄演示片段	

　　本单元以"水"为核心主题,文本材料丰富。笔者通过让学生绘制关于海洋生态的思维导图,不仅帮助学生梳理了课文中的关键信息,还鼓励他们发挥创意,将抽象知识转化为直观、生动的图像。这一过程极大地激发了学生对海洋及水资源的好奇心与探索欲,为后续学习奠定了坚实的情感基础。

　　为了让学生将所学知识应用于实际生活中,本单元设计了一系列实践性较强的作业。其中,访谈与调查报告的撰写任务尤为突出。学生需要走出课堂,对不同职业的亲友进行访谈,了解水在家庭和工作中的使用情况。这一过程中,学生不仅锻炼了社交技能和信息收集能力,更重要的是,他们亲身体验到了水资源在日常生活中的重要性,从而深刻理解了节水行动的紧迫性和必要性。此外,通过制作节水妙招海报和呼吁节约用水的倡议书,学生进一步将理论知识转化为实际行动,实现了从理论到现实的跨越。

单元末的创意短片制作任务,是兴趣激发与实践深化协同效应的集中体现。学生需要综合运用所学语言知识和技能,以富有创意的方式表达对水资源珍惜和节约的理解。从脚本撰写到拍摄制作,整个过程充满了挑战与乐趣。学生在实践中不断试错、调整、完善,最终呈现出各具特色的作品。这一过程中,学生不仅加深了对单元主题的理解,还培养了创新思维、团队合作和解决问题的能力。更重要的是,他们通过亲身参与和实践,深刻体会到了节约用水的重要性,形成了积极的环保意识和行为习惯。

二、自主探索,学科融合

教材是课堂教学的主要载体,是实现教学目标的重要资源。为了真正实现"理解教材、用好教材、活用教材"的目的,教师有必要对教材中的素材进行深度挖掘、创新整合、合理拓展。而借助教材内容,关联、整合或改编使其成为合适的作业不失为一种低成本高效益的方法。

如 6B Unit 9 阅读语篇 The Oceans,教材上对应的习题是一个 quiz(见图 1)。笔者就要求学生基于文本内容,扩写一个段落。段落需围绕海洋的一个方面展开,例如对某一种动植物的介绍、海洋与人类长久以来的关系的阐述等。要求学生自行查阅相关资料,体验学科融合,并在扩写完这一段落后,仿照教材出题(见图 2)。

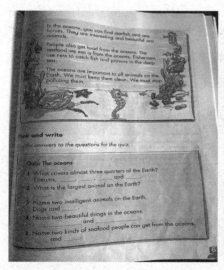

图 1 教材上的 Quiz 练习

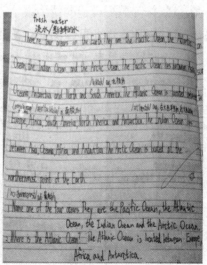

图 2 学生设计的 Quiz 练习

在第二天的课堂上，学生们与同桌互换试题，答题完毕后，再互相批改。此类自主性较高、交互性较强的作业可以激发学生的学习主动性，同时帮助学生输入更多和话题相关的内容并提高思维的碰撞。相信经过持续的努力与探索，必将由量变引发质变，帮助学生收获成就感，并为学生的深度学习、全面发展奠定坚实基础。

三、减负瘦身，作业变身

优化作业设计，其中很重要的一点就是让学生体会到减负增效的真实发生。一般而言，一节课的输出活动应呼应本节课最重要的教学目标，即教学重点，而课时作业也应呼应教学目标。因此，课时作业的设计可以充分利用课堂输出活动，实现由"教"向"学"的有效过渡。以 7A U2 第一课时为例，输出活动是要求学生借助文本中三幅图片和关键词完成课文内容的复述。课堂内，学生是以第三者的视角，并在保留原文时态的基础上进行课文复述。但由于课堂时间有限，输出活动的反馈往往只能采用抽样的形式，难以覆盖全体。因此，在借鉴了空中课堂该课例的教学视频后，笔者将课后作业在输出活动的基础上调整为（见图 3）：要求学生以 Peter 为第一视角写下参观日记。虽然书写的主体内容变化不大，但学生需要在日记中加入参观的心得体会，并关注时态的变化及句子间的通顺度，以此符合撰写日记的情境设定。从口头操练转化成书面作业，每位学生都拥有表达的机会，作业要求的迭代更新，也在考验学生在实践中的应变能力。同时，教师也能够更直观了解学生的掌握情况，给予反馈。将课时作业设计成为教学目标实现的有力工具，既可以减轻学生的负担，又能提升作业的教育价值。

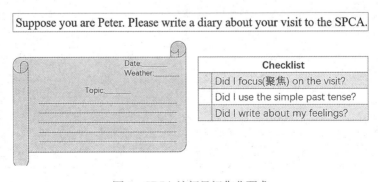

图 3　SPCA 访问日记作业要求

四、能力匹配,过程赋能

在布置假期长作业时,教师们往往会选择开放性和自主探究性较强的作业内容。例如观看一部电影撰写观后感;或是阅读一本原版书籍,做好摘抄积累,将感悟收获制作成英文小报等。教师希望通过这类指向高阶思维的作业来帮助学生实现语言能力、思维品质、文化意识和学习能力全方位的提升。然而,没有明确指导和支撑的此类作业得到的结果往往不尽如人意,学习能力强的学生交上来的作业的确赏心悦目;但能力较差的学生苦于无从下手,只能草草几笔、应付交差。因此,为了促使每个学生个体都能够通过完成作业,学有所得,循序渐进,最终实现知识向能力和素养的转化,搭建适切的、科学的作业脚手架是非常有必要的。以 7A Unit 2 Our animal friends 为例,单元语篇主题涉及 SPCA 如何救助流浪狗、狗从古至今在人类生活中扮演的角色及如何正确照顾小狗等内容,明确动物是人类好朋友这一主题,从而引导学生关爱生命、善待动物。为了进一步让学生理解人类与狗长久以来建立的亲密共生的关系,笔者要求学生利用国庆长假,观看电影 Hachi, a dog's tale,完成学习单后,再进行英语小报制作。在学习单中(见图4),笔者要求学生在观看前根据海报对电影的故事内容进行预测,并谈谈他们对英雄的定义。在观看后,学生需完成填词、填表格和回答问题三个任务设定(见图5和图6),以此来检测他们是否能概括电影的主要情节,是否能捕捉到两位主人公的人物特质,同时对电影中某些片段及对 hero 一词重新定义进行深入的思考。通过学习单的"浸润",学生对小报内容的展示

图4 观看电影前学习单

After watching:

1. Here is the movie summary. Try to fill in the blanks with the appropriate words.

This heartwarming true story is an American adaptation(改编) of a _____ tale about a loyal dog named _____. This very special friend would accompany(陪伴) his master, _____ Parker Wilson, to the _____ _____ every day and return each afternoon to greet him after work. Sadly his master goes to work one day, but dies of a _____ _____ and never returns to the station. Hachiko faithfully returns to the same spot at the station that evening, and every day until the _____ _____ of his life, to wait for his beloved master.

2. Complete the chart with 5 adjectives that describe the following characters:

Mr. Parker	Hachi

图 5 观看电影后学习单第一部分

After watching:

3. Answer the following questions.

(1) How would you describe Mr. Parker's wife, Cate's feelings when she saw <u>Hachi</u> still waiting at the station after 10 years?

_____

_____

(2) Who was Mr. Parker's grandson, Ronnie's hero? Why?

_____

_____

(3) In your own words, explain what happened to <u>Hachi</u> and what he thought about on his last night at the station.

_____

_____

图 6 观看电影后学习单第二部分

和主题的理解都得到了升华,提交的作业质量也大大提升。因此,以任务驱动为导向,以搭建的脚手架为辅助,更能提高作业的针对性,从而避免随意性和低效性,提升学习过程中的收获感。

五、及时反馈,持续进步

提升作业的效能,离不开作业的科学设计,更离不开有效的评价体系。要想学习效果落地有声,评价应当贯穿于英语课程教与学的全过程。因此,想要学生事半功倍受益于作业,就需要教师在布置作业时明确作业的评价维度。如此,学生便可通过自评首先进行自我修正,再根据组内互评收获同伴建议。自评和互评的方式可以有效调动学生主动参与评价,促进评价主体多元化。教师还可以搭建作业交流的平台,邀请学生展示和分享自己的作业终稿,并采用互评的方式引导学生在交流作业的过程中学会相互学习借鉴,取长补短,共同进步。例如国庆的电影小报,笔者选择了一部分优秀作品,张贴于教室内,并在每份作品下方粘贴了 10 张便利贴,供学生们纠错使用。而笔者也会在便利贴上一一反馈学生们的纠错是否正确,鼓励学生二次修正。此项任务设定的周期为一周。从这项任务开始的第一天起,板报前经常人头攒动,学生们认真思考,积极讨论,乐于分享,获益良多。

综上所述,精研作业设计,可以使作业内容更加贴近学生的实际需求和学习兴趣,从而增强学生的学习动力和学习效果。而通过赋能,教师可以更好地满足学生的个性化需求,提供更加精准的教学指导,进而营造更加和谐、积极的课堂氛围。这种课堂氛围有助于激发学生的学习潜能和创造力,提升教师的教学质量和幸福感,实现师生共享教育幸福的目标,助力培养更多具有创新精神和实践能力的人才。

参考文献

[1] 中华人民共和国教育部.义务教育英语课程标准(2022 年版)[S].北京:北京师范大学出版社,2022:47 - 48.

[2] 赵尚华.初中英语作业设计的七个建议[J].基础教育课程,2022,(14):58 - 64.

"双减"背景下英语多模态语篇"五育融合"作业研究

——以初中报刊阅读作业为例

徐 晓

摘要：在作业实践中，聚焦核心素养，践行"五育融合"变得尤为重要。本文就实际开展的创新作业案例浅述在英语教学中应用新媒体技术，结合"五育"，培养学生核心素养的经验和启发。

关键词："双减"；多模态；"五育融合"；核心素养

引　言

"双减"，在我国教育领域中指要有效减轻义务教育阶段学生过重的作业负担和校外培训负担。作业是学校教育教学工作中必不可少也无法避免的一个环节，是课堂教学活动的必要补充，但是，现存的问题是部分地区学生作业数量多、质量差，既无法取得让学生们"温故而知新"的效果，又占用了学生锻炼、休息和娱乐的时间。因此，如何提高作业的"有效性"就成为所有教师最需要思考的问题。

最新的英语课程标准（以下简称"新课标"）中提及"核心素养"这一课程目标，所指的是学生应具备的并能够适应终身发展和社会发展需要的关键能力，而语言能力作为核心素养的内容之一，是所有学生和教师需要关注的。在新课标中，语言技能分为理解性技能和表达性技能，具体包括"听、说、读、看、写"等方面的技能及其综合运用。其中，与原先的课程标准相比，增加了"看"这一技能的要求。语言技能中的"看"（viewing）通常指利用多模态语篇中的图形、表格、动画、符号，以及视频等理解意义的技能。理解多模态语篇，除了需要使用传统的阅读技能之外，还需要观察图表中的信息，理解符号和动画的意义。

基于学生体验的学习策略,语言的学习过程需要调动学生的多种感官共同参与。根据教学内容、教学环境、教学目标等基本理念,为学生选择一种或多种教学方法,并合理运用到语言环境中,促进学生对语言的理解和掌握。而核心素养不仅是要求学生拥有较好的语言能力,还要培养学生的文化意识,并形成健康向上的审美情趣和正确的价值观。多模块教学强调的是让学生的身体和大脑通过多模态的呈现形式进行多感官的共同交际和协同作用,并通过语言来实践巩固,这就要求教师设计教学任务去引领学生采用多模态来完成教学任务,以期提升学生的核心素养。

同时,我们还要通过一系列教学策略,结合作业活动设计,充分挖掘阅读素材,使学生具备关键能力和必备品质,实现课程育人的价值,实现培养全面发展的人的终极目标。在英语阅读教学过程中,为了提高学生的阅读能力,英语教师普遍认可且推荐的就是利用报刊阅读这一途径。报刊阅读不仅可以帮助提升学生的阅读效率,开阔学生的视野,并培养其英语语言能力,提高其写作水平,锻炼其思维能力,也可以帮助学生形成文化观念。每份报刊都包含了多个不同版面,涉及的内容贯穿古今中外。以笔者学校学生使用的《上海学生英文报》(*Shanghai Students' Post*)(以下简称 SSP)为例,在每份报纸中,会有各种主题语境的文章可以作为课外衍生阅读材料,内容涉及人与社会、人与自然、人与自我等各个方面。由此,笔者尝试了给学生布置一种较为新型且鲜少为人论及的结合了多模态的作业形式。在实施过程中,经历了失败,但是经过不断调整,最终形成了一项能够多方面培养学生核心素养的作业形式。

一、慎选阅读材料,注重"劳育""体育", 培养学生的生活能力

报刊阅读的有效性和实用性是毋庸置疑。SSP 中的文章涉及的题材广泛、内容丰富、趣味性强,语言地道鲜活、规范生动,不仅是学生了解世界各国社会文化、背景知识和风土人情的一个重要窗口,更是学生感受地道语言、临摹经典的重要学习平台。但是,在教学实践过程中,许多学生对于报刊的使用却只停留于表面。在"双减"背景下,为了不加重学生的负担,教师布置的任务多为阅读报刊文章,或是出于应试考虑,要求学生将报刊上自带的阅读理解练习完成。先不说

这能否达成对学生核心素养的培养,学生连能否读完报刊文章都未可知。这对于报刊这一丰富的信息媒介资源而言,是极大的浪费。故在布置阅读作业之前的重中之重是教师对于文章内容的筛选。

受升学压力的影响,初中生将自己的精力都放在了"智育"上,过多的伏案学习压缩了学生的体育活动时间,导致了学生身体素质下降,然而,学生的身体素质和学习状态又直接相关,"身体是革命的本钱",好的身体素质是开展正常学习的基础。那就可以挑选报刊阅读文章里提倡良好体育习惯的文章,或是提供一些特别的体育项目的文章供学生阅读。例如在 SSP 第 1516 期 A4 版面中的 *Throwing 'Mangoes'*,就给学生们介绍了一项巴西海滩上年轻人喜欢玩的特殊的体育运动——Manbol,通过生动的描述引起了学生对这项新的体育运动的兴趣,辅以作业要求,学生通过各种渠道,寻找更多有关于 Manbol 这项运动以及更多有意思的新兴运动项目的信息,或许可以激发学生尝试各种体育运动。

在教学过程中,教师应充分挖掘语篇的内涵,利用阅读材料的育人价值,帮助中学生树立正确的劳动观。依据中华人民共和国教育部《大中小学劳动教育指导纲要(试行)》精神,初中阶段要重点培养学生对于劳动的正确认识,帮助他们树立正确的劳动观念。教师有责任和义务通过教学过程引导学生形成正确的劳动观、价值观。"劳育"是"五育融合"理念下的主要教改方向,在以往的教学中,学校并不注重对学生劳动品质的培养,但是学生对所有文化课程的学习的最终目的都是要将研究成果落实于生活实践中,因此,"劳育"与英语的联系密不可分。如果能在英语报刊阅读教学中选择与劳动相关的阅读材料,如《SSP 初中新课标分类话题英语阅读训练专刊进阶版》第 8 期中的第五篇 *The Perfect Working Hours* 和第七篇 *Working at a TV Station* 分别教会学生如何分配自己的劳动/工作时间,以及介绍了在电视台工作一天的计划表,引发学生对劳动的思考,同时激发了学生对各行各业不同劳动内容的兴趣,让学生对未来的就业方向有了基础的概念。教师在学生阅读后,可引导学生对未来职业的展望及探索,促使学生初步树立一个未来职业的目标,并要求学生通过多媒体平台深入了解目标职业的详细情况和前景,强化学生为之努力奋斗的决心。强调劳育观念,更能帮助学生形成正确的学习目标,指引学生向综合发展方向前行,培养实践力、职业等"生活力",为打造更多高素质、全面型人才提供保障。

二、以读促学习，打好"智育"基础，
培养学生的学习能力

报刊用于教学(Newspapers in Education)作为一个国际研究项目始于1955年，其主要目的是提高学生的阅读和写作能力。课程标准的五级目标(义务教育九年级结束时应达到的要求)明确指出：学生能读懂相应水平的读物和报纸、杂志，克服生词障碍，理解大意。自2016年9月以来，笔者一直充分利用SSP这一资源，有意识地引导学生通过报刊阅读来提高阅读能力，通过分类、摘抄、翻译、演讲等方式，以帮助学生更好地应对中考阅读理解，提升学生"说、读、写、看"等学习能力和综合素养。

起初，笔者在每一周的报刊上精选三篇文章，要求学生在一周内完成三篇文章的翻译并由笔者直接讲解。但是经过一段时间的实践，笔者发现三个需要解决的问题。一是以一周为单位布置作业，本意是想让学生学会自主管理时间，但是笔者所教学生已是初二年级，每日不同学科都会布置一定量的作业，那些不够自律的学生会选择将作业留到上交时间的前一晚完成。此种情况下，三篇翻译对于部分学生而言，加重了他们的负担，这有违教育部规定的"双减"政策。甚至会导致部分学生选择用电脑或者电子设备进行翻译，就起不到预期想提升学生语言技能的作业意图了。二是在篇目选择上，笔者是从教师的角度出发，倾向于选择一些知识点更多的文章。但是这些文章，有时并不够有趣，导致学生并没有自发自主地阅读下去的兴趣。对于他们而言，阅读这些文章只是为了完成作业。这也直接导致了最后一个问题，即在教师讲解的过程中，学生们只是不断地在自己的翻译作业上奋笔疾书，整个过程只有教师在输入，而学生只是在被动地接受知识，缺少了自己思考和输出的过程。对此，笔者对报刊阅读的选文及作业形式进行了一定的修改。

考虑到"双减"，教师在布置作业时要重"质"轻"量"。故笔者做出如下调整：先是调整了需要翻译的篇目数量，由三篇文章精简为一篇。选择篇目的原则如下：一是要与教材有所链接，二是让学生选择他们更为感兴趣的篇目，把选择权交给学生，学生拿到报纸的第一时间会自发地扫读整份报刊的文章，如果最终选择了他们想翻译的文章，学生往往会非常兴奋，在真正阅读的时候会更加认真地对待。学生的主观能动性得到了增强，他们的阅读兴趣也会有所提高。篇目确

定了,评讲的形式也需要做出改变。由教师自上而下的单方向教授转换为每篇文章邀请一位学生主讲。这位主讲学生需要在前期完成 PPT 的制作,在 PPT 上用不同颜色或不同字号的字直观地呈现文章中的英文并加上与之相关的配图,完成一次独立的 presentation。在讲解过程中,主讲学生可以就文本内容选择其认为重要的知识点、语法等在 PPT 上进行标注,重点讲解其用法及其衍生词汇。这个过程让主讲学生和听讲学生都能够复习学过的知识,并补充新知识。这样能够让大多数学生同时做到"温故"与"知新"。而这种公开演讲对于学生的演讲能力也有很大的提升作用,在训练学生"说"这一语言技能的同时,也能在很大程度上提升学生的自信心。

经过调整之后,这一任务的确燃起了部分学生的阅读热情,主讲学生也精心准备了需要演讲的内容。这些主讲同学普遍反映:因为要在全班同学面前进行演讲,为了减少错误,他们会主动查阅文章里不会读的单词并反复朗读文章,以期在演讲时能够更加顺利。在将英文文章翻译成中文时,学生们会更加注意措辞的优美和文字的连贯性及逻辑性,也会为了不给其他同学造成过重的负担,精挑细选自己想重点提醒的知识点,并自发地翻阅中考词汇手册。

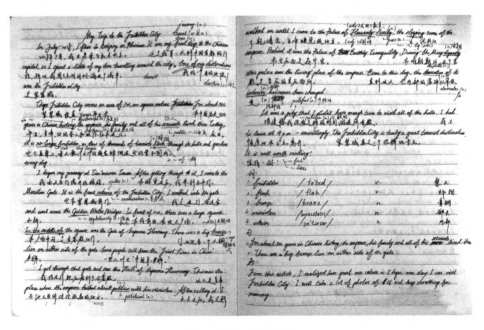

图 2 学生的翻译原稿

三、以读促合作，践行"德育"，培养学生的合作意识

认真阅读所选文章，并在文章所创设的情境下进行深入思考，不仅使学生对文章内容有了深层认识，也能给学生提供进行深层思考和讨论的机会，以期培养学生的责任感和使命感。随着新课改的不断深化，教师可以用英语阅读作为媒介。在教学任务中渗透"德育"，潜移默化地培养学生优秀的道德品质，提高学生的综合素养。报刊阅读就是一个很好的途径。教师应该重视作业的育人作用，培养学生的文化交际能力和交往合作能力等，促进学生综合素质的全面发展。

针对缺乏对文章的思考这一点，学生们提出的解决方案是在作业的最后，写一小段针对此篇文章的感想、评价或是从文章中学到的道理，几十个词即可。这项附加作业，一方面是基于应试过程中学生失分率最高且普遍被认为难度较大的最后一题(通常为要求学生概括或写出从该篇阅读文章里学到的道理)，对学生应试题目能力的锻炼；另一方面则是希望学生在做翻译作业时，不要只是为了完成作业而敷衍了事，不仅要专注在个别语法上，而且要更多地从全局考虑。对一件事进行多方面的思考，不仅能锻炼学生"写"这一重要且难度更高的语言技能，还可以培养学生的批判性思维(critical thinking)，这也是核心素养中非常重要的一部分。

feelings

Every kind of life has its advantages and disadvantages. We can break the routine and explore some new ways of living. Besides, we don't need to pay too much attention to other people's opinions about doing this. Instead, we should live our own wonderful lives.

每种生活既有好处也有坏处。我们可以打破常规，发现新的生活方式。除此之外，我们不需要太过于关注他人对于这么做的看法。取而代之的是，我们应该活出自己的精彩。

图3 学生的文后感悟

在继续实践了一段时间之后，又暴露出几个问题。在刚开展这项作业任务时，英语能力较强的学生热情高涨，争相认领演讲篇目并做好了充足的演讲准备。这部分学生的能力提升是有目共睹的。然而经过几轮演讲后，笔者发现主讲学生总是那几位英语能力较强的同学，在一个班级里毕竟只占少数，其他学生因为各种各样的原因，或对当众演讲这件事感到害羞，怕当众"出丑"；或对自己的英语能力不自信，认为自己难以担此"重任"；或认为之前那些英语能力较强的学生的演讲"珠玉在前"，难以超越……他们做的依旧是被动地接受知识，只是这次的输入者从教师变成了那几位主讲学生而已，对于听讲的学生而言并没有什么本质的改变。而对于那几位多次承担主讲任务的学生而言，虽然他们的确在英语能力上有了较大的提升，但是频繁地准备演讲的确占用了他们很多课外和休息的时间。这在一定程度上依旧有违"双减"的初衷。而对于班级其他学生来说，其参与度其实还是停留在翻译和记笔记上，对他们"说"的这项语言技能的提升作用而言，可以说是失败的。而在听讲时忙于记笔记和被动地接受知识，反而会让听讲的学生没有时间对文章内容进行深度思考。

为了进一步完善这项作业对学生能力提升的有效性，并输入团结合作能力的"德育"内核，针对在实践中遇到的这些问题，笔者向班级全体学生征集改进建议，并给出足够的时间让学生互相讨论，集思广益。学生们各抒己见，最终提出了以下几项改进措施：首先，负责讲解翻译文章的学生由一位变成几位（不超过五位），学生以小组形式共同搭档完成。搭档的几位学生可以自行对讲解的前期准备工作进行分工。（班级每个学生都需要就这一篇文章进行翻译）。学生都有自己擅长的领域。比如计算机能力较强或者有美术功底的学生可以负责 PPT 的制作，让 PPT 能够有更精美、更流畅、更清晰的呈现，也同时对听讲学生进行了"美育"；英语口语能力较强的学生可以负责英文部分的演讲，为其他同学呈现标准的发音和抑扬顿挫的语调变化；而英语能力较弱的学生可以负责校稿和中文部分。这项任务的内核是翻译，那如何用精准且生动的措辞表达英文原文的意思，也是作为一名学生必须掌握的技巧和能力。如此一来，基本能做到班级学生全覆盖，每一位学生都能有一个展现自己特长的机会和舞台，所有学生都能在这项作业中找到自己的意义，这对于学生自信心的提升也有很大的助益。学生亲自参与到这个任务的某个环节，那他们在自己作业本上完成这项翻译作业时也会更加用心。在整个作业过程中，也体现出了跨学科教学的实际应用。这样一来，全体学生通过"看"报纸，"读"文章，"写"翻译，"说"（主讲学生）或"听"（听讲学生)美文,共同完成阅读任务,在合作和分享中树立正确的人生观、价值观和世界观,感受成就感,感知如何与人合作,提升集体意识和合作意识。

四、以读促创作,融合"美育",提升学生的审美创造力

除了"德、智、体、劳","美育"往往被教师所忽略,但是审美能力也是一种个人能力。受到报刊上配图的启发,在作业要求上,我明确:为了美观,主讲学生在制作PPT时,需要在网上搜寻一些与文章相关的图片插入在PPT中,进一步提升演讲内容的生动性。这些"收获"是笔者在布置这项任务时没有预想到的可喜的结果。而对于主讲学生而言,笔者也看到了他们从第一次的生涩腼腆逐渐变得自信大方。

基于一篇阅读文章开展多种任务形式,让班级所有学生能够从这一项作业任务里获得提高个人"听、说、读、看、写"中至少三种能力的机会。经过一段时间的实践证实了此项作业对提高学生能力的有效性。但是,笔者仍在思考能否精益求精,深挖每一篇文章,寻找其他形式以继续提升每周这一篇阅读文章的利用率。通过思考,笔者想到:何不尝试布置一些与课文内容联动的任务?以八年级第二学期第四单元为例,单元主题是 Newspaper,在报刊上有一篇与Newspaper 有关的文章,这一周的阅读文章即定为此篇。本单元主要讲述如何分工出版一份报纸及报刊的板块设置。报刊作为阅读文章的载体,何不好好利用现有的可"看"的资源,结合实体报刊的内容和格式,对教材上的单元内容做进一步的知识扩充?为了让学生能够实践应用从教材及报刊文章中所学相关知识,本周除了完成报刊相应文章的翻译和演讲任务以外,笔者还布置了一项额外的作业任务:全班通力创造一期班级英文报刊。学生自行分成 10 组,每组 4~6人不等。每组自选一个主题作为报刊的一个板块进行设计、美化和排版,要求每个板块至少有一篇学生原创文章及合适的配图。学生自觉分工:擅长写作的学生可以负责原创文章的创写;擅长美术绘画的学生担任美工;英文水平一般的学生负责校对,但与其说是校对,不如说是给他们再创造了一个"读"的机会;其他学生也能帮助选择图片。大家各司其职,各自负责好自己的任务,完成自己小组所负责的板块,最后组合成一份完整的班级英文报。这项任务通过结合多学科知识为学生提供了训练他们多项语言技能的机会,巩固和应用了课堂所学知识,通过成品展示,提升了学生的成就感,以及审美力和创造力。

此外,阅读附加任务还可以是根据阅读文章内容不同查找扩充不同的知识,如电影音乐类文章,学生可以深度解析电影、音乐的创作背景,用英文写影、音评,发表个人收获与感受;艺术人文类文章,学生可自行了解作者生平和作品的内涵、艺术手法等;实事新闻类文章,学生同样可以剖析事件原因,由表及里、由浅入深地探讨新闻背后的故事和影响……

五、结　　语

随着"五育融合"概念的施行,教师可以通过仔细研读、思考文本,以"五育"为支点,设计实践类作业。尤其是在"双减"背景下的今天,指向"五育融合"的初中英语实践类作业的设计研究显得尤为重要。一方面,教师需要通过增加作业的趣味性、多样性、真实性,提高学生的自主学习能力;另一方面,在信息大爆炸的今天,教师要通过实践类作业帮助学生树立正确的价值观、人生观,为学生成为全面发展的社会主义接班人做好铺垫。换言之,在这信息爆炸的时代,多模态让学生们对所需要的资料触手可及,为提升学生的"听、说、读、看、写"五项基本语言技能创造了极为便利且高效的条件。时代在不断发展,英语教师从未故步自封,也从未停止过学习,英语教学教法也随着时代的变迁、科技的进步、理念的升级,一次又一次地进行着革新。但不论是"双减"政策的落实,还是课程标准的修改,从一支粉笔、一块黑板、三尺讲台到现在人人熟练掌握信息应用技术,不论是教师还是学生都要学会在变化中适应,在基础上创新,在失败里总结,在实践中锤炼和成长。

参考文献

[1] 中华人民共和国教育部.义务教育英语课程标准[M].北京:北京师范大学出版社,2022.

[2] 王宇欣."五育融合"在初中英语阅读教学中的实践探索[J].英语广场,2023,(24):126-129.

[3] 周华.核心素养背景下的初中英语报刊阅读教学实践[J].英语教师,2020,20(11):180-182.

[4] 徐瑜,居霄辰."五育融合"视域下中学生劳动素养提升路径研究——以初中英语教学中的劳育渗透为例[J].吕梁教育学院学报,2023,40(02):93-95.

[5] 卜学华."五育融合"理念下英语学科中的劳育渗透口[J].教育研究与评论(中学教育教

学),2021(7):52-55.

[7] 高岭.中学英文报刊教学模式探析——以《21 世纪学生英文报》为例[J].校园英语, 2017(1):92-93.

[8] 宋晓英.基于"五育融合"的初中英语实践类作业设计[J].教学与管理,2022,(22): 55-57.

初中生物幸福作业的设计探析

瞿红缨

摘要：本文探析了初中生物"幸福作业"的设计思路与方法。设计思路强调依据课程标准，结合教学重难点与学生认知水平，体现针对性、探究性、实用性和合作性，培养学生核心素养。实践方法包括：联系生活实际，结合社会热点，体现个体差异，转向小组合作，设计开放性作业。这些方法能激发学生兴趣，提高实践能力和创新能力，增强学习幸福感。通过设计创新"幸福作业"，教师可有效提升学生的学习积极性和核心素养，有效推动初中生物教学改革。

关键词：初中生物；幸福作业；教学实践；新课标

作业，每一位教师和学生都不陌生，它是帮助学生有效巩固、理解、消化知识的重要途径，完成作业是学生学习过程的一个重要环节，具有反馈信息和检测等各种功能。可是，现在学生普遍认为作业太多，形式单调，大多数只是重复教材内容，因此，许多学生对作业消极应对，不求甚解，甚至产生了抵触情绪，无法有效利用作业巩固所学知识。

在课程实施的过程中，如何有效地布置作业，让学生为作业心动，感受幸福，以利于学生更好地学习生命科学，便成了我所关注的焦点。科学布置作业，是教学质量的保证，笔者在多年的初中生物教学实践中，注重作业的设计，使学生的作业积极性得以有效提高，让学生愿意做作业，喜欢做作业。

一、有效设计生物幸福作业的思路

实践证明，有效设计学生幸福作业，必须依据课程标准，紧扣教学重难点和结合实际情况,关注学生的认知层次和水平,体现针对性、探究性、实用性和合作性。教师设计幸福作业,要以新课程标准中规定的生命观念、探究实践、科学思维及态度责任的核心素养为目标。学生在完成作业的实际操作过程中,能不断锻炼探究技能,激发科学思维,感悟生物之美、学习之乐。

教师可以引导学生用学过的生物学知识分析和解决生活以及生产中的具体问题,将知识转化为能力,使学生在完成作业过程中关注生活、关注社会实际问题,进一步理解人与自然和谐发展的意义,形成主动参与社会决策的意识和积极健康的生活态度。合作、交流完成课后作业是一种很好的学习方式,学生在自主探究的前提下与同伴交流讨论,有利于取长补短和互相帮助,使得作业完成更深入、更完善。同时,合作学习有利于学生建立积极良好的人际关系,培养形成团队精神。小组成员通过交流彼此的学习体会,不断提高生物知识学习能力,由此使得学生也能够在优势互补的过程中不断完善自身的知识结构,并在小组合作中感知生物学习的趣味。

二、有效设计生物幸福作业的实践方法

1. 幸福作业设计要紧密联系生活实际

关注生活,关注生产及社会,把已学的生物学知识运用于实际,分析和解决一些生活、生产及社会中的问题,是初中生物教学的目标之一。设计并布置贴近学生生活实际的实践性作业,是理论联系实际的有效途径。如在学习了有关血液的知识后,教师要求学生课后收集家人的血常规化验报告单,并根据所学知识分析化验单上的各项指标是否都正常。若有问题,是什么问题? 应采取什么方法治疗? 学生要解决以上问题,需要将有关血液的组成和功能的知识迁移到解决这一具体问题上来。此作业一出,就引起了学生的热烈讨论。在报告收集阶段学生积极性非常高,不时通过钉钉私信问我各种健康指标的问题。在这项作业的讲评中,学生发言也十分踊跃,他们关注自己和家人的健康,也将所学知识落到了实处。

又如在学完《我们身边的植物》这一节的内容后,布置了作业"选择家中或小区内的一种植物,观察它的生长过程,并写好观察笔记"。笔者给出一些实践建议,同时强调在公共场所进行植物观察时,一定要爱护花草树木。一段时间后,学生陆续上交观察作业,形式多种多样,有日记型的,也有作文型的,还有文字配

图片的,等等。不管哪种形式,都能看出学生真正投入了作业之中。有些学生还提出了更为实用的问题:如:怎样让文竹的叶片不发黄?哪些植物不适合种植在小区内?为什么同一种植物上的花颜色不一样?……从学生的作业中,我感受到他们开始有了探究生命现象的欲望,并且乐在其中。

2. 幸福作业设计要结合社会热点

学生接触社会的途径的增加使许多社会热点问题吸引了学生的眼球,因此生物作业的设计要结合社会和生活中的热点,既有效地为课堂服务,又打动学生的心,体现出生命科学知识的重要性,激发学生的学习兴趣,提高学生的生活幸福度。

如在甲流肆虐期间,结合传染病的教学,可以设计以下作业:甲流的病原体是什么?它属于哪一种传染病?试述甲流的传染源、传播途径和易感人群,应怎样预防甲流。学生学习时兴趣高涨,积极参与,还额外设计了海报等。再如结合地震,可以布置这样的作业:被困的人获救后应首先补充哪类营养物质?为什么?如果他们有外伤出血了应怎样处理?你是否留意,每次从地震废墟下被急救出的受困者,都要蒙上双眼,试说出原因……这些问题只要在生活中稍加留意,学生就可以找到答案。这样的作业不仅能丰富学生的知识,还有利于培养学生善于观察、善于思考的好习惯,也能为学生的幸福生活提供更有力的保障。

3. 幸福作业设计要体现个体差异

从教育心理学角度看,每一位学生的身心发展都受先天禀赋及后天诸多因素的影响,存在个体差异。承认差异和尊重差异是现代教育的一个重要理念。我们的教育要以人为本,面向每一位学生,让每一个学生都能感受到幸福。由此可见,教师在作业设计时不能"一刀切",而应关注每位学生的不同,充分尊重每位学生的发展权利,尽量满足每位学生的发展需要。

例如学完《生态系统的结构和功能》后,我设计了一个通关作业。首先让学生去拍摄一个真实的生态系统,并能够说出其中的非生物成分和生物成分。这对于基础薄弱的学生来说也不难,他们十分乐意去完成。而对于中等水平的学生来讲,这个作业过于简单,没有挑战性。在此基础上,第二关就要求他们收集上海地区的自然生态系统类型的资料以培养学生处理信息和分析信息的能力。而对于优等生,在完成前两关之后,可以指导他们做一个生态瓶对照实验,写出实验设计报告并完成一篇探究论文,最终进行课堂交流或推荐参加更高层次的比赛。在这个过程中,教师要及时给予学生正面反馈,指出他们作业的优点和不足,帮助学生认识到自己的进步空间。这种多层次的作业设计,能给学生留下自主选择的空间,充分发挥学生的学习自主性,让他们各取所需,真正做到了因材施教,发展了每个学生的能力,尊重了他们的个体差异,助力不同层次学生的不断发展。有效设计生物幸福作业,不仅能够激发不同学生的学习兴趣,让他们获得自信和成就感,还能够提高学生的实践能力和创新能力。

4.幸福作业设计应向小组合作转变

新课程标准特别注重学生合作能力的养成,教师设计并布置贴近学生生活实际的小组合作性作业,是理论联系实际并培养学生团队合作能力的有效途径之一。我在教授《城市生态系统》这一课时,布置了合作应用性课后作业:"请同学们测量学校某个区域绿化的覆盖率,要求分组合作完成。"学生在已学过相关知识的基础上,分组协作。在小组合作中,学生们首先根据所学知识,设计测量的实验方案,选择合适的工具,克服困难,相互协作。这个作业是学生愿做、爱做的实践活动,不仅让学生学到了比书本上更多的具体知识,而且在无形中培养和锻炼了学生的人际交往能力和团队合作能力,同时也获得了自我认同。

又如讲完《微生物》这一内容后,我布置的作业是制作甜糕。在这次活动结束后交流讨论中,笔者发现,学生不仅自觉地完成了实践作业,而且进行了积极的思考和总结,会互相帮助分析甜糕制作成功与失败的原因。有的学生说,面粉的干湿程度如何;有的学生说,酵母菌的多少很重要;有的学生说,发面的时间很有讲究。还有的小组上网查找资料,制作了玉米面甜糕、荞麦面甜糕和浓香甜糕。学生在主动学习的同时,与同伴交流讨论,有利于取长补短、互相帮助,使得作业完成更深入、更完善;有利于学生建立积极良好的人际关系,学会合作交流的技能、技巧,进而培养团队精神,并感受到生物作业的"甜"。

5.幸福作业设计要注重开放性

新课程标准强调学生生活及社会生活等广阔的时空开放,因此学生的作业也要注重开放性。开放型作业可以让学生从书本中跳出来,从题海中跳出来,走向社会,走进生活。为此,教师应适当设计并布置开放性的课后作业,让学生发散思维,敢于标新立异,提出各种问题,大胆创新。

例如在学习了《开花和结果》之后,笔者安排了一项开放性课后作业,请学生设计一个实验方案证明"传粉能影响绿色开花植物的果实与种子的形成",要求设计的实验方案必须完整可行,尤其要设置对照组及选定正确的变量。这项作业教师不规定具体材料、方法和步骤,一切完全让学生根据探究性实验的环节与步骤要求自由选择和设计,为培养学生的发散思维和创造性思维提供了空间。

再如学习了《环境污染对生物的影响》后,教师可以让学生调查周围环境中的污染情况及对生物的影响,并向相关部门提出合理化的建议。学习了克隆技术后,有人提出"克隆人",教师可以布置作业让学生说说对这个观点所持的态度,并结合学过的生物知识具体分析说明。开放型的作业,有利于培养学生脚踏实地的科学作风,提高学生的认知能力,促进学生高效学习,给学生提供积极的学习体验。教师可以通过这些作业,成功地激发学生学习生物学的兴趣,保证初中生物教学的有效性,促进学生生物学核心素养和综合能力的提高。学生在完成作业的过程中能体验到学习的乐趣,从而达到幸福作业的目的。

不仅如此,笔者还尝试设计创意类的作业以提高学生做作业的兴趣,让学生愿意自觉地完成生物作业,并在写作业时感受到快乐。如模型类作业、绘图类作业、表演类作业、辩论类作业、创作类作业等。对于学生而言,兴趣是引导他们学习的重要动力。其实,无论哪种作业类型,设计符合学生的求知心理,这样才能使学生对作业的关注度提高,学习效果才会好,才能有效地提高学生的学习兴趣和课堂参与度。

总之,作业教学是学科教学的重要组成部分,教师应在新课程理念的指导下,结合实际情况,积极推进初中生物作业有效性改革,大胆创新生物作业的设计,使作业环节成为实施教学目标的催化剂。让学生从作业中获得最大收益,充分调动学生完成作业的积极性和主动性,从而提高学生学习生命科学的兴趣,感受幸福。

参考文献

[1] 张天宝.初中生物实践性作业实施策略[J].教书育人,2022,(20):78-80.

[2] 陈南珠.初中生物实践性作业设计研究[C]//廊坊市应用经济学会.对接京津——新的时代 基础教育论文集.赣州市阳明中学,2022:3. DOI:10.26914/c.cnkihy.2022.058040.

[3] 任宁宁."双减"背景下初中生物多元化作业设计实践[J].河南教育(教师教育),2024,(05):18-19. DOI:10.16586/j.cnki.41-1033/g4.2024.05.058.

[4] 曲月.生命教育视角下的初中生物教学实践分析[J].天天爱科学(教育前沿),2020,(03):137.

[5] 戴晶晶.新课标背景下高中生物作业的创新设计[J].学园,2023,16(22):38-40.

[6] 李幸子.初中生物学跨学科实践活动设计与实践研究[D].上海师范大学,2024. DOI:10.27312/d.cnki.gshsu.2024.002220.

打造幸福的跨学科课堂活动,让学生感受学习的快乐
——以《平方差公式》的教学为例

张澳妮

摘要: 随着新课标的发布,学习方式的变革势在必行。新课标提出了跨学科主题学习的方式,这是一种综合性的学习方式,有助于达成跨学科学习的目标。对于数学学科而言,其与美术学科密不可分。数形结合是一种十分重要的数学思想,利用数形结合的方法,能够使抽象的数学知识便于学生理解。本文从数形结合的重要性、使用的方法和原则入手,指出数形结合思想在初中数学教学中的重要价值,同时以《平方差公式》一课为例,设计了跨学科主题活动,帮助学生对平方差公式的探求过程有更深刻的理解与认识,收获多样的主题学习成果,体会学习带来的幸福感。

关键词: 平方差公式;数形结合;跨学科

《义务教育数学课程标准(2022年版)》[以下简称《课程标准(2022年版)》]中指出:"在课程内容的呈现上,适当考虑跨学科主题学习。"《课程标准(2022年版)》对跨学科主题学习提出了教学建议,要注重引导学生通过小组合作或独立思考,经历发现问题和提出问题的过程。

初中数学知识主要围绕数与形两方面来展开,数方面主要以有理数、代数、方程不等式等为主,形方面主要以平面几何、立体几何等为主,而随着学习的不断深入,会接触到更多数形结合的知识,例如解析几何等。因此,在实施跨学科主题学习时,可以充分利用数形结合的数学思想,借助美术中基础图形的绘制以及折纸艺术等,将数学与美术两门学科融合起来,既锻炼学生的思维能力,又提升学生对基础图形和对美的感知能力,从而实现学科核心素

245

养的提升。

本文以沪教版七年级上册 9.11《平方差公式》一课为例,通过数形结合的思想,对平方差公式的几何说明进行了深入探究,实现了数学与美术的跨学科融合,帮助学生对平方差公式的探求过程有更深刻的理解与认识。

一、数形结合的重要性

(一)"数"与"形"不可分割

数与形是数学学科中最基本的两个研究对象,在一定条件下可以相互转化。数形结合思想是重要的数学思想之一。具体来说,数形结合就是将数学语言与图形语言结合起来,将抽象思维与形象思维结合起来,通过"数"与"形"之间的相互对应和转换解决数学问题,因此在数学教学中融入数形结合思想是十分必要的。

(二)激发学生的学习兴趣

初一学生倾向于运用表象思维而非抽象思维。而初中的数学知识相较于小学更加抽象,难度也有所提升,理论知识过于枯燥,以至于很多学生不能快速适应初中数学的学习。但是如果在教学过程中采用数形结合的方式,就可以借助图形与数字的转化,帮助学生实现从具体到抽象的过渡,使理论知识不再那么枯燥,从而激发学生的学习兴趣。

(三)帮助学生记忆知识

我们常说数学不是背出来的,但是对于一些常用的概念、定理、公式等基础知识,还是需要一定的记忆,才能在解决问题时使用恰当的方法。记忆这些基础知识对很多学生而言是一大难题,因此恰当的记忆方法就显得尤为重要。我们将基础知识与图形结合起来记忆时,会发现能在脑海中建立具体的模型,不但能提升记忆的准确度,也能延长记忆的时间。

(四)建立与生活的联系

很多人认为学习数学对实际生活并无多大的用处,但数学知识往往都来源于我们的实际生活,例如修椅子时利用三角形的稳定性,建筑设计时利用黄金分割、几何图形的对称美等,这些都体现了数形结合的思想,建立了数学与实际生活的联系。

二、数形结合的方法

（一）以形助数

以形助数就是通过直观的图形构建形象思维，帮助学生理解抽象的数学知识，在教学中运用以形助数的方法可以帮助学生将抽象的问题具体化、复杂的问题简单化，从而形成一定的解题技巧。例如在解不等式组的解集时，可以借助数轴，用数轴表示数，从而直观地找到不等式组的解集；在学习一次函数时，可以借助平面直角坐标系分析一次函数的性质等。

（二）以数解形

以数解形就是借助数与数量关系来阐明图形的某些属性，在教学中运用以数解形的方法观察图形的特点，充分利用图形的性质特点或几何意义，把"形"转化成"数"的形式来进行分析计算。例如在计算基本几何图形的面积、周长时，有很多使用字母或数字表示的公式；在解决抽象的几何问题时可以将其转化为代数运算等。

（三）数形互变

有些数学问题不仅仅是简单的"以形助数"或"以数解形"，而是需要形与数互相变换，深入挖掘形与数之间的内在联系，更好地把握数字与图形的互变，从而解决问题。在更深入的数学学习中，数形互变起到了相当重要的作用。

三、数形结合的使用原则

（一）精确性原则

几何图形具有直观性，但是在借助几何图形进行数形结合时，一定要注意绘图的精确性，当构图不精确时往往会造成视觉误差。同时，在观察几何图形时也不能想当然，由于我们人眼的特殊构造，有时会产生一些视觉误差，例如相等长度的线段竖直摆放与水平摆放时可能会显得不一样长。因此，在运用数形结合思想时一定要注意保证精确。

（二）等价性原则

数与形需要基于代数和几何具有等价性时才能实现两者的转化，以数轴和平面直角坐标系为例，数轴上的点和实数具有一一对应的关系，两者具有等价性,因此可以采用数形结合思想。而有些图形与代数不具有等价性时,盲目采用数形结合思想,会出现解题不严谨的现象,因此数形结合不能应用于所有数学问题。

(三) 双向性原则

对于一些数学问题,如果只从代数或几何中的一种方式来进行分析推导无法明确知识的内在联系时,就需要采用数形结合的方法,从两方面来分析,实现图形和代数的双向转化。以平方差公式、完全平方公式的推导为例:一方面,可以利用多项式的乘法法则,从数的角度进行推导;另一方面,也可以利用图形面积的变化,从形的角度进行推导。如此便可以将数字问题直观化、图形问题逻辑化,方便学生理解。

(四) 简单性原则

对于数学问题而言,每道题都有不同的解法,一题也有可能多解。有些问题采用图形法更加简单快捷,有些问题则需要精准计算。因此,在应用数形结合思想时,学生应找到最简便的解题方法,而不是机械性地将数与形结合,要通过适当的方法将复杂的问题简单化,以形成清晰的逻辑和解题步骤。

四、平方差公式数形结合的背景

(一) 历史背景

相传,在古希腊的欺骗性土地分配事件中,地主跟农民商量如何分配土地时提出,将原来边长为 a 米的正方形土地,一边分割出 6 米,同时在另一边增加 6 米,如图 1 所示,租赁价格不变,而农民却完全不知自己被地主欺骗了。而我们通过数形结合可以直接看出,虽然减去的边长和增加的边长都为 6 米,但是减去的另一边长为 a 米,但增加的另一边长只有 $(a-6)$ 米,因此减去的部分明显比增加的部分多,农民获得的土地变少了。这从数形结合的角度证明了 a^2 与 $(a+6)(a-6)$ 所得的值是有差异的,同时也证明了平方差公式的重要性。

公元 3 世纪,赵爽在注释《周髀算经》中的"勾股圆方图"时说:"勾实之矩以股弦差为广,股弦并为袤,而股实方其里。……股实之矩以勾弦差为广,勾弦并为袤,而勾实方其里。"如图 2 所示,在边长为 c 的正方形中挖去一个边长为 b 的正方形,阴影部分的面积等于长为 $c+b$、宽为 $c-b$ 的矩形的面积。同时期的刘

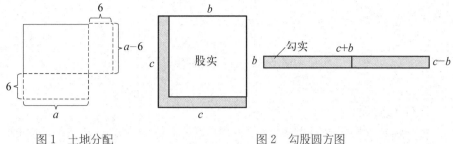

图1 土地分配　　　　　　　　　　图2 勾股圆方图

徽在注释《九章算术》时说:"勾幂之矩青,卷白表,是其幂以股弦差为广,股弦并为袤,而股幂方其里,股幂之矩青,卷白表,是其幂以勾弦差为广,勾弦并为袤,而勾幂方其里。"刘徽提到的"幂"跟赵爽说的"实"是相同的,两人用了同样的图形对平方差公式进行了几何证明。

(二)教材分析

平方差公式是在学生学习了整式的乘法后,经历由一般到特殊的过程从而归纳出的一种乘法公式,即两个数的和与这两个数的差的平方等于这两个数的平方差,$(a+b)(a-b)=a^2-b^2$。各个版本的教材中,对于平方差公式的几何说明大多采用了赵爽的"面积割补法",且只提供了一种割补方法。只有青岛版教材的拓展与延伸中,引导学生思考另一种面积割补的方式(如图3所示)。

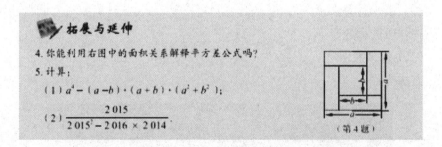

图3 青岛版教材中关于平方差公式的拓展与延伸

在实际教学中,很多教师在教授平方差公式的几何说明时,也像教材中呈现的一样,一带而过,更着重于讲解平方差公式的运用。这也就导致学生对平方差公式只是死记硬背,没能真正学以致用,违背了新课标的要求。而笔者认为本课的主要目标是经历平方差公式的探求过程,从而掌握平方差公式及其简单运用。而在平方差公式的探求过程中,需要借助数形结合的思想来帮助理解。因此,笔者基于学生的学习基础,结合课程目标要求,针对平方差公式一课设计了数学与美术学科相融合的跨学科教学活动。

五、平方差公式的跨学科活动

(一) 活动设计

常见的数学与美术的跨学科活动主要为折纸艺术,例如采用折纸活动理解轴对称图形、理解等腰三角形的性质等。而基于本课的教学目标,笔者采用图形的绘制和剪裁来设计跨学科活动。

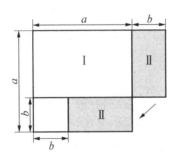

图 4 教材中的图形

教师给出教材上图形的面积关系,引导学生用两种不同的方法计算长方形的面积,一种是运用长方形面积公式 $S=ab$,得到面积为 $(a+b)(a-b)$;一种是运用割补法,得到长方形面积为 a^2-b^2,从而得到 $(a+b)(a-b)=a^2-b^2$,帮助学生直观地理解平方差公式。

接着让学生思考,有没有其他方法从图形的面积角度来说明平方差公式,让他们在纸上进行图形的绘制或者用纸裁一裁、折一折。要求是要仔细观察图形,通过适当的裁剪拼接从两种角度来计算图形的面积,从而证明平方差公式,同时需要附上证明过程,最后在全班进行分享。

(二) 成果展示

方法一:

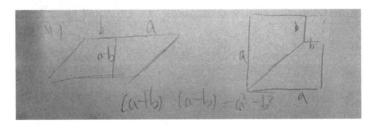

图 5 方法一

构造一个底为 $(a+b)$,高为 $(a-b)$ 的平行四边形,将其从中间剪开拼接成一个大正方形缺一个小正方形的形式,平行四边形面积为 $(a+b)(a-b)$,拼接

图形的面积为 $a^2 - b^2$，利用两者面积相等即可得出平方差公式。

方法二：

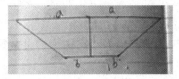

图 6　方法二

构造一个上底为 $2b$，下底为 $2a$，高为 $(a-b)$ 的梯形，将其从中间剪开拼接成一个大正方形缺一个小正方形的形式，梯形面积为 $\frac{1}{2}(2a+2b)(a-b)$，即 $(a+b)(a-b)$，拼接图形的面积为 $a^2 - b^2$，利用两者面积相等即可得出平方差公式。

方法三：

构造一个边长为 a 的大正方形，内部做一个边长为 b 的小正方形，求周围一圈的面积有两种计算方法，第一种是四个梯形的面积之和，即 $\frac{1}{2}(a+b)\left(\frac{a-b}{2}\right) \times 4$，即 $(a+b)(a-b)$，第二种是大正方形面积减去小正方形的面积，为 $a^2 - b^2$，利用两者面积相等即可得出平方差公式。

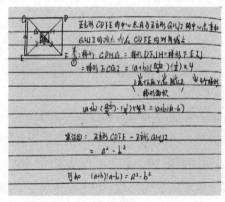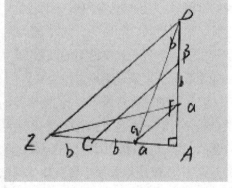

图 7　方法三　　　　图 8　方法四

方法四：

构造一个等腰直角三角形 ABC，$AB = AC = a$，延长 AB 到 D，AC 到 E，使

$BD=CE=b$，在 AB、AC 上截取 $BF=CG=b$，求三角形 AEF 的面积有两种计算方法，第一种是运用三角形面积公式 $S=\dfrac{1}{2}(a+b)(a-b)$，第二种是利用三角形 EGF 和三角形 AGF 的面积之和来求，$S=\dfrac{1}{2}\cdot 2b(a-b)+\dfrac{1}{2}(a-b)^2=\dfrac{1}{2}(a^2-b^2)$，利用两者面积相等即可得出平方差公式。

（三）活动反思

本活动采用绘图、折纸等形式将数学与美术进行了学科融合，充分发挥了学生的主体性，提高了课堂的趣味性，增强了学生的幸福感，让他们在自主思考、动手操作的过程中充分感受数形结合的思想，对平方差公式的探求过程有了更深刻的理解与认识。

如何构造图形是本课的一大难点，很多学生有了前面教材上的例子之后容易思维固化，想不出其他方法。因此，很多学生在这节课上所获得的成就感比较低，应该在让他们自主思考之前，给予适当的支架，例如帮助他们回忆学过的基础图形除了长方形还有哪些，如何运用其他图形的面积来证明平方差公式等。同时，随着信息技术的快速发展，还可以借助几何画板等信息化技术，更加直观地给学生展示图形面积之间的关系与变换，帮助学生实现从具体到抽象的过渡。

在这节课中，部分学生成功思考出了平方差公式的其他证明方法，没想出来的学生通过其他同学的分享也同样收获了许多，他们都对数形结合思想有了更深的理解，认为数形结合可以帮助我们解决许多数学问题，这也说明课堂的实施达到了跨学科融合的目的。同时，也契合了数学学科的核心素养，通过独立思考解决了平方差公式几何说明的问题，建立了平方差公式的数学模型，构造出图形后能用数学语言来证明平方差公式。

在目前的时代背景下，我们要培养的是多方面发展的全面性人才，因此学科融合是育人的一大趋势，要在学科融合中发展学生的核心素养。数与形是不可分割的，数学与美术也同样是相互渗透的，利用数形结合将数学与美术两门学科联系在一起，既能培养学生解决数学问题时数形结合的思想，也能提高学生对基础图形的认识与把握。

参考文献

［1］中华人民共和国教育部.全日制义务教育数学课程标准[S].北京：北京师范大学出版

社,2022.

［2］李敏.简述数形结合思想在初中数学教学中的渗透[J].名师在线,2022(30)：67－69＋93.

［3］李玲,顾海萍."平方差公式"：以多种方式融入数学史[J].教育研究与评论(中学教育教学),2014(11)：43－47.

［4］郭书春.汇校九章算术[M].沈阳：辽宁教育出版社／台北：九章出版社,2004.

如何提高"4分钟跳绳"的积极性

——以傅雷中学初二学生为例

周　奕

摘要：为了能提升耐力项目中4分钟跳绳的分数以及提升学生的学习兴趣，本文采用文献资料法、实验法及数理统计法等方法展开研究，根据几次测试数据的对比分析，得出信息技术辅助的积极影响，为我校体育教师使用信息技术手段提升中考跳绳成绩提供了理论和实践层面的借鉴。

关键词：信息技术；4分钟跳绳；新课标；实验

要想提高4分钟跳绳的成绩，需要改良跳绳训练方法，解决学生在4分钟跳绳时遇到的困难，如甩绳姿势、跳绳速度、失误率、体力不支等情况。同时新课标中也提到要激发学生的运动兴趣，培养学生终身体育的意识，故本研究主要将着眼于音乐、节拍器、天天跳绳APP等信息技术来试图解决以上问题，并对于中学生跳绳水平的提升进行深入研究，让那些抗拒耐力跑与不会游泳的学生，能够通过现代化手段在提升跳绳成绩的同时调动参与体育锻炼的积极性。

一、研究的对象、时间和内容

1. 研究对象

本次实验研究选取傅雷中学初二12个班共409名学生，为了方便上课和数据统计，须除去分校、个别伤痛等其他原因的学生，还剩余370名学生。1～5班177人作为实验班，其中男生90人、女生87人；6～10班193人作为对照班，其中男生 93 人、女生 100 人。

2. 研究时间

研究时间：2021 年 4 月 12 日到 2021 年 6 月 11 日,共计 9 周,以初二学生的体育课程作为主要的实验时间。本次实验会受实验准备、学生分组、成绩测试和节假日占用时间等其他不可控因素的影响,所以,受试小组有效的实验时间为 8 周,每周 2 次课,共 16 节课。

3. 研究内容

实验前分别对两个班进行最初的数据统计,通过两个月的实验,再次对其跳绳成绩、失误率、耐力的变化情况和学习兴趣进行研究分析。

二、研 究 方 案

本次实验对照班教师会根据课程来安排教学内容,运用常规的教学手段进行教学并详细记录本次实验需要的各方面数据。而宋文杰认为中学生跳绳能力的提升需要注重他们参与跳绳运动的兴趣。兴趣是最好的老师,兴趣是一个人学习的内驱力,如果学生有浓厚的学习兴趣,那么他们就会积极主动地投入学习活动中。故实验班则融入音乐、节拍器、天天跳绳 APP 等信息技术手段进行辅助训练,两个班的训练频率均为每周两次(不包括课后自我打卡),共为期两个月。

整个实验班训练过程主要围绕"五环"模式,即"秀一秀""学一学""练一练""赛一赛""评一评"展开,落实新课标中提出的"教会、勤练、常赛",注重教学方式的改革。我以第三周第二节课的教案为例进行一个描述:

片段一

这节课的热身准备活动是前几节课在课堂上学生分组进行创编的自编绳操,让学生学以致用。对于学生来说自创的绳操比一般做操化的准备活动更能激发学生的参与兴趣,学生也能更充分地进行热身。

片段二

课堂的基本部分首先是"秀一秀",进行两拍一跳、一拍一跳的个人跳绳练习。这既是对上节课所学内容的巩固和学习成果的抽查,也是为学习主题内容教学进行预热。并且采用分组练习的形式,让学生既有了一定的休息时间,也能通过其他组员的展示在一定程度上刺激他们之间相互比较、相互竞争的意识。

随后练习跟着音乐节奏跳,首先要"学一学"怎么踩准节奏。利用一首节奏比较鲜明的音乐让学生先聆听,再通过教师的示范进行思考模仿,同时教师还可以用拍手打节奏的方式让学生找到感觉。还可以利用节拍器让学生进行分层练习,找到适合自己的节奏,并进行分组练习。最后是以小组的形式进行"跳绳接力"游戏,除了培养学生团结协作的合作意识之外,还能更准确地反映出这段时间的练习是否对学生耐力的提升有所帮助。

片段三

体能练习部分主要是以天天跳绳 APP 上的练习为主,在提高学生体能的同时也增加了许多游戏的趣味性,能够让学生学练得更加积极和认真。

片段四

结束部分带领学生做拉伸运动,让学生得到调整放松,再点评学生整堂课的学练情况并回顾动作要领。最后,再次利用天天跳绳 APP 布置家庭作业,让学生进行有针对性的练习;并且学生之间还可以利用 APP 相互 PK,这能够很好地培养学生永争第一的竞争意识,促进 4 分钟跳绳的整体成绩的提高。

三、实验结果与分析

1. 4 分钟跳绳成绩提升的比较

在第八周进行最后一次测试时,每人有两次测试机会,取最优成绩。为了确保学生可以保持良好的状态,每次测试中间留有两分钟时间进行调整。本次实验结果参照中考体育统一考试标准来打分,实验前后实验班和对照班的测试成绩如下:

表 1　实验班前后 4 分钟跳绳测试成绩数据统计表(单位:%)

	100～90 分	90～80 分	80～70 分	70～60 分
实验班前	26.55	5.30	2.82	6.62
实验班后	45.32	5.08	5.64	11.29

表 2　对照班前后 4 分钟跳绳测试成绩数据统计表(单位：%)

	100～90 分	90～80 分	80～70 分	70～60 分
对照班前	25.90	4.66	4.14	6.73
对照班后	36.78	2.25	5.69	9.84

通过上表相关结果分析可以发现,经过一段时间的训练,两个班级的跳绳成绩都有所进步,但通过数据可以看出实验班学生在经过了 8 周的训练后,在节拍器、音乐、多媒体和 APP 软件的辅助下练习,其跳绳测试成绩得到了更大的提高,也表明了在信息技术辅助下 4 分钟跳绳项目对于实验班学生的整体成绩的提高是有显著效果的。

2. 两班跳绳失误率的比较

在第八周进行最后一次测试,两人一组,用智能绳来统计成绩,小伙伴帮助记录测试者失误的次数,每人有两次测试机会并取最少次数。具体数据如下表所示:

表 3　实验前后两班男(女)生失误率数据统计表(单位：次)

	实验前(男)	实验后(男)	实验前(女)	实验后(女)
实验班	18.89	9.17	19.91	12.57
对照班	18.35	15.26	20.01	16.63

从实验前两组班级 4 分钟跳绳失误次数的情况来看,实验前对照班和实验班在 4 分钟跳绳平均失误上的差别并不明显,失误次数基本相同,具有研究意义。为了保证最终失误率统计结果的准确性与科学性,特采用将男生和女生分开测试的方式。最终的测试结果表明：实验班组无论是男女,失误率都极大地降低,男生从原本的 18.89 降到了 9.17;女生从原本的 19.91 降到了 12.57。对比实验班男生和女生失误率的明显变化来看,对照班无论是男女,失误率都没有明显的降低。从上表中具体的数据分析来看,实验班组学生的失误率降低情况更为明显,实验后的测试成绩更好。这一研究结果表明,在课堂教学中采用节拍器和节奏音乐等现代化手段,能够有效地培养学生跳绳的节奏感,降低学生跳绳的失误率,从而改善学生的竞技水平。

3. 学生跳绳持续性的比较

为了更准确地了解本次实验对学生耐力变化的影响,在第八周对学生进行跳绳不间断的测试,其统计的时间就是跳绳开始后到第一次失误的出现停止计时,为了减少失误的发生,共测试两次,取最优成绩。最终测试结果如下表所示:

表4 实验前后两班男(女)生坚持时间数据统计表(单位:分)

	实验前(男)	实验后(男)	实验前(女)	实验后(女)
实验班	0.58	1.21	0.49	1.17
对照班	0.54	1.01	0.51	0.57

通过上表中相关数据的分析可以发现,在本次实验开展前,实验班和对照班无论男生还是女生,持久跳绳不间断坚持时间方面的数据对比结果相差较小,所有数据比较差异性不显著,对本研究来讲无实际意义。而实验班的学生在经过8周多样化的教学方法训练,所有学生在提升跳绳节奏感的同时,耐力及意志力也有一定的提高。除此之外,实验班学生在跳绳的学习中,不仅会在节拍器和节奏音乐的辅助教学下进行节奏训练,还会在教师的指导下、在4分钟跳绳时间的规定下,系统性地进行相应的学习,最大限度地增加技能强化的效果,所以,实验班学生在跳绳运动方面的耐力要远远高于对照班。

4. 学习兴趣调查

长达两个月的训练结束后,对学生进行了随机访谈,并对本次实验的所有初二学生进行了学习兴趣调查。发放问卷370份,共收回有效问卷354份,其中实验班有167份。调查发现:84%的学生认为利用信息技术辅助下的课堂模式非常有趣,8%的学生觉得有趣,7%的学生觉得一般,1%的学生不感兴趣。对照班有187份有效问卷,调查发现:9%的学生认为传统模式的教学方法非常有趣,14%的同学觉得有趣,51%的学生觉得一般,26%的学生不感兴趣。如下表所示:

表5 学生学习兴趣调查统计表(单位:%)

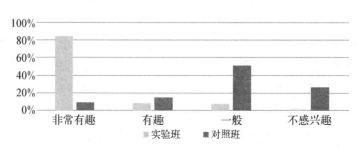

四、结 论 与 建 议

1. 研究结论

对比传统跳绳教学和训练模式,在信息技术的支撑下,音乐和节拍器对于学生的跳绳学习具有积极作用,对学生跳绳节奏的掌握和控制也有重要作用,所以音乐和节拍器被越来越多地应用在体育跳绳的课堂当中。为了更好地发挥音乐和节拍器对学生跳绳的积极作用,需要选择合适的音乐,要考虑节奏是否合适、学生是否喜欢、动作和节奏能否得到有效的统一等因素。当班级学生水平差异较大时,节拍器可以分成不同节奏进行训练,好处是学生分组练习有足够的休息时间,并且成功率的提升能增强学生的自信心和对跳绳的兴趣。本文通过天天跳绳 APP 中的跳绳插件,在原本枯燥的跳绳训练加入游戏属性,挑战后还会生成不同的段位和排名,使学生在课后更愿意积极练习,并且 APP 中也有热身运动及放松练习,大大降低了学生在课后练习时受伤的概率。

2. 建议

在日常练习中,为了降低跳绳失误率和提高运动的稳定性,可以根据训练目标选用相应的运动步调和运动方式,应该优先选用节拍器。在技术娴熟、失误减少的时候,要提高速度,同时维持低失误率。想要提高耐力和体能,在技巧达到某种程度时,可以利用天天跳绳 APP,给自己定时或者定量,同时也可以选择节奏性强、时间比较久的音乐来进行练习。

在进行实验以后,学生的运动能力逐渐增强,而在运动训练结束后,运动速度的变化对学生的运动能力有较大的促进作用。显然,他们在锻炼时,很放松,没有疲劳。那么在平时的练习中,可以逐步提高速度,适应学生的实际状况。

本实验旨在考核 4 分钟跳绳对于学生的跳绳成绩、失误率、学习兴趣、耐力等方面的关联,并进行了长期的动态分析。在疲劳状态下,应该延长实验的时间,在不断练习的过程中,检查跳绳的数量与失误之间的联系,确认有关的稳定性。作为中学体育教师,需要不断改进教学方法和拓宽教学思路,提升校内体育课程的趣味性,调动学生锻炼的积极性,为我校体育教学改革提供理论和案例上的支撑。

参考文献

［1］周雪平.信息技术在花式跳绳特色教学中的运用策略[J].科学咨询,2019(5)：1.

［2］郭冰琦.提高初中生跳绳成绩的策略研究[J].田径,2020(6)：2.

［3］宋文杰.多措并举培养初中生的跳绳兴趣[J].体育风尚,2019(3)：182－182.

［4］田雪芳.精准教学视角下提高初中生跳绳中考成绩的有效方法研究[J].青少年体育,2019(12)：2.

［5］杨文凯.培养中学生速度跳绳4分钟跳节奏感的实验研究[D].济南：山东师范大学,2020.

幸福校园育英才,化学课堂铸素养

——以《燃烧与灭火》的教学为例探讨核心素养与幸福校园的融合

王文婕

摘要: 幸福校园理念的提出为教育革新带来了新视角。本文以《燃烧与灭火》一课为例,探讨在新课标及"双减"背景下,如何将幸福校园理念融入初中化学教学,落实化学核心素养,并反思教学实践,以期为构建充满幸福感的学习环境提供切实可行的方法与路径。

关键词: 幸福校园;初中化学;核心素养;《燃烧与灭火》

幸福校园理念的核心在于将学生的全面成长与内心幸福感置于教育的首位。随着这一理念的逐步深化,如何将其有机融入日常教学实践,已成为我校教师团队重点研讨的课题。初中化学作为培育学生科学素养的关键学科,在新课标与"双减"政策的双重导向下,核心素养的落地生根对于幸福校园的建设尤为关键。本文将剖析《燃烧与灭火》这一教学实例,在新课标及"双减"的背景下,探寻基于幸福校园理念落实初中化学核心素养的实践路径,并借此机会对教学实践进行全面而深刻的反思。

一、幸福校园理念与初中化学核心素养

幸福校园理念强调以学生为中心,全面关注其成长与幸福感。初中化学课程正经历着革新,力倡使学生脱离机械学习,转而于生动的情境中掌握知识,并灵活运用所学知识解决生活中的问题,从而体悟化学之奇妙。这既是落实核心素养的体现,也启示教师应营造轻松愉悦的课堂氛围,使学生享受学习的乐趣,恰好与幸福校园的理念交相辉映。

核心素养是学生适应终身发展和社会发展的必备品格和关键能力,在初中化学课程中,其落实不仅可以强化学生的科学素养,而且有助于其在情感、态度、价值观等方面的综合成长,为幸福校园的建设添砖加瓦,促进校园的和谐与美好发展。

在构建幸福校园的愿景下,初中化学课程目标需要聚焦学生的全面发展及幸福感提升。以《燃烧与灭火》一课为例,教学应注重结合实际情境与实验操作,让学生在探索中深化化学知识,同时培育其合作、创新及批判性思维等能力,最终实现学生知识增长与幸福感提升的双重目标。

二、幸福校园理念下《燃烧与灭火》一课的教学实践

(一) 优化教学设计,融入幸福元素

在设计《燃烧与灭火》这一课的教学活动时,我致力于营造融合幸福感的学习氛围,特别是针对初中生对火这一自然现象既好奇又畏惧的心理。我设计了安全且受控的实验环节,让学生在亲身实践中近距离观察火,逐渐消除对火的恐惧,并激发他们的学习热情。部分复杂实验则以小组为单位通过合作完成,不仅锻炼了学生的动手操作能力,给予他们成就感,也促进了学生间的团队协作与有效沟通。整堂课宛如一次自然探索之旅,让学生在实践中收获了满足、幸福与成长。

(二) 分析学情,关注个体差异

学情分析是教育过程中至关重要的一环,涉及对学生学习兴趣、动机、情感态度、心理状况及智力能力等多维度的考量。这种分析并非孤立进行,而是需要结合学生现有的知识结构和实践经验,共同作用于对学习重难点、方法、习惯及策略的探讨上。在幸福校园的教学实践中,以《燃烧与灭火》一课为例,我深入贯彻了个性化教学原则。通过细致观察学生,了解他们的学习倾向与心理状态,我精心设计了多样化的教学策略,旨在激发每位学生的潜能。课前,我依据学生的特点进行了合理分组,通过互助小组的形式,有效避免了课堂的两极分化现象,使得教学活动更加可控、安全、有序。课堂上,内向的学生也有机会动手实践,师生互动与生生互助交织,营造出和谐的学习氛围。这样的课堂,不仅让学生在知识上有所收获,更让他们在参与中感受到乐趣,真正实现了寓教于乐的教育目标。

（三）创新教学方法，激发学习兴趣

新课标对义务教育化学教学提出了更高要求，强调要在课堂上深度融合学生的自主探究意识。鉴于此，围绕核心素养创新教学方法并强化学法指导显得尤为关键，一切教学手段都是为了促进学生学习能力的提升，确保教学成效的显著增强。

在教学设计中，我巧妙地融合视频、实验与小组讨论等多种教学手段，点燃了学生的学习兴趣与好奇心。精选现象清晰、直观的视频素材，作为课堂的有效补充与延伸，既替代了现场难以实施的实验，又拓宽了学生的视野，激发其探索欲望。通过自主探究实验与合作学习，让学生在亲身实践中挖掘问题、攻克难关。我精心策划由学生主导的实验，确保操作简便、安全，同时提升实验的观赏性，让学生在低门槛、高回报的实践中体验学习的无穷乐趣与幸福感。

三、幸福校园理念下《燃烧与灭火》一课的教学反思

（一）从共通点入手优化整合原三维目标

在新课标与"双减"政策的双重背景下，我着手将教学目标由原先的三维目标向核心素养目标转化，并结合幸福校园的理念进行深度重构。在整合三维目标的过程中，我细心挖掘两者的共通之处，以科学性为原则，将核心素养有机地融入其中，并分别归类至相应的核心素养与幸福校园理念之下。然而，幸福校园理念的内容丰富多元、相互渗透，这在一定程度上增加了撰写教学目标的难度。为此，我进一步优化与调整了幸福校园理念内部的内容，最终形成了现在的教学目标。

（二）寻找幸福校园理念和学生兴趣的交叉点

在课堂教学中，为了唤醒学生主动学习的内在动力，并潜移默化地提升其各项能力，关键在于找到幸福校园理念与学生兴趣的契合点。讲授《燃烧与灭火》时，我运用了创设问题情境、联系生活实例、组织分组实践三种策略，旨在有效激发学生的求知欲与学习热情。

1. 创设问题情境

在初中化学课堂上，创设问题情境是提升学生学习效果的有效方法，能够借助生动有趣的场景激发学生的探索欲。在教授《燃烧与灭火》一课中的"探究燃烧条件"环节时，我用白磷与红磷在冷水与热水中的实验视频作为切入点。这段

视频安排巧妙,能够吸引学生的注意力,引导他们深入思考这些奇特现象背后的原理。在好奇心的驱使下,学生积极主动地展开讨论,自主探究并总结出了燃烧的必要条件,实现了知识的内化与能力的提升。

2. 联系社会生活实际

在当前义务教育的新课标框架下,化学课程的设计越发倾向于将理论知识与现实生活紧密结合,让学生深刻体会到化学既源自生活又服务于生活的真谛。以《燃烧与灭火》一课为例,我在"新课导入"时,借助了神舟十五火箭发射的壮观场景,通过视频展示燃烧释放的巨大能量如何助力国家科技进步,瞬间点燃了学生的学习热情。随后,在"探究灭火的原理"环节,我引导学生利用身边的各种器具,亲自实践如何熄灭小蜡烛,将抽象的化学原理转化为直观的操作体验。这种首尾呼应、贴近生活的教学策略,降低了化学知识的理解难度,极大地激发了学生的学习兴趣,使他们能够在轻松愉悦的氛围中掌握灭火的关键知识,实现了理论与实践的融合。

3. 组织学生分组实践

在新课标的引领下,教育舞台的中心悄然转移,形成了以学生为主体、教师为主导的"双主"教学模式。在这种教学模式中,教师不再是单纯的知识传授者,而是成了活动的组织者、引导者,鼓励学生分组进行实践活动,自主探索主题下的学习内容。在《燃烧与灭火》一课中,这种分组合作探究的方式尤为突出。学生在分组合作探究的过程中,经历了从观察现象、感受变化,到深入理解、动手操作,再到集体讨论等多个环节。这种学习方式调动了学生的内驱力,点燃了他们主动探究的热情与兴趣。处于青春期的初三学生,自我意识逐渐觉醒,他们渴望通过自己的双手去触碰世界、发现新知。相较于教师的直接传授,他们更愿意通过自己的努力去探索未知,从中获得成就感和满足感。分组合作探究,恰好为他们提供了一个这样的舞台,让他们在动手实验中享受探索的乐趣,同时在实践中总结知识、提升自我。在这个过程中,学生不仅掌握了化学知识,更重要的是学会了如何分工协作,如何在团队中发挥自己的长处,弥补他人的短处。同伴之间的互相学习、取长补短,使得他们对知识点的理解更加透彻。同时,他们的实践、分析问题、解决问题及分组合作的能力也得到了显著提升,这些都是新课标理念下核心素养的重要组成部分。总之,分组合作探究不仅满足了学生探索世界的愿望,更在无形中培养了他们的科学素养和团队精神。这种教学模式,无疑是对学生核心素养培养的一次有力推动,也是对幸福校园理念的一次生动实践。

（三）深化融合科学态度与责任

在新课标的引领下,学科教学被赋予了立德树人的神圣使命,而核心素养的提出,恰如一座桥梁,连接着教育目的与学科教学,凸显了化学学科独有的育人价值。在此背景下,科学态度与责任的培养显得尤为重要,需要在所学知识中深化、融合,成为教学的灵魂。以《燃烧与灭火》一课为例,要让学生深切体会燃烧与社会发展的紧密联系,感受化学对人类进步所做的巨大贡献。这样的教学,不仅极大地提升了学生的科学素养,而且在他们心中播下了社会责任感的种子。幸福校园和科学态度与责任的培养相辅相成,幸福校园为学生营造了理想的成长环境,而科学态度与责任的培养则让这份幸福更加深厚。学生在知识的海洋中畅游,在情感的花园里绽放,在社会的大舞台上历练,实现了全面而和谐的成长。

在构建幸福校园的背景下,初中化学教学需要聚焦核心素养的培育与学生幸福感的增强,要进一步细化教学目标,针对学生的不同需求因材施教,同时探索新颖的教学方法,营造生动活泼的学习环境。这些举措旨在使学生在快乐中学习化学,全面提升学生的科学素养与综合能力,进而为建设幸福校园的美好愿景添砖加瓦。

参考文献

[1] 中华人民共和国教育部.义务教育化学课程标准(2022年版)[M].北京:北京师范大学出版社,2022.

[2] 李淑莉.优化三维目标 提升核心素养[J].中学课程辅导(教师教育),2020(07):109.

[3] 冯丽莎.浅议初中化学学情分析的基本方法[J].现代职业教育,2016,No.50(20):81.

[4] 李晓琴.双减政策下的初中化学教学应加强学法指导[J].知识文库,2022,No.533(13):130-132.

[5] 刘文茹.基于"课程思政"理念的初中化学教学研究[D].山西师范大学,2021.

打造幸福课堂,成就幸福校园与成长

杜 娟

摘要: 上海市傅雷中学以"让每个孩子在幸福中成长"为办学理念,努力构建幸福校园、打造幸福课堂。基于学生的情感需求与个性化发展,作者通过积极探索各种教学方式,旨在提升学生的学生兴趣、课堂参与度和幸福感。本文通过具体的案例和教学反思,展现了幸福课堂在初中英语教学中的实际效果,为同行提供了可借鉴的经验,同时也践行了学校的办学理念。

关键词: 幸福课堂;初中英语教学;多模态语篇

"让每个孩子在幸福中成长"作为我校的办学理念,似一座明亮的灯塔,为我校的教育之路指引着前行的方向。幸福校园与幸福课程的构建,正是对这一理念的生动践行。

校园如一方充满希望的沃野,承载着无数青春的梦想与成长的渴望。一个幸福的校园应为孩子们提供温暖、包容的成长环境,有充满爱心的教师、友善的同学和优美的校园景观。在这样的环境中,孩子们能够感受到被尊重、被关爱,为幸福成长奠定基础。而幸福课堂的精心设计,则是将"让每个孩子在幸福中成长"理念的具象化。

幸福课堂应致力于培养孩子的多元智能,尊重每个孩子的独特天赋和兴趣爱好。无论是在艺术课堂中激发创造力,还是在科学课堂里鼓励探索精神,其目的都是让孩子们在学习过程中发掘自身的闪光点,品味成功的喜悦,感受成长的幸福。课堂设计要充分考量孩子的身心发展规律,运用生动有趣的教学方法和丰富多样的教学内容,吸引孩子们踊跃参与,使学习成为快乐的体验。

同时,幸福课堂也须着重培养孩子的情感素养和社会交往能力。通过团队合作项目和社会实践活动,孩子们能学会关心他人、理解他人,营造良好的人际关系,在与他人的互动中体悟幸福。在幸福课堂的引领下,校园成为孩子们幸福成长的乐园,能让他们在这里绽放光彩,收获知识与成长,真正践行"让每个孩子在幸福中成长"的美好愿景。

作为一名初中英语教师,我深知幸福课堂对于学生成长的重要性。在教学实践中,我积极探索各种方式,努力让学生在英语学习中体验幸福。比如将学生分成小组进行话题讨论及开展英语项目,如英语剧表演和英语作文比赛等。在小组合作中,每个学生都能找到适合自己的角色,发挥自己的优势。担任组长的学生学会了领导和组织,记录员锻炼了认真细致的品质,发言人则提升了表达能力。通过团队协作,学生们感受到了彼此的支持与关爱,在共同努力中收获了成功的喜悦,这正是幸福课堂所追求的——让每个孩子在温暖、包容的环境中成长。

创新教学方法也是打造幸福课堂的重要途径。我利用电脑上的骰子将课堂内容转化为游戏,设计有趣的竞赛,让学生在玩游戏的过程中自然地运用所学句型。这种充满趣味的学习方式,激发了学生的学习热情,学生们在欢声笑语中掌握了学科知识,不再把学习视为枯燥的任务,而是一种充满乐趣的探索。

实践性学习更是与幸福课堂紧密相连。将手工制作与英语课堂相结合,能让学生在实践中深入理解和记忆所学内容。无论是用英文讲解的废物再利用的手工作业,还是制作比萨后拍摄英文讲解视频,以及用英文绘制旅行指南,这些活动都能让学生将所学知识与实际生活紧密联系在一起。学生们在完成作业的过程中,不仅巩固了知识,还培养了创造力和综合能力。他们会为了展示自己的特长而努力,这种投入和热情让他们感受到了学习的价值和意义。而作为教师,看到学生的成长和进步,我也从中体会到了幸福。

通过多种多样的教学方式,学生在英语学习中收获了满满的幸福。下面,我就以上海版牛津英语教材 7B 的 Module 2 Unit 8 A more enjoyable school life 第一课时 Reading:My ideal school 为例,具体阐述幸福课堂在初中英语教学中的实践:

首先,从教学内容来看,本课语篇主要为中学生之间的对话,内容是针对 Rose Garden School 的低年级学生想看到的校园变化展开的一次调查。Mr Hu 向学生提出了开展调查的要求,Kitty 和 Joe 对低年级学生进行采访并记录,得到了学生想在校园设施、课程设置、校园活动和作业方面有所改变的结果。同时,该语篇引导学生明白人际沟通、交流合作的重要性,同时也向学生展现了理想中的校园应具备的条件,从而引导学生将生活过得充实愉快且有意义。不论是教学内容还是对美好生活的追求和积极向上的态度,都与幸福校园的理念不谋而合。

其次,在教学设计上,我也充分考虑到应使学生在课堂中感受到参与感和成就感。我捕捉了教材中的一个关键词"survey"——调查,以及绘制条形图的活动,联想到新课标中对理解和表达多模态语篇的要求。同时在综合了整个单元各课时的情节安排和逻辑顺序后,我决定整堂课围绕调查学生理想的校园展开,以开展调查、绘制条形图作为本节课的主线任务,以条形图作为学生产出的媒介,希望以此培养学生理解和表达多模态语篇的语言技能。学生在这个过程中也不再是被动的接收者,在这样一个与他们切身相关的情境——校园中,他们将成为主动的参与者,调查和绘制条形图的任务促使学生从不同角度观察和思考校园生活。他们会共同探讨理想校园的特点,互相启发,不仅关注到学习方面,还会涉及校园设施、课余活动、师生关系等多个方面。比如在调查中,学生可能会发现一些平时忽略的校园美景或者同学之间的温暖互助,会对校园产生新的认识和感受。通过这样的全面了解,学生能够更加珍惜校园中的各种资源和人际关系,从而提升校园生活的幸福感。

此外,通过这个任务,学生们在学会处理文本信息的同时,还利用教材中的图表培养了理解和表达多模态语篇的语言技能。在这个过程中,学生们积极参与,相互合作,共同完成任务,分工收集数据、绘制图表、撰写调查报告,在合作中不仅提高了语言能力,还增强了团队协作意识、解决问题的能力和沟通能力。这种积极的学习氛围和合作精神,让学生们感受到了学习的乐趣和幸福,有助于构建和谐的校园人际关系。良好的人际关系是幸福校园的重要组成部分,能让学生在校园中感受到温暖与支持。而这种团队合作的经验自然也将对他们的未来发展产生积极影响。当学生成功完成调查并绘制出条形图时,这种参与感也会使他们感受到自己在校园中的价值,感到自己也能够为校园环境的改善做出贡献,哪怕只是提供一个建议,从而培养他们对校园环境的责任感,增强他们对校园的归属感。在家庭作业中,我又设计了让学生思考提出这些 changes 背后的理由以及在实施中可能面临的挑战,为第二课时的开启埋下伏笔,而这一过程也与幸福校园、幸福课堂紧密相连。学生在思考这些变化的理由时,会深入探讨如何让校园变得更加美好,这正契合了幸福校园的追求,即打造一个让学生能在其中幸福成长的环境。同时,思考实施中的挑战,能培养学生的问题解决能力和创新思维,让他们在积极应对挑战的过程中体验到学习的乐趣和成就感,这也是幸福课堂所致力于营造的氛围——让学生在课堂内外都能感受到成长的幸福。

"让每个孩子在幸福中成长",是一句听起来和说起来都很容易的话,可真正想要做到并非易事。本节课的教学对象为七年级学生,对于十三四岁的青少年而言,他们本应处在满心憧憬美好的年华。然而,我们身边及社会新闻中,却屡屡出现有心理问题的孩子。究其原因,或许是学业压力过大,或许是家庭因素所致。而我期望通过这堂课,引领孩子们留意校园里、生活中的那些美好与希望,让他们在感受美好的过程中,实现五育并举,培养核心素养,进而为他们的幸福成长奠定基础,共同打造幸福校园。在幸福校园中,孩子们能够在温暖与关爱的氛围里,绽放青春光彩,收获幸福的成长体验。

在打造幸福课堂的过程中,我深刻体会到学生的快乐和成长是给予教育者最大的回报。正如 My ideal school 这节阅读课,它不再是传统的知识传授,而是一次充满趣味和挑战的学习之旅。学生们在探讨理想校园、思考变化理由与挑战的过程中,既学到了知识,又培养了各种能力和品质,为未来的发展奠定了坚实的基础。通过多样化的教学方式,学生在学习中感受到了快乐和成就,培养了综合能力和社会责任感。我会继续不断探索和尝试,让我的课堂成为学生快乐学习的乐园。让我们共同努力,在幸福课程的引领下,创造充满幸福和快乐的学习环境,为孩子们打造真正的幸福校园,助力他们幸福成长,让每一个孩子都能在这片沃野上绽放属于自己的光彩,收获知识与幸福,为美好的未来奋力前行。

参考文献

[1] 薛志兰,雷守学.幸福课堂的本质内涵与价值取向[J].陕西教育(教学版),2021,(10):17-18+2. DOI:10.13617/j.cnki.sxnedu.2021.10.009.

[2] 李正寅.深化新课改理念向"幸福课堂"迈进[J].江苏教育,2017,(27):66-67+71.

[3] 李皖怡,陈广东.走向 2035 的"幸福课堂"新样态[J].江苏教育,2020,(90):71-73.

[4] 中华人民共和国教育部.义务教育英语课程标准(2022 年版)[S].北京:北京师范大学出版社,2022.

[5] 苏克银.利用多模态话语提升英语"看"的能力的途径探析[J].英语教师,2018,18(04):21-28.

如何打造地理幸福课堂

顾鑫昊

摘要：教育的根本目标是培养学生获取终身幸福的能力,应具备安全、友爱、自由、民主等特质。可通过以学为中心设计教学、构建幸福课堂思维模型、"三单教学"推动幸福课堂高效建设,并通过师生互动、情感分享和自尊自信的培养来营造幸福氛围。旨在通过幸福课堂的构建,促进学生健全人格的形成与核心素养的落地生根。

关键词：幸福课堂;三单教学;核心素养

教育作为培养人的社会实践活动,根本目的在于教给学生获取终生幸福的能力。苏霍姆林斯基在《给教师的一百条建议》中指出:"教学大纲和教科书中规定了给予学生的各种知识,却没有规定给予学生的一样最重要的东西,这就是幸福。我们的教育信念应该是,培养真正的人! 让每一个从自己手里培养出来的人都能够幸福地度过自己的一生。"

一、幸福课堂的内涵

幸福课堂首先应该是安全的、友爱的。学生在安全的课堂上没有恐惧感,能够满足心理安全需要。这就要求教师在幸福课堂构建中,把爱心育人放在第一位,实现以爱育爱的目的。

幸福需要分享。教师的幸福感来自学生的成长。教师幸福地教,产生关怀的温度、润泽的氛围,学生才会幸福地学。因此,教师在教学情境中践行德行、传播爱就是传递幸福、分享幸福。在充满关爱、幸福的氛围里,学生友爱互助,彼此之间真诚、友善,拥有同理心,相互支持、相互帮助。师生的生命被彼此点燃,成就感和幸福感油然而生,学生的健全人格得以形成。

幸福课堂是自由的、民主的,幸福需要引导和培育。学生健全人格的养成有助于他们正确认识自我、学会学习、学会生活、学会合作,养成积极的心理品质,提升适应社会、应对挫折的能力。在课堂中经常会有一些学生的回答扰乱课堂纪律,可有的时候教师耐心地多问一句"为什么是这个回答",就会给了他一个自由表达想法、解释回答的机会,否则就会扼杀他主动参与课堂的热情,损害他在其他同学心中的形象,也伤害他的自尊心和自信心,那么又何谈课堂幸福感呢?

学生的自尊自信,是自我意识的成长与发展。当他们被认可、被接纳时,这种精神上的愉悦就是幸福感。这种幸福感有利于增强学生正确的自我意识,有助于学生积极进取,不断自我完善、自我成长、自我发展。

教育家陶行知先生说过:"真的教育是心心相印的活动,唯独从心里发出来的,才能打到心的深处。"学生被欣赏、被爱护,他们的生命状态才会可持续发展,才会体会到成长的乐趣,促进自尊自信人格品质的形成。

二、以幸福课堂涵育理性平和

幸福不是一种结果,而是一个过程。教育即生活,幸福课堂不仅要让学生体验到当下生活的幸福,而且要为学生未来的幸福奠基。幸福课堂要帮助学生建立正确的幸福观,使学生正确认识幸福,在课堂、活动、文化的浸润中感受幸福、体验幸福。幸福课堂是和谐的、审美的。构建幸福课堂必须引导学生树立正确的合作与竞争观念,学会处理与家庭、他人、集体和社会的关系,以理性平和的心态面对各种问题、处理各种关系。

幸福是创造潜能得到充分释放和自我实现的境界,是一种精神上的愉悦。而幸福的学生一定是活泼、积极、向上的。学生是一个个鲜活的生命。因此,幸福课堂应是创新的,充满创造活力的。构建幸福课堂就要立足课堂,把幸福的种子撒进课堂,埋在学生的心田,让幸福萌芽。每一次接手新班,我的第一节课不是教学,而是和学生畅谈理想与目标,为接下来实现教师高效率教、学生高效率学奠定基础。于是,我要求学生制定自己的小目标。当学生实现了自己的小目标后,我就让他在课堂上大声宣布,并请其他学生用掌声向他表示祝贺,让他体会到实现目标、得到大家赞赏的精神愉悦。学生在学习中有了目标,就有了方向感、责任感,会收获更多的意义和快乐。我还会与学生一起制定共同目标,有了共同目标,学生就会对教师有信任感,教师也会对学生更有使命感。这种双向奔赴有利于师生"心往一处想,劲往一处使",共同达到幸福的境界。

三、幸福课堂实施有效路径

1. 以学为中心设计教学,构建幸福课堂思维模型

幸福课堂是一种"形""神"兼备的课堂。幸福课堂的实践操作包含两个层面:一是把幸福作为一种有待于教、有待于学的情感内容,即"教幸福,学幸福"。二是把幸福当作教学过程中师生双方的情感体验,将教与学的过程当作幸福的事来做,即"幸福地教、幸福地学"。以幸福课堂为"神",以学为中心,为学生一生的幸福服务,是幸福课堂实践的根本宗旨。以"三单教学"为"形",即"任务单→活动单→反馈单",构建以"学进去→讲出来→教他人"为流程的幸福课堂实践模式。

2. 以导为抓手实施"三单教学",推动幸福课堂高效建设

"三单教学"涵盖三个基本环节:首节课自学——让学生感受自主的幸福;第二节课交流——让学生感受畅想的幸福;第二节课尾反馈——让学生感受成功的幸福。即把翻转课堂中的课前自主学习,改成第一学时课堂的自主学习——体现"学进去"。把翻转课堂中的课中交流与点拨、知识生成,放在第二学时——体现"讲出来"。在第二学时课尾检测反馈、知识拓展与梳理小结中——体现"教他人"。这样的课堂,幸福伴随教学活动的每一环节,有助于学生学得轻松、愉悦、高效,体现了"生本课堂"理念。

提供"任务单",引导学生"学进去"。任务单又称自学任务单,即教师编制用于指导学生通过自学获得新课中基础知识和基本能力的学习方案,侧重解决"是什么"的陈述性知识。它大致由五部分组成:引导问题、学习目标、自学要求、首次检测和检测交流。自学过程可以借助翻转课堂或颠倒课堂的理念,充分利用微课等现代教育技术资源,发挥学生自主学习的积极性。自学内容应是教学中的关键概念、重点问题、难点理解。

设计"活动单",注重学生"讲出来"。活动单又称活动研讨单,即教师根据课标和学情,围绕教学主题,把教材内容与要求及相关教学资源转化为具有可操作性的学习活动单,侧重解决"为什么"的程序性知识,一般包括活动主题、活动内容等。活动单是教师为学生精心设计的课堂活动方案,能让学生明确学习内容和任务,突出学生学习的主体性;活动单既是教师用于指导学生活动的一份路线图,又是教师导学的有效媒介和指令。

生成"反馈单",提倡学生"教他人"。反馈单是在课尾针对二次检测内容经过学生主体活动依然未能完全理解或需要生成、拓展的问题所进行的提炼和总结,侧重解决"怎么办"的策略性知识。此时,教师把不同层次学生在课中没有彻底掌握和理解的共性问题汇成反馈单,学生根据自身学力有效完成教师的精心点拨,发现自身弱点,补足学习短板。

3. 以多维为目标建立评价体系,构建幸福课堂理与情之间的激励艺术

幸福课堂的教学评价是诊断,是评估,是指导学生自省与发现、调整与完善的绝佳契机,是促进深度学习发生的推进器。评价要能给学生以智慧的启迪,作为理性的引导;评价要能给学生心灵上的呵护,作为温暖的激励。评价要面向全体学生,基于生命立场,呵护自尊,增强自信,不仅在学生表现优异时锦上添花,还要在学生遭遇挫折失败时雪中送炭。

评价的主体是多元的,教师、学生、家长都能参与评价。但指向深度学习的评价主体则更应强调来自学生的同伴评价和自我评价。评估方式要从仅关注每个学生的智商水平、学习表现转变为关注学生能力、素养的提升;从仅关注学生的思考方式转变为更加全面地了解他们的学习行为,如学习兴趣、学科素养、实践能力等。因此,教师要积极推动以提升学习效果为目标的学术性评估,帮助学生更进一步地理解自身的学习,看到自己的进步,并且能够更好地表现出来。多维的评价内容的本质就是要引导学生进行学习全过程的自我把脉,进而发现改进和提高的方向。每次上课都有收获,学生会变得更加主动,真正成为课堂的主人,幸福感也会得到极大的提升。

4. 以生活为导向,推动幸福课堂高效建设

幸福课堂应结合生活实际,让学生快乐地运用知识。地理教师在课堂教学中,要明确自己的教育理念,使学生深刻地了解地理知识并将其合理地应用到日常生活中。如果教师还是采用"灌输式"教学模式,要求学生死记硬背地理知识,就容易导致学生掌握的知识太过表面。通过调查显示,教师只有将地理知识密切联系日常生活,才能提高学生的学习效率,激发他们的学习兴趣。所以,初中地理教师在上课时,必须结合生活实际,引导学生将所学知识合理地应用到生活中,帮助他们善于发现并有效处理在生活中遇到的地理问题。

例如在教学如何识别方向的内容时,教师可以引导学生根据自己熟悉的

环境,绘制相应的路线图,并讲讲自己是如何识别方向的。同时,让他们以小组为单位,讨论如果在野外或者茂密的森林里,在没有任何工具的情况下可以通过什么方法辨别方向。这种教学模式不仅可以调动学生学习的积极性,还可以让他们认识到地理知识的现实作用,进一步提升他们的学习热情。

为师者,唯匠心以致远。教师在幸福教育中有着不可替代的作用。教之愈深,知之愈明,行之愈远。在探索和实践幸福课堂的道路上,路虽漫漫,且行且丰。我将以此为契机,深耕课堂,厚植素养,向高处立,向实处走,行而不辍,让课堂真正有高度、有温度、有深度、有灵魂,造炬成阳,为学生成长赋能,让核心素养落地生根。

参考文献

[1]王凤军.构建幸福课堂绽放素养之花[J].中学政治教学参考,2023,(42):46-48.

[2]胡结强.积极心理学视域下高中地理幸福课堂教学与策略研究[J].中学政史地(教学指导),2023,(02):42-43.

[3]张明,戴申卫,张士超.略谈幸福课堂的内涵与实施策略[J].地理教育,2015,(01):6-8.

趣味化学课堂，让学生幸福学习

沈晓英

　　摘要：构建幸福的趣味化学的关键是提供优质的活动设计，提供丰富的拓展活动内容，让学生在学习实践中感悟学习的真谛。通过具体活动案例来阐述幸福学习的多样性，让每一次的趣味化学学习留在学生的心间并不断继续研究更好的活动模式来提高学生的科学素养。探讨了趣味化学学习的设计与实施的一般方法，通过趣味化学活动提升学生的科学素养和创新能力。

　　关键词：趣味化学模式；幸福学习；探索发现；发展核心素养

　　让学生全面健康地发展是当下学校教育的目标，合适的活动课程对于培养学生的科学素养具有非常重要的作用。探索可推广的趣味化学学习模式能让趣味化学学习具有生命力，在趣味化学学习中多途径渗透科学素养，开展行之有效的活动内容和形式。设计趣味化学活动时要有时代气息，符合中学生的身心特点，有一定的连续性和发展性。趣味化学学习的目的是进一步推进全面实施素质教育，提高学生学习的兴趣和质量。有效开展趣味化学活动要突破的是趣味化学学习的优质设计及趣味化学学习资源共享，以此推动学校教育蓬勃发展。

　　在课堂教学的设计与实施中，我感受到有效的趣味化学学习给学生身心带来的改变，看到渗透科学素养对于学生的成长是多么重要，有活动内涵和形式多样的趣味化学活动对于成功开展趣味化学学习起着至关重要的作用。在越来越重视教育的时代，学校整合各种资源，打造适合学生身心发展和时代特征的趣味化学学习，为学生科学素养的提高打开了一片天地。对于中学生而言，学会学习，提升自己获取知识的能力是需要慢慢培养的。一方面，学生掌握了科学的方法就能更快地获得科学知识，更透彻地理解科学过程。另一方面，学生一旦将科学方法内化为自己的思维和行为方式,其能力水平就会大大提高,对培养学生的科学思维和创新精神、学科学和用科学的能力,以及科学素养的提高和创新能力的发展都有着十分重要的作用。学校想搭建合适的舞台让学生施展自己的科技特长,就要在不断探索和开发合适的活动项目上下功夫,因为创新的活动形式能有效吸引学生参与活动。中学生的科学素养是指对在日常生活、社会事务及个人决策中所需要的科学概念和科学方法的认识和理解,并在此基础上所形成的稳定的心理品质。具有一定科学素养的人,会对科学产生兴趣并渴望探究,能发扬质疑、验证的科学精神,运用自己所掌握的科学知识和科学方法,去发现问题、提出问题,去解答与实践。

为了突出校园里趣味化学学习主题活动的有效性,通常校级层面要先做好活动的设计,征集方案时可以发挥全校师生的智慧。当趣味化学学习统一筹划后,让班级的小主题围绕大主题进行,班级与年级间相互联系,串成一条线,加上结合校外的科普基地,多途径渗透趣味化学学习,加强趣味化学学习的普及,提升趣味化学学习的内涵。要提高趣味化学学习对青少年的吸引力,使趣味化学学习真正成为促进青少年全面发展的实践课堂,成为服务、凝聚、教育未成年人的活动平台,就要不断拓展课外趣味化学学习的深度和广度,挖掘和创新活动的形式和内容,增强活动的实效性。只有这样,才能保证课外活动的生命力和可持续发展,才能真正体现趣味化学学习的教育本质特征。

设计一个活动需要思考怎样的活动主题可以让整个学校共同来参与,活动过程的设计要分层,活动内容要让不同年级的学生都能模拟体验互动,让活动效果达到最大化。一般来说,一个好的趣味化学学习活动可以跨越学校,创造出一个模式,让大家都来利用和推广。例如以组建化学兴趣小组为抓手,以班级主题活动为主阵地,搭建平台让各年级学生相互交流和共同体验,让趣味化学学习有生命力。这样的活动模式的关键是有效活动的设计,在于要有合适的背景设计,有利于学生学会在实践中获得学习的成果。本学期我们探索的是趣味化学拓展课,旨在让学生对化学产生兴趣,自愿学习化学,自主探究化学,初步认识物质的多样性,能对物质及其变化进行分类;能从元素、原子、分子视角初步分析物质的组成及变化,认识"在一定条件下通过化学反应可以实现物质转化"的重要性;初步学会从定性和定量的视角研究物质的组成及变化,认识质量守恒定律对资源利用和物质转化的重要意义;能通过实例认识物质的性质与应用的关系,形成合理利用物质的意识;能从物质及其变化的视角初步分析、解决一些与化学相关的简单的实际问题,发展辩证唯物主义世界观。各班级以讲故事的形式说说化学的起源、化学实验的起源等。设计有趣的小实验帮助掌握实验的基本技能,如从了解神乎其神的空气成分的发现史认识二氧化碳,了解大气污染与人体健康进而设计如何进行碳中和。再结合氧气的学习,揭秘神秘的火,提问:人类是怎样利用火的? 火究竟是什么? 了解火柴的起源、神奇的母子火焰,知道怎样使用火。趣味化学学习常见的活动模式是:化学兴趣小组→班级主题→年级互动体验交流→家校与社区互动模式。这种模式能让活动的范围和成效最大化。

在趣味化学学习中,学生了解了二氧化碳的性质,探索了哪些反应可以产生二氧化碳,在教师的带领下进行了泡腾片与水反应后生成的气体的检验,了解到蛋壳、贝壳、珍珠等与酸反应也会产生能使澄清石灰水变浑浊的气体。学生在实践中收获了很多反应可以产生二氧化碳,那哪些物质可以吸收二氧化碳呢? 学生查阅资料,设计合理的实验来验证猜想,这样的活动课程让学生体验到了科学探究的一般思路与方法,极大地激发了学习兴趣。为了保护环境,科学家在不断努力探索吸收二氧化碳的新方法,学生整理所学,书写碳中和之我见的学习报告,锻炼结合时代发展要求解决问题的能力。为真正构建幸福课堂,我们结合初中生的身心发展特点,开展丰富的拓展活动,引导学生在学习实践中感悟学习的真谛,学会团体合作创造有意义的学习。在趣味化学学习中,让学生亲自实践研究日常生活中的科学,拓宽学生的视野,使其掌握有关的科学知识、技能。合适的课程能让学生在实践活动中爱科学、懂科学、用科学,提高学生的科学素养,发展学生的特长,促进全体学生科技意识与能力的提高,发展学生的核心素养。在观念方面,学生能确立正确的科学观和良好的科学态度,学会做人,学会做事,学会生活。在动力方面,能激发学生对科学的追求,鼓励学生主动去探究。在感知方面,要使学生接触科学,感知科学。在方法能力方面,要帮助学生初步掌握科学方法,提高学科学、用科学的能力。比如结合科技馆的资源进行清洁空气呼唤新能源的学习,具体活动过程如下:

(一) 认识清洁空气的重要性
常规能源的学习:

1. 课前认识常规能源

煤、石油、天然气三大化石燃料的开发和利用。提问:我们经常使用的煤、石油、天然气等常规矿产能源是可更新资源还是不可更新资源? 几十年或更长时间后这些资源会出现什么现象? 煤、石油、天然气的使用会带来怎样的后果?

(二)新能源探寻之旅

1. 师生参观了解新能源在生产和生活中的应用。

2. 在科技馆地球家园展示区学习人类是如何变废为宝的。(垃圾焚烧的利用、新能源概念车)

(三)回顾与提高(新能源的开发利用的必要性和重要性)

小组学习讨论使用新能源的优点。

教师介绍人类利用能源的发展史。

(回顾)学过的自然资源中不可再生的有什么?(学生回答)

学生相互交流对于能源的认识。

(引导)我们讲过的矿产资源是不可再生的,如煤、石油、天然气等。播放煤的分类以及利用、石油的形成以及利用等相关视频。

(讲解)为什么我们特别在乎这几种矿产资源呢?因为这些资源能使我们的机器运转、使人类有光明和温暖,我们称这种可以提供能量的自然资源为能源。在人类的发展过程中,它们是非常重要的能源,但是在使用过程中,它们也带来了许多问题。

(承转)为了避免污染,同时为了在现有的能源发生危机之前,人们开始寻找更清洁、可以再生的能源。

你知道有什么吗?(学生回答)

(引导)这些新能源是怎样提供能量的呢?

介绍太阳能、风能、地热能等,重点介绍太阳能。

(提问)

1. 太阳能有哪些优点?

2. 你在生活中怎样利用太阳能?

3. 现在人们利用太阳能的新方式有哪些?

结合场馆的趣味化学学习通常能给学生留下更深的印象,引导学生思考,丰富学生的体验和感悟,成功利用周围的场馆进行趣味化学学习是一种有效的活动模式。趣味化学学习结合现代信息技术来传播,穿越时代而永恒。为了让教育深入人心,学校可以每年举行有一条主线的趣味化学学习活动,以一个个小的趣味化学内容为载体,通过设计趣味化学学习活动,向学生宣传科技知识,启迪学生的思维,拓宽学生的思路,将科普主体活动的精彩过程记录下来,制作成可以互动的视频,利用交互技术,可以让观看者有参与体验的机会。要把每一次趣味化学学习活动留在学生心间,并不断继续研究更好的活动模式来提高学生的科学素养。

开展活动能让学生具有乐于对生活和学习中的各种现象提出问题,并自己想办法解决问题,乐于用学到的科学知识改善生活。

总之,在趣味化学学习中,一个个有探索性的化学活动的有序开展,结合场馆资源可以提供更多的场景体验,让学生进行各种科学探究活动,在实践中培养探究意识和创新能力。学校要提供适合学生成长的土壤,在学生的心灵上播撒科学和创新的种子。学生在丰富多彩的活动中,培养了动手能力和独立思考能力,再用理论联系实际,进而使他们的科学素养得到发展。

参考文献

[1] 任福君.关于科技资源科普化的思考[J].科普研究,2009(3).

[2] 黄跃章.浅谈"农村学校如何开展科普活动"[J].《现代教育教研》,2012(6).

打造数学幸福课堂的实践和反思

陆骑旎

摘要：近年来,学生的全面发展与幸福感受到了越来越多的关注。本文通过在数学学习教育中的实践案例,阐述了从课外激发学生学习兴趣和课内引导学生自主学习探究两方面,主要以激发学生学习兴趣的方式,增加学生学习的幸福感,培养学生全面发展。通过实践中学生主体地位的凸显和多样化教学形式的应用,阐述了基于数学学科打造幸福课堂的经验和反思。

关键词：幸福课堂;项目化学习;教学实践

在数学学科的日常教学中,学生对于数学学科的学习,采取的往往都是反复练习、做卷子、抄写背诵等学习策略,只有少数学生会主动和同学、师长讨论,自主探究。这不禁让我思考：数学对学生的意义到底是什么？对于那些已经将数学看作只有"死记硬背、题海战术"才能学习的孩子,怎样才能让他们理解数学的意义,提高在数学学习上的幸福感,让他们感受到学习数学的快乐？我认为想要打造一个幸福的课堂,靠的不仅是优秀的教学设计、有趣的环节设置,更多的是引导学生积极主动地参与课堂,更大地激发学生的学习兴趣,让他们发自内心地喜欢上学习。下面根据我在教学中的一些经验和实践,分享一些想法和反思：

一、在课堂外激发学生的学习兴趣

想要让学生感受"幸福课堂",体会到学习的快乐,不仅要在某一堂课上下功夫,而是要将幸福感渗透到日常生活中。学生在学习生活中感到不快乐的原因有很多,其中一个就是没有学习兴趣。特别是一些成绩不好、接受能力不太强的学生,在学习中常常会感受到挫败和痛苦。因此,我一直在思考,如何让所有学生认识到知识是有趣的、有意义的。

带着这个问题,我接触了学科项目化学习。学科项目化学习是基于学科中的关键概念和能力的项目化学习,将项目化学习的设计要素融入学科教学,将低阶认知"包裹"入高阶认知,在不降低学科学业成绩和保证基础类知识与技能不损失的情况下,通过项目化学习的设计同时培养学生的问题解决、元认知、批判性思维、沟通与合作等重要能力。以数学项目化学习为例,聚焦数学的核心概念,创造出引发学生主动投入探索性、挑战性问题情境,通过具有探究性的、调控性的、社会性的数学实践引发学生有意义的数学互动和交流。这种模式可以激发在传统学习中处境不利的学生产生更主动和有意义的学习。因为项目化学习的重要特征之一就是通过有意义的驱动性问题激发学生的学习兴趣,增加学生的学习热情,使其主动投入学习。

我曾经尝试带领学生在课余时间完成两项数学项目化学习探究:① "绘测校园平面图";② "结合本校学生到校情况提出对校园交通的改进建议"(具体教学设计和方案实施见文末)。在这两个项目中,运用到的核心知识点并非特别有难度的高阶知识,只考查了相应年级数学学科或其他学科的基础知识。例如在①中,应用到的是六年级《比与比例》这一章的比例尺的相关知识、圆与长方形等基础图形的直观认识。在②中,应用到的是百分率、统计图等初中范围内涉及的统计的相关知识。项目的实施和给学生带来的转变分为三个阶段:

1. 项目实施前。在项目实施前,学生需要了解项目的设计背景和意义,在课堂中学习相关的核心知识点。在以往的学习中,学生对于学习的理解停留在"听课—完成作业—考试"这几个环节中;在有了项目探究这一任务后,学生在完成作业后,还有将所学知识运用到实际生活中的期待。因此,在课堂学习中,学生们表现出比之前更加认真的学习态度。

2. 项目实施中。项目的探究是一个较长的过程,在陆陆续续的探究中,项目①花了一个月,项目②则持续了一个学期。在这样一个过程中,核心知识虽然早已在课堂中学过,但随着时间的迁移或多或少地发生了遗忘。因此,学生开始主动在课余时间复习这些知识点,即使是在学习上比较吃力和学习主动性不高的学生也会在这样的氛围中积极地去练习巩固,从而能够在项目探究中发挥自己的作用。

3. 项目实施后的长尾效应。通过对项目化学习过程中学生表现的观察,研究者发现了五个批判性思考的行为:综合、预测、产生、评估和反思,以及五种社会参与行为:共同工作、发起、管理、组间意识、组间发起。一开始,高水平学生在各方面的表现优异。然而,随着时间的推移,低水平学生各方面的能力也迅速增长。在这个过程中,各个层次学生的收获都是不一样的。但能够看到,学生对于数学学科的学习兴趣都在不同程度上有所提高。在他们眼中,数学学习不再是枯燥的,而是充满了乐趣,能够帮助他们解决很多实际问题。特别是低水平的学生,在项目中也发挥了很大的作用,获得了成就感,从而更加愿意参与到日常的课程学习中。

二、引导学生自主学习探究

打造幸福课堂,除了在课外渗透,更主要的是在课堂上激发学习兴趣,运用多元化的教学手段,使学生在快乐中学习,在学习中体验乐趣,从而提高学习积极性。在教学中,我一直在思考的一个问题是如何启发学生的思维,鼓励学生主动探究,培养其独立思考和解决问题的能力,让他们在自我探索和实践中获得成就感,提升学习幸福感。

以沪教版八年级第二学期第 22 章《平行四边形》这一小节的第二课时中的例题 4 为例:

已知:如图 3,□$ABCD$ 中,E、F 分别是 BC、AD 上的点,且 $AE /\!/ CF$.

图 3

求证:$\angle BAE = \angle DCF$.

学生在完成这个例题前,已经学习了平行四边形的定义以及平行四边形的四个性质定理等相关知识。在此前提下,我在课堂中给学生五分钟的思考时间,独立解决问题,并进行分享。

证明 ∵ 四边形 $ABCD$ 是平行四边形,

∴ $AD /\!/ BC$(平行四边形的定义);

$\angle BAD = \angle DCB$(平行四边形的对角相等).

又 ∵ $AE /\!/ CF$,

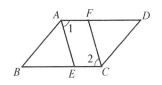

∴ 四边形 $AECF$ 是平行四边形(平行四边形的定义).

得 $\angle 1 = \angle 2$(平行四边形的对角相等).

∵∠BAE = ∠BAD − ∠1,

∠DCF = ∠DCB − ∠2,

∴∠BAE = ∠DCF.

上面是课本上给出的解答。一部分学生围绕"角的和差关系"这一核心,展开了一系列思考,给出了更多解题思路,例如利用三角形内角和、三角形外角性质、平行线的性质等证明两个角相等。另一部分学生则从全等三角形入手,利用全等三角形对应角相等来解决问题。还有一部分学生,想到了添加辅助线。以下方法更是得到了学生们的一致认可:

证明　延长线段 AE、DC,交于点 G

∵四边形 ABCD 是平行四边形,

∴AB // CD(平行四边形的定义).

∴∠1 = ∠G.

∵AE // CF,

∴∠2 = ∠G.

∴∠1 = ∠2.

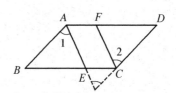

在这道题的解决中,我采取了学生自主探究、交流分享的方式,最终得到了非常多解题思路,同时对前面几个学期学过的几何知识进行了复习。在这样的课堂氛围下,所有学生都在积极思考,努力地想要找到新的解题思路;思维相对不那么敏捷的学生则在这一过程中做出整理记录,体会了不同思考方式带来的不同解题方法。

以上是我在实践中得到的一些思考。想要打造幸福课堂,还应该营造积极的课堂氛围,尊重学生的个性差异,让每个学生在课堂上都有被关注和被尊重的感觉;应该实现个性化教育,了解并关注每个学生的特长与兴趣,实施因材施教,让每个学生在自己擅长和喜欢的领域都能够得到发展;应该注重情感教育,在传授知识的同时,融入品格教育、情感教育,培养学生健康的情感态度和价值观,使其在课堂内外都能体验到成长的快乐和幸福。想要打造幸福课堂,还需要诸多努力和创新,逐步营造出充满活力、温馨和谐、富有成效的学习环境。

参考文献

[1]夏雪梅.项目化学习设计:学习素养视角下的国际与本土实践[M].教育科学出版社,2021.